近代中國知識分子在日本

Japan ②

清末至抗戰前，

是中日兩國知識分子往來最熱絡的時期；

在兩者文學思相互激盪中，

對我國產生了什麼樣的深遠影響……

林慶彰◎主編

王清信、葉純芳◎編輯

目　　次

序

　　我長期從事經學研究，除了將臺灣、大陸、香港等地的研究成果編成《經學研究論著目錄》外，為了了解經學在日本流傳的情形，也編輯了《日本研究經學論著目錄》、《日本儒學研究書目》。在編輯的過程中，發現從清末以至抗戰前是中日兩國知識分子從事學術、文化最熱絡的時期，此一時段兩國文化交流的情況，也有王曉秋先生撰有《近代中日文化交流史》（北京：中華書局，1992年9月）作了綜合性的論述。

　　但當時知識分子的來往，人數眾多，目的也不一，恐非一本《近代中日文化交流史》所能涵蓋。一九九六年我邀集東吳大學和淡江大學的年輕學者和研究生撰寫《近代中國知識分子在臺灣》的文稿時，也開始邀集這套《近代中國知識分子在日本》的文稿。一九九七年九月起，我接受行政院國家科學委員會補助，赴日本九州大學研究一年，編輯工作也停頓下來。次年八月回國後，開始執行「清乾嘉經學研究計畫」、「清乾嘉揚州學派研究計畫」等兩大計畫，此一編輯工作根本無法進行。去年，才在何淑蘋、鄭誼慧兩位學弟的協助下，將《近代中國知識分子在臺灣》的文稿整理出版。

　　近代中國知識分子赴日本的數量相當多，有些人沒留下很多事蹟，無法撰寫成文，有些雖有留下著作，但遍尋不著，也

無法撰稿。經過精挑細選，將清末至民國抗戰期間赴日的知識分子，選出何如璋、黃遵憲、王韜、楊守敬、黎庶昌、孫中山、康有為、梁啟超、章太炎、羅振玉、王國維、陳獨秀、吳汝綸、魯迅、李叔同（弘一大師）、董康、周作人、劉師培、張元濟、郁達夫、李大釗、田漢、郭沫若、辜鴻銘等二十四人。每位為其撰文一篇，文長一至兩萬字，必要時附參考書目，另需將該學者與日本相關之資料列入相關文獻中。文稿大抵於二〇〇二年底收齊。

催稿和編輯工作本由何淑蘋學弟負責，因怕影響她撰寫學位論文，改請葉純芳、王清信學弟承擔。全書配圖和校對工作也由他們兩位全權負責。至於相關文獻部分，則由鄭誼慧、陳蕙文兩位學弟根據各篇作者所提供的資料條目，再徹底增補。

感謝二十四篇論文的作者作了充分的配合，也感謝上述五位學弟無怨無悔的付出。要推展學術工作，往往需要靠一批肯犧牲奉獻的人，他們二十九位，正是這種精神的代表。這套書雖然從撰寫到成書有五、六年的時間，但我個人研究工作繁忙，能關照這套書的時間相當有限，書中如果有錯誤和疏漏之處，都是我個人的責任。但願我們的努力，能喚起國內學界對近代中日學術、文化交流史的興趣。

二〇〇三年五月

林慶彰 誌於中央研究院中國文哲研究所

梁啓超在日本

邱 白 麗 *

一、前言

　　光緒二十四年（1898）八月，慈禧太后幽禁光緒，下令圍
捕維新黨人，尤其是康有為與梁啟超二人。而在同年十月①，
日本的「神戶新聞」陸續出現以下的新聞記載：

　　本月一日上海電，維新黨領袖梁啟超現逃亡在外，據稱他
　　已受到某一強國保護。（一八九八年十月八日）中國軍艦
　　不顧條約限制，正搜尋一艘日本駐天津領事的船艦。據說
　　這艘名為「大島」的軍艦剛離開大沽，船上藏有一名中國
　　人。關於此事謠言甚多，不過這一中國要人顯然已獲日本
　　當局協助，但其姓名尚不得知。前日電傳：大島軍艦載一
　　「極重要」之人回日本。（一八九八年十月廿二日）兩名

---

* 邱白麗，輔仁大學中國文學系博士生。
① 戊戌政變發生於光緒 24 年 8 月 6 日，時為西元 1898 年 9 月 21 日，
　　所以梁啟超得到日本政府的保護，登上大島軍艦的時間約為西元
　　1898 年 9 月底、10 月初，正符合日本神戶新聞的記載時間。

中國要犯已逃抵日本……。（一八九八年十月廿九日）②

梁啟超 像

新聞記載中，這兩名中國要犯正是康有為③與梁啟超。回憶政變當時，梁啟超正在譚嗣同寓所中商討問題，消息傳來，譚嗣同建議梁啟超立刻前往日本公使館尋求駐華公使林權助的幫助，託請營救光緒皇帝與康有為之事宜。適值日本前首相伊藤博文在中國訪問，林權助將此事告之伊藤，伊藤說：「救他吧！而且，讓他逃到日本去吧！到了日本，我幫他。梁這青年對於中國是珍貴的靈魂啊！」④後來梁啟超在日本公使館的安排下逃往天津，登上停泊在港口的日本軍艦，開始了漫長的流亡生涯。

隨著軍艦駛入東海，梁啟超的心情既悲憤又焦急，我們可由其於軍艦上所作之〈去國行〉窺見一、二。其文曰：

嗚呼！濟艱乏才兮，儒冠容容；倭頭不斬兮，俠劍無功。

② 轉引自李文蓀著，張力譯：《梁啟超》（臺南：長河出版社，1978 年 1 月），頁47。

③ 政變發生時，康有為受到英國政府的保護，先到香港，再轉至日本與梁啟超會合。日本後因清廷施予壓力，遂將康有為逐出日本，送往英國。

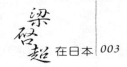

君恩友仇兩未報，死於賊手毋乃非英雄。割慈忍淚出國
門，掉頭不顧吾其東。東方古稱君子國，種族文教咸我
同。……我來欲作秦廷七日哭，大邦猶幸非宋聾。……爾
來明治新政耀大地，駕歐凌美氣蔥蘢，旁人聞歌豈聞哭，
此乃百千志士頭顱血淚迴蒼穹。……瀟瀟風雨滿天地，飄
然一身如轉蓬。披髮長嘯覽太空，前路蓬山一萬重，掉頭
不顧吾其東。⑤

不僅記其離鄉之悲憤，更肩負有營救光緒皇帝的任務⑥，而文
末頗有壯志決絕的心緒，縱然前路坎坷，也不回頭。

　　梁啟超在中國文化的啟蒙階段扮演著非常重要的角色，影

④ 張雁深、張綠子合譯：〈戊戌政變的當時〉，譯自林權助：〈談談
我的七十年〉，轉引自《戊戌變法文獻彙編》第3冊，頁572。另
外，關於日本與英國政府願意搭救康、梁二人的理由，歷來學者
多有論述。王樹槐在《外人與戊戌變法》一書中提出四個理由，
分別為贊成變法運動，因之同情維新人士、維護國家榮譽、出自
私人情誼、出於正義感等。詳可參見氏書（上海：上海書店，
1998年8月），頁202-205。而蕭良章認為，應再加上慈禧太后與
光緒帝外交立場迥異之因，當時西后傾向聯俄防日，而光緒帝則
傾向聯英、日以防俄。所以，英、日政府願出手搭救應有此故。
詳可參見氏文：〈戊戌政變後梁啟超流亡日本時期動向之研究
㈡〉，《國史館館刊》復刊第6期（1989年6月），頁34-35。我們
亦可由梁啟超於1898年10月1日〈致李提摩太〉信中窺見此事
實，梁啟超在信中除了感謝英國對康有為的保護，亦以「惟東方
之局日急，若貴邦與美、日兩國不早為計，他日俄人羽翼既成，
無復可望耳！望族下與貴邦諸君子急留意也」。表明聯英、美、日
以防俄的外交主張。信見《梁啟超全集》（北京：北京出版社，
1999年7月），第10冊，頁5913。
⑤《梁啟超全集》，第9冊，頁5415。

響所及，不論政治、教育改革，史學研究、文學創發等都有莫
大的影響力。光緒二十四年（1898），當他懷著悲痛、驚懼的
心情從大島軍艦上踏入日本島的那一刻起，也正式宣告著他人
生中政治思想最活躍、學術成就最輝煌的階段來臨。在梁啟超
四十年的政治生涯中，流亡日本的十四年歲月無疑是其中最燦
爛的黃金時刻。

二、梁啟超與日本

「日本者，世界後起之秀，而東方先進之雄也。」⑦「日
本以區區三島，縣琉球，割臺灣，脅高麗，逼上國，而西方之
雄者，若俄若英若法若德若美，咸屏息重足，莫敢藐視。嗚

⑥ 梁啟超逃到日本以後，積極尋求援救光緒帝的力量，他本欲求見
日本總理大臣大隈重信，但未得應允，於是自行上書大隈總理，
說明光緒皇帝力圖改革的決心與其聯英、日以防俄的政治立場，
其書曰：「為日本計，支那安則日本安，支那危則日本危，支那
亡則日本亦不可問矣！然支那之自立與否，全係乎改革不改革。
支那之能改革與否，全係乎皇上位權之安危；然則我皇上位權之
安危，與日本全國之相關，其切近也如此，僕深願貴政府之熟察
此機軸也。……此啟超所以不能不為秦庭之哭，呼將伯之助，而
深有望於同文同種之日本也。至於其如何相助之處，則秩秩大
猷，榮榮宏議，諸君子自有成竹在胸，非遠人所敢置議也。」充
分強調中國與日本緊密相繫相依之關係，但日本對出兵營救光緒
之事仍處於觀察階段，未有實際上的行動，爾後康、梁遂自行成
立保皇會，主張起兵勤王。前引文見日本外務省編纂：《日本外
交文書》卷31，頁696-699，轉引自蕭良章：〈戊戌政變後梁啟
超流亡日本時期動向之研究(二)〉，《國史館館刊》復刊第6期，頁
36。

⑦ 《飲冰室合集》文集之十（北京：中華書局，1989年），頁26。

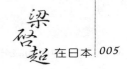

呼！真豪傑之國哉！」⑧這是梁啟超在清廷鎖國政策下認識的日本。而直到光緒二十四年（1898）梁啟超踏上日本的土地，他才有機會接觸真正的日本。

梁啟超對於日本的認識，大概來自於康有為和黃遵憲的啟發。黃遵憲和梁啟超是知交好友，光緒三年（1877），何如璋出使日本，黃遵憲以參贊的身份隨行赴任，他在日本結交了許多文人和士大夫，也對日本施行明治維新十幾年後所呈現出來的新文明留下了非常深刻的印象。為了使國內士大夫了解真正的日本，也能提供政府在對外交涉時的正確資訊，黃遵憲於光緒五年（1879）開始學日文，並收集日本文獻，尤其對明治維新以來的歷史特別注意，終於在光緒八年（1882）編成《日本國志》初稿，後因公務繁忙，遂擱置未曾修改，直到光緒十三年（1887）才寫成定稿，於光緒十六年（1890）交由羊城富文齋刊刻，但真正出版則在光緒二十一年（1895）。《日本國志》雖然歷時十數年才出版，但卻為中國士大夫們封閉的視野打開了一扇接觸世界的窗戶。梁啟超更是給予《日本國志》極高的評價。

黃遵憲的思想和《日本國志》給予梁啟超很深的影響，他說：「中國人寡知日本者也，黃子公度撰《日本國志》，梁啟超讀之，欣懌詠歎黃子；乃今知日本之所以強，賴黃子也。」又說：「以吾所讀《日本國志》，並於日本之政事、人民、土地及維新變政之由，若入其閨闥而屬米鹽，別白黑而誦昭穆

---

⑧〈記東俠〉，《梁啟超全集》，第1冊，頁110。

也。其言十年以前之言也,其于今日之事,若燭照而數計
也。」⑨顯見黃遵憲對於日本明治維新時期的研究,讓梁啟超
看見了中國未來可因循往前的道路。

至於康有為對於梁啟超的影響,更是直接而深刻的。康有
為一直致力追求中國的富強與進步,如何使中國更接近他心目
中的理想世界,一直是他努力的目標,而梁啟超自然也承接了
如老師一般的理想。中日甲午戰爭的結果,改變了中國人對日
本的認識,也引發了知識分子探究日本何以強盛的熱潮。各種
向西方學習的論調紛紛出爐,而日本正是近在眼前的活樣版。
康有為的《日本變政考》強調日本維新的成果,中國應該學
習,而《日本書目志》則要引介日譯的西書以幫助中國快速收
納西學,康有為更提出「泰西諸學之書其精者,日人已略譯之
矣,吾因其成功而用之,是吾以泰西為牛,日本為農夫,而吾
坐而食之」⑩的看法,而這種以日本為中國變法的學習樣版之
概念,爾後深深地影響了梁啟超對日本的看法。「近師日本,
以考其通變之所由,遠摭歐墨,以得其立法之所自。追三古之
實學,保天府之腴壤,其諸務本之君子,或有樂於是歟?」⑪
就是梁啟超堅固不移的師日心理。

光緒二十二年(1896),梁啟超發表《變法通議》一書,
強調向日本學習的重要性。次年相繼完成〈記東俠〉、〈《日本

⑨〈日本國志後序〉,《梁啟超全集》,第1冊,頁126。
⑩〈日本書目志‧自序〉,《康有為全集》(上海:上海古籍出版
　社,1992年),第3集,頁585。
⑪〈農會報序〉,《梁啟超全集》,第1冊,頁88。

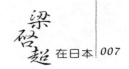

國志》後序〉、〈讀《日本書目志》書後〉、〈南學會敘〉、〈論中國之將強〉、〈醫學善會敘〉、〈復劉古愚山長書〉等文章，不斷強調師法日本的概念，將日本視為學習西方成功的典範看待，透過對日本西化社會與政治等方面的學習，將可減少中國對西方政治文化等課題在學習上的隔閡。

然踏上日本土地後的梁啟超，耳目所見所聞不禁使其詫異中國與日本在政治、思想現代化上的差距，而發出「夫同在東亞之地，同為黃族之民，而何以一進一不進，霄壤若此」⑫的慨嘆。也因此，藉由比較中日之間的差異以提出改革中國的方案，遂成為當時梁啟超最重要的職志。旅居日本之後，梁啟超更有「肆日本之文，讀日本之書，疇昔所未見之籍，紛觸於目；疇昔所未窮之理，騰躍於腦，如幽室見日，枯腹得酒」⑬的感受，日本無疑地成為梁啟超提出改革國家藥方的主要學習對象。

梁啟超在日本交遊甚廣，他的日文名字是「吉田晉」。光緒二十五年（1898）十二月十九日，當他要離開橫濱的前一天，他在日記上寫著：「吾於日本，真有第二個故鄉之感。」而這樣的感受，也許不僅僅代表著梁啟超在日本居留的歲月，或者可說，文化上同文同種的相近，使得「日本」這個地方，像母親一樣地給予梁啟超許多的啟示和照顧，而他也在日本發揮他的理想，邁向成長、茁壯的人生階段。

---

⑫〈新民說〉，《梁啟超全集》，第 2 冊，頁683 。
⑬〈論學日本文之益〉，《梁啟超全集》，第 1 冊，頁324 。

三、梁啟超在日本的活動

　　戊戌政變前，梁啟超即已參與辦報事務，並擔任時務學堂的講習教師，他也積極努力地推廣翻譯西學作品以助中國改革之用。東渡日本後，他仍心心念念祖國的改革大業，在積極營救光緒帝未果的情形下，便謀求當時所能發揮影響力的事業。他深切地明白言論能發揮的力量有多大，也相信推廣西學，培育人才的重要，因此他在到達日本僅月餘的時間，就開始他積極救國的大業，辦報、興學、譯介西書，絲毫沒有放鬆他的腳步。

㈠報務活動

　　報紙的功能、言論的力量，究竟能在風雨飄搖、腐化朽壞的中國政局中發揮什麼作用呢？李提摩太曾在《萬國公報》中發表〈新政策〉一文，文中說道：

　　中國苟行新政，可以立致富強，而欲使中國官民皆知新政之益，非廣行日報不為功。非得通達時務之人，主持報事以開耳目，則行之者一，泥之者百矣，其何以速濟？則報館其首務也。⑭

---

⑭《萬國公報》，卷8，第87期。

則報紙是為廣開民智之所需，為傳揚時代新思想必備之利器。梁啟超更在〈論報館有益於國事〉一文中大大宣揚報館的價值與重要性。他說：

> 觀國之強弱，則於其通塞而已。……去塞求通，厥道非一，而報館其導端也。無耳目、無喉舌，是曰廢疾。今夫萬國並立，猶比鄰也。齊州以內，猶同室也。比鄰之事，而吾不知，甚乃同室所為，不相聞問，則有耳目而無耳目，上有所措置，不能喻之民；下有所苦患，不能告之君，則有喉舌而無喉舌，其有助耳目喉舌之用，而起天下之廢疾者，則報館之為也。……報館愈多者，其國愈強。曰：惟通之故。⑮

顯然為益於國事，為宣揚新知，為開通民智，為民喉舌等種種目的，辦報是他當時必須進行的重要工程。爾後，他更在〈清議報一百冊祝辭並論報館之責任及本館之經歷〉一文中表示「報館者，實薈萃全國人之思想言論」、「報館者，政本之本，而教師之師也」⑯，不斷地強調報刊、報館的重要性，甚而在〈敬告我同業諸君〉一文中，提出報館的兩大天職，「一曰：對於政府而為其監督者；二曰：對於國民而為其嚮導者」。⑰梁啟超就在這樣不斷地思考報刊與人民的權利、國家的利益、

---

⑮《梁啟超全集》，第1冊，頁66。
⑯《梁啟超全集》，第1冊，頁476。
⑰《梁啟超全集》，第2冊，頁969。

制度的導向之間的關係中，逐漸地確立了他在言論界與報業中的不朽地位。以下將就梁啟超在日本時期所參與創辦發行的報刊作一概略性的說明：

1.《清議報》

光緒二十四年（1898）十月，梁啟超在日本橫濱創辦《清議報》，這是他在日本發行的第一份報紙。此報由橫濱商界華僑馮鏡如、馮紫珊、林北泉等人共同募集資金以支持籌辦事務⒅，為防止清廷的追查與迫害，由馮鏡如擔任發行兼編輯人。所刊之文分為以下六類：「支那人論說、日本及泰西人論說、支那近事、萬國近事、支那哲學、政治小說」⒆，於發行第十一號後又增加了「來稿雜文」、「政治學談」、

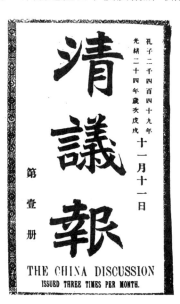

《清議報》書影

⒅ 關於《清議報》的籌辦基金，馮自由說是旅日華僑馮鏡如等人所募集，王照說是梁啟超運用妻兄李端棻的贈金籌辦，二說皆有所本，然若以梁啟超流亡在外的身份，又必須擔負家中生計來判斷，縱使梁啟超有投入籌辦款項，其數目定當有限。馮說見丁文江：《梁任公先生年譜長編初稿》（臺北：世界書局，1959 年 4 月），頁84；王說見〈復江翊雲間謝丁文江書〉，《小航文存》（臺北：文海出版社，1968 年），卷3，頁20。

⒆〈《清議報》敘例〉，《梁啟超全集》，第1冊，頁168-169。

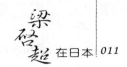

「詩文辭隨錄」三類,每月發刊三次,前後共發行一百期,歷時三年,於光緒二十七年(1901)十月第二次失火後正式停刊。而在《新民叢報》時期,梁啟超又將《清議報》重印合訂,分成六集,題為《清議報全編》。

　　梁啟超於〈《清議報》敘例〉中明白表示,值此國勢衰微之際,同志要共興《清議報》「為國民之耳目,作維新之喉舌」⑳,共圖二十世紀亞洲自治之大業。他並且標明《清議報》之宗旨為:「一、維持支那之清議,激發國民之正氣;二、增長支那人之學識;三、交通支那、日本兩國之聲氣,聯其情誼;四、發明東亞學術以保存亞粹。」㉑但此四大宗旨並不足以說明後來《清議報》日漸明朗清晰的言論傾向,其文之旨主在保皇,並攻詰慈禧太后、榮祿、袁世凱等人,種種攻擊的文字內容均隱含有民族主義之思想。㉒直到《清議報》停刊之後,梁啟超才在〈清議報一百冊祝辭並論報館之責任及本館之經歷〉文中歸納出《清議報》的特色為:

　　一曰倡民權:始終抱定此義,為獨一無二之宗旨,雖說種
　　種方法,開種種門徑,百變而不離其宗,海可枯,石可

⑳ 同前註,頁168。
㉑ 同前註。
㉒ 張朋園認為若基於民權和民族兩個觀點來區別梁啟超在《清議報》中的言論,大致可別為八類:抨擊清廷失政、鼓舞革命論說、介紹政治法律常識論說、自由民權論說、一般常識論說、記事、介紹進化論說、歷史傳記。詳目可參見氏著:《梁啟超與清季革命》(臺北:中央研究院近代史研究所,1999年6月二版),第7章第3節,頁203-205。

爛，此義不普及於我國，吾黨弗措也。二曰衍哲理：讀東西諸碩學之書，務衍其學說以輸入於中國。……三曰明政局：戊戌之政變，己亥之立嗣，庚子之縱國，其中陰謀毒手，病國殃民，本報發微闡幽得其真相，指斥權奸，一無假借。四曰厲國恥：務使吾國民知我國在世界上之位置，知東西列強待我國之政策。……一言以蔽之，曰：廣民智，振民氣而已。㉓

顯然《清議報》在發行一百冊之後的檢討結果，並不如當初創辦時所標明之宗旨般溫和。而於清亡以後，梁啟超亦在歸國的演說辭中明白表示「在橫濱開一《清議報》，明目張膽，以攻擊政府，彼時最烈矣。」㉔可見當時《清議報》文字之激烈程度不同一般。

《清議報》初期的發行，因恐宣傳未廣，遂以贈送之名推廣。但兩月之內已送出一萬數千份，同志們不勝負荷，不得不停止贈送，改為發售之報刊。雖然《清議報》在清廷的刻意阻撓下，銷售總數大致維持在三千至四千份，但通過許多秘密傳播的管道，《清議報》的讀者人數約有四、五萬人，由此傳播情形亦可明白，《清議報》的思想言論在國外僑界人士和國內冀求新知的知識分子中，產生了極大的影響。李劍農曾說：「《清議報》和《新民叢報》，……政府儘管禁止，國內卻是暢

㉓《梁啟超全集》，第1冊，頁478。
㉔〈初歸國演說辭：鄙人對於言論界之過去及將來〉，《梁啟超全集》，第4冊，頁2509。

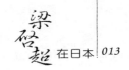

銷無滯，……梁這時代所發的議論，大約都是趨重打破現狀的議論。……排滿革命，破壞暗殺，都視為救時之良藥。（甲辰乙巳以後，他雖然極端反對排滿，但在癸卯以前，排滿的民族思想，常常流露於他的筆端）」㉕可見得《清議報》的內容切合了國人心目中的種種冀求。

　　在《清議報》發行的三年期間，梁啟超曾先後離開報館一年六個月，前往檀香山、澳洲等地籌辦其他事務，報館暫由麥孟華主持，雖然《清議報》的內容在梁啟超不在的時候不免顯得略微遜色，但報館中仍有章炳麟、康有為、蔣智由等人不時提供撰作之文。

　　2.《新民叢報》

　　《清議報》於光緒二十七年（1901）十月停刊後，《新民叢報》繼而在光緒二十八年（1902）元旦於橫濱組成，二者相距僅月餘。《新民叢報》的籌辦經費是向保皇會的譯書局借來的，原欲將《新民叢報》附屬於譯書局，

《新民叢報》書影

㉕ 李劍農：《中國近百年政治史》（臺北：臺灣商務印書館，1957年），頁218。

後經公議由馮紫珊等人經營，以其為編輯兼發行人，而實際主持報務者仍為梁啟超。《新民叢報》為半月刊，每月一日及十五日出刊，採用洋式裝訂，每冊約六萬字上下，較之前發行的《清議報》篇幅增加約兩倍以上，所刊內容，大別為二十五類，但每年分類不同，略有增減。從光緒二十八年（1902）一月一日出版，至光緒三十三年（1907）十月十五日停刊，共計九十六冊。《新民叢報》停刊的原因很多，或因出刊愆期，導致讀者生厭，因此銷售不佳而產生的經濟壓力；或因梁啟超一人難以兼顧《新民叢報》與即將出版的《政論》，加上又忙於立憲運動，所以無法再支撐大量的文字撰作，《新民叢報》遂於九十六期後正式告終。

關於《新民叢報》的宗旨，梁啟超在發刊告白中說：

> 本報取〈大學〉新民之意，以為欲新我國，當先維新我民。中國所以不振，由於國民公德缺乏，智慧不開，故本報專對此病而藥治之，務採合中西道德以為德育之方針，廣羅政學理論，以為智育之原本。本報以教育為主腦，以政論為附從，但今日世界所趨重在國家主義之教育，故於政治亦不得不詳，惟所論務在養我國家思想，故於目前政府一二事之得失，不暇沾沾詞費也。本報為我國前途起見，一以國民公利公益為目的，持論務公平，不偏於一黨派，不為灌夫罵坐之語，以敗壞中國者，咎非專在一人也。不為危險激烈之言，以導中國進步當以漸也。[26]

---

[26] 《新民叢報》第1號。

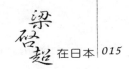

表明其欲取〈大學〉新民之意，從教育入手，以維新國民道德
的重要標的，採行溫和路線，不恣意進行批評。這樣的宣告，
我們確可由其撰作之〈新民說〉之敘論、論公德、論國家思想
等部份得到驗證，然〈新民說〉一文進至論權利思想、論自
由、論自治等部分，則一反其初衷，言論之激烈迥異於前。針
對這樣的轉變，梁啟超曾在〈初歸國演說辭：鄙人對於言論界
之過去及將來〉一文中提出說明，曰：

> 辛丑之冬，別辦《新民叢報》，稍從灌輸常識入手，而受
> 社會之歡迎，乃出意外。當時承團匪之後，政府創痍既
> 復，故態旋萌，耳目所接，皆增人憤慨，故報中論調，日
> 趨激烈。㉗

顯然他的轉變有其不得不然的因素，但也因為如此，《新民叢
報》後來則被視為宣揚革命思想的刊物。

《新民叢報》以全新的姿態，取代《清議報》的地位從新
出發。發行不久，銷售量就遠遠勝過之前的《時務報》和《清
議報》，梁啟超曾在光緒二十八年（1902）四月〈致康有為〉
㉘信中提到當時的盛況，曰：「《新民叢報》，……現銷場之

㉗《梁啟超全集》，第4冊，頁2509。
㉘ 丁文江編的《梁任公先生年譜長編初稿》中將此信之時間記錄為
光緒28年10月，當為筆誤。《新民叢報》屬於半月刊，若為記
錄中的10月，則應已發行至第20號，但信中所言之銷售數字
「近五千」，比在《新民叢報》第9號及第11號〈本社告白〉中所
載發行數量「已及萬數千份」還少，所以〈致康南海〉一信之時
間應為4月。

旺，真不可思議，每月增加一千，現已近五千矣。似比前此
《時務》尚有過之而無不及。」㉙想必梁啟超那富涵民族、民
主，甚至是革命等思想的言論，使國內外學人大受啟發與刺
激。發行至第四年時，《申報》上出現了一則《新民叢報》刊
登的廣告，內容為：「啟者：本報開辦四載，久為士大夫所稱
許，故銷售至一萬四千餘份。現第四年第一期報已到，定閱者
爭先恐後，此誠民智進步之徵也。閱者諸君，務請從速挂號是
幸。」㉚雖然實際的銷售數量未必真如廣告上所言㉛，但《新
民叢報》在當時發揮傳播新思想言論的力量確是不容小覷的。

　　此報的銷量既多，銷路又廣，所發揮之影響力必定也大，
梁啟超曾自評此報「開我國叢報界之先河，居我國叢報界之魁
首」㉜，自從創刊以來，接連有如上海《新世界學報》、《大
陸報》、《游學譯編》等近十家報紙，皆以相同體例與格式陸
續創報發行，使學界的思想活動熱烈起來，由此亦可驗證後來

㉙《梁啟超全集》，第10冊，頁5935。

㉚〈上海四馬路《新民叢報》支店啟事〉，光緒32年3月1日《申報》
　　廣告。

㉛ 關於《新民叢報》的銷售數量，張朋園認為「第二年《叢報》由
　　蔣智由代編，依然維持如第一年的銷數，因為他的聲名已傳播開
　　了，讀者皆視任公的言論為新說中的新說，名著中的名著。第三
　　年以後，任公不再倡言革命，雖然好奇讀者猶欲得知其態度改變
　　的究竟，而銷路終為之大減，且有虧蝕，其在《申報》廣告上的
　　一萬四千之數，恐不可信。到了第四年與《民報》大開論戰。…
　　…銷數又有增加，估計讀者不會少於第三年，或許與第一年不相
　　上下，大致當在一萬份左右。」見《梁啟超與清季革命》，頁
　　216。

㉜〈甲辰年之新民叢報廣告〉，《新民叢報》第48號。

梁啟超在《清代學術概論》中說：「啟超復專以宣傳為業，為
《新民叢報》、《新小說》等諸雜誌，暢其旨意，國人競喜讀
之，清廷雖嚴禁，不能遏，每一冊出，內地翻刻本輒十數；二
十年來學子之思想，頗蒙其影響。」㉝對於《新民叢報》的回
顧，的確所言不虛。黃遵憲更是直接給予《新民叢報》極大的
肯定與稱許，他說：

> 《清議報》勝《時務報》遠矣，今之《新民叢報》又勝
> 《清議報》百倍矣。驚心動魄，一字千金，人人筆下所
> 無，卻為人人意中所有，雖鐵石人亦應感動。從古至今文
> 字之力之大，無過於此者矣。㉞

顯然《新民叢報》的內容恰切地表達出了當時學人內心裏真正
的期望。甚至梁啟超在《新民叢報》中所發表的〈新民論〉、
〈新民說〉等更是發揮了無可言喻的影響力，他可說是道出了
大家難以名狀的感受，「已布之說，若公德、若自由、若自
尊、若自治、若進步、若權利、若合群，既有以入吾民之腦，
作吾民之氣矣。未布之說，我尚未知鼓舞奮發之何如也。此半
年中，中國四五十家之報，無一非助攻之舌戰，拾公之牙慧
者。至若新譯之名詞，杜撰之語言，大吏之奏摺，試官之題

㉝《中國近三百年學術史、清代學術概論合刊》（臺北：里仁書局，
　1995 年 2 月），頁73。
㉞〈光緒二十八年四月黃公度致飲冰主人書〉，轉引自丁文江：《梁
　任公先生年譜長編初稿》，頁150。

目，亦勦襲而用之。精神我不知，形式既大變矣；實事我不知，議論既大變矣」。㉟可見得《新民叢報》的影響力的確難以估量。

3.《新小說》

《新小說》是一種月刊，創刊於光緒二十八年（1902）十月十五日，是中國最早刊登近代新體小說的刊物。《新小說》的創辦可說是為政治服務的報紙，梁啟超提出「新民」的概念後，一直致力於維新國民心智與道德，而小說正是他發現可資取用的體裁，所以《新小說》的出版自然肩負著維新國民的重責大任。

早在光緒二十四年（1898），梁啟超創辦《清議報》時，即在第一冊報刊中刊出他自己翻譯的日本啟蒙文學代表作之一的政治小說《佳人奇遇》，這是他流亡日本時，在大島軍艦上所讀的小說，而譯文後則附有他自己寫的〈譯印政治小說序〉，序中不但描述了小說足以變革社會的效能，也強調了歐美、日各國之所以在

《新小說》書影

㉟〈光緒二十八年十一月黃公度致新民師函文書〉，轉引自丁文江：《梁任公先生年譜長編初稿》，頁170-171。

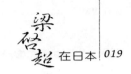

政治上日日有進，政治小說居功厥偉。

梁啟超在〈論小說與群治之關係〉中曾道：

> 欲新一國之民，不可不先新一國之小說。故欲新道德，必新小說；欲新宗教，必新小說；欲新政治，必新小說；欲新風俗，必新小說；欲新學藝，必新小說；乃至欲新人心，欲新人格，必新小說。何以故？小說有不可思議之力支配人道故。㊱

將「新民」與小說密切地結合起來。之後他又提出小說有四種支配人道的力量：熏、浸、刺、提，「前三者之力，自外而灌之使入；提之力，自內而脫之使出，實佛法之最上乘也。凡讀小說者，必常若自化其身焉，入於書中，而為其書之主人翁」。㊲因此人既易受小說之感動，自較容易接受小說中之思想。而小說既有如此不可思議之力量，若用之於新民，則必能有其成效，梁啟超在〈傳播文明三利器〉中表示，小說曾在日本明治維新時期發揮重要的力量，其文曰：

> 明治十五六年間，民權自由之聲，遍滿國中，於是西洋小說中，言法國、羅馬革命之事者，陸續譯出，有題為自由者，有題為自由之燈者，次第登於新報中，自是譯泰西小說者日新月盛，其最著者則織田純一郎氏之《花柳春

㊱《梁啟超全集》，第 2 冊，頁 884。
㊲ 同前註，頁 885。

話》，關直彥氏之《春鶯囀》，藤田鳴鶴氏之《繫思談》、《春窗綺話》、《梅蕾餘薰》、《經世偉觀》等，其原書多英國近代歷史小說家之作也。翻譯既盛，而政治小說之著述亦漸起，如柴東海之《佳人奇遇》，末廣鐵腸之《花間鶯》、《雪中梅》，藤田鳴鶴之《文明東漸史》，矢野龍溪之《經國美談》等。著書之人皆一時之大政論家，寄託書中之人物，以寫自己之政見，故不得專以小說目之。而其浸潤於國民腦質，最有效力者，則《經國美談》、《佳人奇遇》兩書為最。㊳

因此他在創辦的諸多報刊中必定刊登小說，也鼓勵翻譯西洋小說。《新小說》中的小說多是以白話寫成，類別眾多，有論說、歷史小說、政治小說、哲理小說、冒險小說、科學小說、傳奇體小說，甚至是地方戲本等，後來也有許多小說以單印本發行，如〈新中國未來記〉、〈二十年目睹之怪現狀〉等，可說是開創了中國小說的新體例。㊴

關於《新小說》的創辦，梁啟超當然有更積極而具體的期待，他在〈初歸國演說辭：鄙人對於言論界之過去及將來〉文中說：「壬寅（1902）秋間，同時復辦一《新小說》報，專欲鼓吹革命，鄙人感情之昂，以彼時為最矣。」㊵明顯將《新民叢報》與《新小說》並提，可知其政治導向的訴求，而「鼓吹

㊳《梁啟超全集》，第1冊，頁359。
㊴詳見張朋園：《梁啟超與清季革命》，頁222。
㊵《梁啟超全集》，第4冊，頁2509。

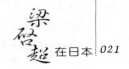

革命」一詞,更表示出梁啟超在《新民叢報》初期時的政治主張,這與後期《新民叢報》和《民報》之間打筆仗,主張立憲改革的梁啟超是截然相異的。㊶

　　《新小說》中,梁啟超的〈新中國未來記〉是最受矚目之作,這篇寓言小說,不但展現他熱情的革命心志,也包含了許多政治理想和見解,他在緒言中說:

> 茲編之作,專欲發表區區政見,以就正於愛國達識之君子。編中寓言頗費苦思,不敢草草,但此不過臆見所偶及,一人之私言耳,非信其必可行也。國家人群,皆為有機體之物,其現象日月變化,雖有管蒻,亦不能以今年料明年之事,況於數十年後乎?況末學寡識如余者乎?但提出種種問題,一研究之,廣徵海內達人意見,未始無小補。區區之意,實在於是。㊷

小說以為政治之用的目的非常明顯,我們更可由他將未來的中國國號名曰「大中華民主國」中理解他的政治傾向與訴求,而他將理想的第一代大總統取名為「羅在田」,第二代大總統取

㊶ 梁啟超在《新民叢報》後期與《民報》之間的爭執,主要在於「革命」的論題上,梁啟超認為可以行政治革命,但不可以行種族革命和社會革命,否則國家會因為大量的流血事件而導致覆亡。梁啟超於《新小說》中所論及的「革命」概念,或為其思想搖擺期的革命主張,因為〈新民說〉後部的言論思想是很激烈的,批評清廷當局的,所以此時的「革命」思想或與其和《民報》論戰時有別。

㊷《梁啟超全集》,第10冊,頁5609。

名為「黃克強」，更明白標示出中國由帝制走向民主的必然發展。[43]

　　小說既較其他文體更能鼓舞人心，故梁啟超等人的作品在當時亦造成了很大的迴響，加上閱讀《新民叢報》的讀者群也相對地愛護《新小說》，其銷售數目也不致太低。對於《新小說》報的評論，黃遵憲說：「《新小說》報初八日已見之，果然大佳，其感人處，竟越《新民報》而上矣。僕所最貴者，為公之〈關係群治論〉及〈世界末日記〉，讀至『愛之花尚開』一語，如聞海上琴聲，嘆先生之移我情也。〈新中國未來記〉表明政見，與我同者，十之六七，他日再細評之，與公往復。……總之努力為之，空前絕構之評，必受之無愧色。」[44]給予了極高的評價。

　　《新小說》與《新民叢報》同為「新民社」發行，而停刊的原因也大致相同，主要是愆期的關係，讀者不耐久候，終致停刊。從光緒二十八年（1902）十月發行第一號，至光緒三十一年（1905）九月，長達三年之久，僅發行至第十號。雖然第二卷改由廣智書局發行，但也未能維持。

---

[43] 關於〈新中國未來記〉的扼要介紹，可參見〈初歸國演說辭：鄙人對於言論界之過去及將來〉，《梁啟超全集》，第4冊，頁2509。梁啟超於此演說辭中表示：「羅在田者，藏清德宗之名，言其遜位也。黃克強者，取黃帝子孫能自強自立之意。」雖標示著由清至民國的政治發展，但若梁啟超意在清德宗為第一代大總統，黃克強為第二代大總統，則如此的權位交接是否也意識著梁啟超在保皇立憲路向上的某種堅持呢？

[44] 〈光緒二十八年十一月十一日黃公度與飲冰主人書〉，轉引自丁文江：《梁任公先生年譜長編初稿》，頁166-167。

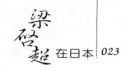

4.《政論》

關於《政論》的籌辦，梁啟超在光緒三十三年（1907）六月二十二和二十七日〈致蔣觀雲、徐佛蘇、黃與之〉的兩封信中分別提到「政聞社」的成立事宜和《政論》報的籌辦資金、地點與人事運作之事，他認為「政聞社」的組成雖仍在籌辦階段，但「此報（筆者案：《政論》）萬不可不先辦」⑮，以之為「政聞社」成立之先鋒。他更將欲發表於《政論》報上的文論內容作了預先的說明，大致是關於世界大勢、中國前途、當前的貨幣政策、憲政運用等政策走向發表意見，行使報館監督政府職務之基本責任。

光緒三十三年（1907）九月十一日，梁啟超與其友人在東京召開「政聞社」成立大會，並以該社名義發行《政論》雜誌，於創刊號中發表「政聞社宣言書」，強調「政聞社」所堅持的四條主義為：「一、實行國會制度，建設責任政府。二、釐訂法律，鞏固司法權之獨立。三、確立地方自治，正中央地方之權限。四、慎重外交，保持對等權利。」⑯「政聞社」大會遭到革命派的阻撓，爾後在日本的發展雖不利，但對於中國各地擁護立憲的學生及團體仍具有影響力。

至於梁啟超為何要發起「政聞社」呢？徐佛蘇曾在〈創辦「政聞社」之主義及其源流〉一文中表示，中國留日學生兩千多人，對於祖國救亡主義，分為種族革命和政治革命兩派，一

---

⑮《梁啟超全集》，第10冊，頁5963。

⑯〈政聞社宣言書〉，《政論》第1號，轉引自丁文江：《梁任公先生年譜長編初稿》，頁251。

欲以激烈手段推翻滿清君主，一欲以和平手段推動政府實行憲政。而梁啟超在橫濱主辦《新民叢報》已久，見留日學生主張立憲者漸多，又哀慟於國內為革命犧牲的愛國志士過多，卻仍未能實行革命，所以偏重於政治革命之說，欲發揮立憲可以救國之理，於是創設政治團體於東京，名為「政聞社」。這是立憲派與革命派爭論的開始。後「政聞社」遷居上海，力促清政府速頒憲法，以致觸怒當權者，而招致被禁的結果。㊼

《政論》出刊的時間並不長，加上又是黨報的關係，閱讀的群眾有限，流傳也不廣，梁啟超對於此報刊的說明也少，大致上僅述及簡單的說明，文曰：「丁未（一九〇七）夏秋間，與同仁發起政聞社，其機關雜誌名曰《政論》，鄙人實為主任。政聞社為清政府封禁，《政論》亦廢。」㊽

5.《國風報》

《國風報》是梁啟超繼《政論》後，鼓吹立憲運動的言論機關。宣統二年（1910）年元月，梁啟超在上海創辦《國風報》，由何國楨擔任編輯兼發行人，梁啟超則在日本領導。

㊼ 詳情可參見丁文江：《梁任公先生年譜長編初稿》，頁249-250。光緒34年（1908）7月27日《申報》上刊載了清主下令查禁「政聞社」的上諭為：「七月十七日上諭查禁『政聞社』，嚴拿社夥，聞其原因係緣陳景仁等請斥革于式枚一電，某邸頗滋不悅，隨分電各省調查該社內容，數日前以得某省電覆，有立設處所甚多，社夥甚眾，且有要犯混跡其中，故當日召見時面奏情形，隨下嚴行禁止飭屬拿辦之諭。」（前揭書），頁287。「政聞社」遭查禁的原因當不僅於上諭中所言。

㊽〈初歸國演說辭：鄙人對於言論界之過去及將來〉，《梁啟超全集》，第4冊，頁2509。

《國風報》屬於旬刊，每逢一日出版，至宣統三年（1911）八月二十一日停刊，共發行五十二期。報中內容大別為十四門，梁啟超主之，於其中探討內閣政府、民意代表制度，憲政和議會原理等諸問題。

關於《國風報》的名稱，梁啟超是沿用《詩經·國風》之義，期能收風行草偃之效，對國家、人民發揮影響力，使在上位者和人民都能有彼此了解的機會，進而開創一國之新風氣。他

《國風報》書影

在〈說國風〉文中清楚表明其所取之義，曰：「抑《詩序》又曰：『上以風化下，下以風刺上，主文而譎諫，言之者無罪，聞之者足以戒，故曰風。』」並期許自己與同仁能克盡其職，雖不敢「比於曾文正所謂騰為口說而播為聲氣者」，但既「自附於風人之旨」，則「矢志必潔，而稱物惟芳，託體雖卑，而擇言近雅」。⑭

梁啟超曾在《申報》的廣告中提出《國風報》的創立是為了「忠告政府，指導國民，灌輸世界之常識，造成健全之輿論」，所以並未限制文章論述的主題與範圍，但《國風報》後

---

⑭〈說國風下〉，《梁啟超全集》，第4冊，頁2328。

來出版之報刊內容，卻多述及政治問題⑤，無意的區隔了《國風報》與其他報刊的相異性質與論述傾向，雖有遠大理想，然也因此限制了閱報的讀者群，加上當時的革命思潮以勢不可擋的姿態席捲知識分子，《國風報》的銷售數量遂漸趨下滑⑤，終致停刊的命運。

　　縱使梁啟超有意識地要以溫和的方式對政府提出建言，對國民進行教育，但《國風報》後期言論漸趨激烈卻是不爭的事實，梁啟超曾對這樣的情形提出說明：

　　最近乃復營《國風報》，專從各種政治問題為具體之研究討論，思灌輸國民以政治常識。初志亦求溫和，不事激烈。而晚清政令日非，若惟恐國之不亡而速之，劌心怵目，不復能忍受。自前十年以後至去年一年之《國風報》，殆無日不與政府宣戰，視《清議報》時代殆有過之矣。猶記當舉國請願國會最激烈之時，而政府猶日思延

⑤　梁啟超在1910年2月〈致徐佛蘇〉信中曾述及相關此事，曰：「來書言辦雜誌不易，誠然，蓋今當舉國不悅學之時，讀報者本少，而雜誌之性質極難為通俗的，況公所辦之報，限於政治問題，導以興味，更非易乎。（《國風》本意原不限政治問題，但今所出各號，已全毗於此，此亦因弟之所嗜本在此故耳。以後擬稍矯之。）故弟意謂辦日報較為佳，今更不能，則亦惟於此範圍中求特色耳。」《梁啟超全集》，第10冊，頁5987。

⑤　根據宣統2年（1910）2月26日〈致徐佛蘇〉信中言《國風報》的銷售量為「每號印三千部」。《梁啟超全集》，第10冊，頁5986。另，張朋園將梁啟超從《中外公報》到《國風報》各報的發行、發售數、代售處、閱讀人數等進行比較，相關資料可參看氏著：《梁啟超與清季革命》，頁232。

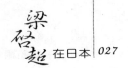

宕，以宣統八年、宣統五年等相搪塞。鄙人感憤既極，則在報中大聲疾呼，謂政治現象若仍此不變，則將來世界字典上，決無復以「宣統五年」四字連屬成一名詞者。此與在《國風報》中凡屢見，今亦成預言之讖矣。[52]

我們不能確定，政府一再的故態復萌，是否曾經動搖梁啟超堅持立憲改革的立場，但可以確定的是，梁啟超努力鼓吹的立憲運動已漸居於弱勢，革命似乎是一觸即發了。而《國風報》中的種種理論與提醒，也只能等待革命成功、民國政府建立之後才能發揮影響力了。

(二)教育興學

在《變法通議‧論變法不知本原之害》中，梁啟超指出：「變法之本，在育人才；人才之興，在開學校。」又說：「欲求新政，必興學校，可謂知本矣。」[53]可見辦學教育以培育人才在梁啟超心目中是促使國家強盛的根本要素。而梁啟超在日本的活動，除了辦報業務，為民喉舌外，亦重視實質人才的培育，在中國多事之際，積極培養後進以為將來國家改革進步之需，是刻不容緩之事。根據《梁任公先生年譜長編初稿》上記載，梁啟超參與辦學的事務，自戊戌政變之前即已有之，而在日本時期，則參與了橫濱大同學校、神戶同文學校和東京高等

大同學校等辦學事務。

　　一八九九年七月，梁啟超自橫濱僑界募集銀三千兩，聯合曾卓軒、鄭席儒等人在東京創立高等大同學校，由柏原文太郎擔任校長。梁啟超在〈東京高等大同學校公啟〉中，強調設立高等大同學校刻不容緩，其因有四：「一、使橫濱大同學校卒業的高材生得以遞升，使教學兩者相獲益；二、神戶及南洋、美洲各阜皆相繼設校，規模與橫濱略同，一二年後，卒業生亦需遞進；三、政變後，內地新設之學校多半停廢，需有一校收納英才，助其卒業；四、內地欲留學海外之英才，必要有專門高等學校助其大成。」⑭而關於橫濱大同學校的開辦，他亦於〈日本橫濱中國大同學校緣起〉一文中表示，國人旅居日本之人數眾多，但卻未能有學校以進行教化啟蒙國人之工程，徒然浪費有用之才，實屬不該；加上日本大學之素質已與歐美學校並駕齊驅，因此預習西學，卻苦於資費者，在日本學習已然足用，因此於日本創辦興學是刻不容緩之事。

　　梁啟超一再強調明治維新的成功能給予中國許多學習的榜樣，而透過日本吸收西學的知識是當時最佳的選擇，他說：「日本三島之地，千里之國耳，近以步武泰西，維新政治，國勢之強與歐西等，推其原因，皆在編譯西書，廣立學官之故。」⑮所以他提出了大同學校是「近采泰西、日本教育之法，立學橫濱，號以大同；庶凡孔子選賢與能、講信修睦之

⑭ 詳參見丁文江：《梁任公先生年譜長編初稿》，頁90-91。
⑮〈日本橫濱中國大同學校緣起〉，《梁啟超全集》，第1冊，頁323。

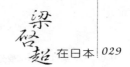

治，萌芽于茲。以孔子之學為本原，以西文、日文為通學，以中學小學章程為課則，延中土通才，及日本大學校教授為教席，並於文部省立案。凡由此學滿業之生，准入其高等學校，及大學校，或海陸軍學校，以通其專門之學」⑤⑥的說明，以確立創校之基本條則。值得注意的是，梁啟超對於倡導學人修習西學雖不遺餘力，然在創校緣起中仍一再強調孔子之學為一切本原的重要性，這點由其以「大同」為校名，亦可推知其意。

三譯書與出版

早在一八九六年時，梁啟超就指出中國的翻譯活動進行得太慢⑤⑦，他認為中國必須利用日本譯文以尋求西學知識。「譯書真今日之急圖哉」⑤⑧，有識之士雖明變法改革之重要，但在工、商、兵、法等西學知識的攝取上卻有供應不及的困擾。中國的官譯書局，自京師同文館、天津水師學堂、上海製造局等機構運作三十年來，譯成之書，不過百種，長此以往，結果堪

---

⑤⑥ 同前註。
⑤⑦ 梁啟超在1896年所作的《西學書目表》序例中說：「國家欲自強，以多譯西書為本，學者欲自立，以多譯西書為功。……吾聞英倫大書樓所藏書，凡八萬種有奇，今之所譯，直九年之一毛耳。西國一切條教號令，備哉燦爛，實為致治之本，富強之由，今之譯出者，何寥寥也？彼中藝術，日出日新，愈變愈上，新者一出，舊者盡廢。今之各書譯成，率在二十年前，彼人視之，已為陳言矣。而以語吾之所謂學士大夫者，方且詫異未見，或乃瞠目變色，如不欲信，嗚呼！」深切表示出對當時譯書活動的成果相當不滿意。引文見《梁啟超全集》，第1冊，頁82。
⑤⑧ 梁啟超：〈大同譯書局序例〉，引自《梁啟超全集》，第1冊，頁132。

慮。因此他結合同志,於一八九七年創辦大同譯書局,期盼能
「洗空言之誚,增實學之用,助有司之不逮,救燃眉之急難」
⑲,翻譯首重一切與各國變法之事相關的書籍,以備當時之
用。

戊戌政變前,梁啟超已深感譯介西書的重要性,致力推動
翻譯西書,推廣西學的活動。流亡日本以後,親身體驗到西學
在日本發揮的龐大影響力,加上接觸大量日本譯文的西書後,
更加明白譯介西書的急迫性。他思考到中國與日本在文化與語
言上的相近⑥,認為將日譯西書推薦予中國的知識分子是一種
較能快速發揮影響力的方法。而日本在明治維新上的成功更是
西學得以發揮影響力的強而有力之明證。他明白說道:

> 日本自維新三十年來,廣求智識於寰宇,其所譯所著有用
> 之書,不下數千種。而尤詳於政治書、資生學(即理財
> 學,日本謂之經濟學)、智學(日本謂之哲學)、群學(日
> 本謂之社會學)等,皆開民智、強國基之急務也。⑥

---

⑲ 同前註。

⑥ 梁啟超在《變法通議・論譯書》中說:「日本與我為同文之國,
自昔行用漢文,自和文肇興,而平假名、片假名等,始與漢文相
雜廁,然漢文猶居十六七,日本自維新以後,銳意西學,所翻彼
中之書,要者略備,其本國新著之書,亦多可觀,今誠能習日文
以譯日書,用力甚鮮,而獲益甚巨,計日文之易成,約有數端,
音少,一也;音皆中之所有,無棘刺扞格之音,二也;文法疏
闊,三也;名物象事,多與中土相同,四也;漢文居十六七,五
也;故黃君公度,謂可不學而能,苟能強記,半歲無不盡通者,
以此視西文,抑又事半功倍也。」文見《梁啟超全集》,第1冊,
頁50。

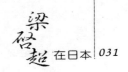

都在在強調推介日譯西書的必要性，因此他在光緒二十八年（1902）時，於橫濱集股創辦譯書局，大力推動翻譯西書的工程。梁啟超既強調言論自由，亦要求出版自由，而與維新事務和黨人息息相關的廣智書局⑥②也在光緒二十七年（1901）於上海開辦，負責出版翻譯西書與維新黨人的言論著作，當然，為了經營的考量，初期仍有出版一些教科書，後陸續出版《中國武士道》、《中國國債史》等書，並於光緒二十八年（1902）出版《飲冰室全集》。

四、梁啟超留日的影響

梁啟超在流亡日本時期的影響，實在是難以估量的，在此僅簡略述及三點：

㈠引介西方思潮

梁啟超在報刊上不斷宣揚新思想，可說是為中國以後的革命路向預作宣傳。而翻譯西書、各式學校之創設，也提供給渴求新知的學子許多歐洲學者的思想。

---

⑥① 梁啟超：〈論學日本文之益〉，《梁啟超全集》，第1冊，頁324。
⑥② 廣智書局是立憲黨人各項事業中很重要的一個，成立以後由梁啟超主持，但自光緒29年（1903）後，因為許多波折和困難，營業頗為不振，也頗令海外同志不滿，當中或有人事糾葛，或有財務不清的問題，出版事務亦曾有耽擱。詳見丁文江：《梁任公先生年譜長編初稿》，頁175-180、185、201、210、260、271、298。

　　梁啟超流亡日本以後，先後創刊《清議報》、《新民叢報》、《新小說》、《政論》與《國風報》，前三報不斷宣揚民權、民族思想，讓中國的知識分子明白，欲救中國就必先去除腐敗的滿清政府，國人革命的熱情經由報論的提倡而不斷清晰、澎湃起來，雖然後期的《政論》與《國風報》有意識地退回到立憲主義的宣揚，然為時已晚，時代的巨輪並沒有因此而轉向溫和主義的發展。我們可以說，梁啟超的報刊文論，不論是以激烈或緩和的方式宣揚西學，都直接或間接地幫助了革命主義的發展，使中國邁向革命救國的路線。

　　而翻譯西書與學校的創設，更是為中國新一代的知識分子提供了許多接觸世界的機會，藉由不斷的翻譯西書，推廣西學，中國學人更接近世界脈動的腳步，而學習環境的提供則幫助中國在未來的發展上有更多可堪使用的人才。青年學子越多接觸西學，越能開拓其視野，爾後就越能將中國帶進新紀元的發展方向。

(二)新文體的倡導與小說革命

　　梁啟超之所以被稱為言論界的驕子，主要因為他有一枝常帶感情的筆，他的文字極具煽動力，並能恰切人心之想望。他曾說：「為《新民叢報》、《新小說》等諸雜誌，暢其旨意，國人競喜讀之，清廷雖嚴禁，不能遏，每一冊出，內地翻刻本輒十數；二十年來學子之思想，頗蒙其影響。……至是自解放，務為平易暢達，時雜以俚語韻語及外國語法，縱筆所至不檢束；學者競效之，號新文體；老輩則痛恨，詆為野狐。然其

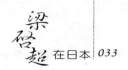

文條理明晰，筆鋒常帶情感，對於讀者，別有一種魔力焉。」
⑥在報刊言論中，靈活生動的運用西方的語法和外來的常用詞
彙，也直接將這樣的文字使用法則介紹給青年學子，發揮了很
大的影響力。當然，影響不只是文字、思想，還有書刊呈現的
形式，西洋的裝訂方式與現代印刷術也因此傳入了中國。

　　梁啟超在〈論小說與群治之關係〉中，暢言了小說的力量
與效能，將新民的概念與小說文體的創新結合在一起，提昇了
小說的地位與價值，而文末宣告「小說界革命」開始，代表的
正是中國小說體例的創新階段。

　　值得一提的是，梁啟超在光緒二十八年（1902）發表的
《新史學》，雖然並不是在政治上直接提供意見的著作，但他卻
引介了一種研究史學的新方法，以國民意識和進化論的觀點來
觀察舊史，對於中國的哲學家，如墨子、王安石等人，進行了
一種反傳統的批評，將重點放在民眾利益與文化現象的觀察
上，而非以研究歷史的傳統方式，只著重於權力的交接、演
變。這樣的研究方法，也可說是一種歷史研究的革命。

㈢思想界的新代表

　　清末時期中國思想界的巨人，非康有為莫屬。姑不論其欲
以《公羊》學說來重新建構的學術新系統是否合理，然他從辨
偽學入手，引起一連串經今古文經問題的探討，並提昇子學的
地位，影響了疑古思潮等等，都證明他的影響力在當時是無人

⑥《中國近三百年學術史、清代學術概論合刊》，頁73。

能及的，而他將西學融入中國思想中，欲取其相應之道，亦屬創舉。

當光緒二十四年（1898）梁啟超在日本以驚人的言論力量撼動中國世界開始，康有為就逐漸失去了昔日的光彩，光環轉落在梁啟超身上，使他取代了他的老師康有為的地位，成為中英鴉片戰爭後中國思想界的主要代表人物，影響了學術界許多人士。胡適在他的《四十自述》中說：

> 他指出我們最缺乏而須採補的是公德，是國家思想，是進取冒險。……〈新民說〉諸篇給我開闢了一個新世界，使我徹底相信中國之外還有很高等的民族，很高等的文化；〈中國學術思想變遷之大勢〉也給我開闢了一個新世界，使我知道《四書》、《五經》之外中國還有學術思想。[64]

無疑地，這個在清末民初中國歷史上富有聲名的人物，啟發了後來在中國學術發展中極具影響力的思想家們。

五、結論

梁啟超流亡日本十四年，終於在民國元年（1912）重新回到中國這塊土地上。回顧他在日本十四年的時光，投注了所有的心血在維新中國的事務上，不但辦報、興學、譯書，廣介西

---

[64] 胡適：《四十自述》（臺北：遠流出版公司，1988年3月，4版），頁57。

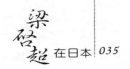

學，鼓舞國人、學子，甚至奔走於各個學會與保皇組織間為新中國努力，他不斷寫稿、演講、籌款，並在吸納西學的同時，也創造了新文體，開啟了史學研究與小說創作的新紀元。毫無疑問的，在日本的梁啟超對中國學人起了振聾發聵的大作用，而這段時間，也可說是梁啟超一生中最為閃亮的時刻。㊺

　　雖然梁啟超一再強調中國對日本學習的重要性，但其亦僅重視日本的典範樣本性質，他內心的愛國思想在日本欲侵略中國並以報章詆毀臺灣人民時仍義無反顧地表現出來，他說：

> 吾勸日本人切勿誤認題目，以第二之朝鮮視我中國。……
> 我國雖積弱已甚，而國民常自覺其國必能巋然立於大地，
> 歷劫不磨，此殆成一種信仰，深銘刻於人人心目中。……
> 凡以正義待我者，無論何國，吾皆友之，凡以無禮加我
> 者，無論何國，吾皆敵之。㊻

其義正嚴詞之態勢，仍極具威力。

　　梁啟超在中國文化的啟蒙階段，無疑地扮演了相當重要的角色。如果說梁啟超取代了康有為，成為清末民初對中國知識界影響最巨大的人物，那麼培育梁啟超開創思想新局面，提供多元化新知的日本，可謂為幕後功臣。今日中國知識界仍頻頻

㊺ 這裏指的是梁啟超人生中的政治生涯階段，筆者從不懷疑，梁啟超從政治舞臺沈寂之後，對於學術的研究與貢獻，仍是難以估量的。

㊻ 梁啟超：〈中日時局與鄙人之言論〉，《梁啟超全集》，第1冊，頁2764。

探討、研究梁啟超的思想，梁啟超當時既是以日本為吸納西方思潮的觸角，那麼受到梁啟超影響甚巨的中國知識界，眼中所看到、腦中所理解的西方世界，或可說是經由梁啟超的眼睛、透過名為「日本」的眼鏡中所發現的世界吧！如此而言，日本和中國，又該是什麼樣的關係呢？

參考書目

梁啟超全集　10 冊　北京　北京出版社　1999 年 7 月

梁任公先生年譜長編初稿　丁文江編　臺北　世界書局　1959 年 4 月

梁啟超　李文蓀原著，張力譯　臺南　長河出版社　1978 年 1 月

中國近三百年學術史——清代學術概論合刊　梁啟超　臺北　里仁書局　1995 年 2 月

康有為全集　康有為　上海　上海古籍出版社　1992 年

外人與戊戌變法　王樹槐　上海　上海書店　1998 年 8 月

梁啟超與清季革命　張朋園　臺北　中央研究院近代史研究所　1999 年 6 月二版

中國近百年政治史　李劍農　臺北　臺灣商務印書館　1957 年

維新派與近代報刊　徐松榮　太原　山西古籍出版社　1998 年 2 月

梁啟超與近代報業　賴光臨　臺北　臺灣商務印書館　1980 年 6 月三版

近代中日文化交流史　王曉秋　北京　中華書局　1992 年 9 月

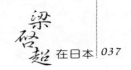

近代中日關係史研究　王曉秋　北京　中國社會科學出版社
　　1997 年 7 月

梁啟超學術思想評傳　陳鵬鳴　北京　北京圖書館出版社
　　1999 年 5 月

覺世與傳世──梁啟超的文學道路　夏曉虹　上海　上海人
　　民出版社　1991 年 8 月

相關文獻

易水郎　　康有為と梁啟超
　　　　　　日本及日本人　第 562 號　頁 39-43　1911 年 8 月
永井算巳　清末にをける在日康梁派の政治動靜⑴──康梁
　　　　　　の日本亡命とその後の動靜
　　　　　　信州大學教養學部紀要　第 1 部　頁 1-17　1966
　　　　　　年 12 月
增田涉　　梁啟超の日本亡命について
　　　　　　東京支那學報　第 13 號　頁 9-32　1967 年 6 月
增田涉著，張良澤譯　梁啟超逃亡日本始末
　　　　　　大陸雜誌　第 37 卷第 11 、 12 期合刊　頁 60-68
　　　　　　1968 年 12 月
彭澤周　　關於康梁亡命日本的檢討
　　　　　　大陸雜誌　第 41 卷第 8 期　頁 1-13　1970 年 10 月
陳左高　　先驅者走向世界的足跡：談康有為、梁啟超出國日記
　　　　　　社會科學戰線　1987 年第 2 期　頁 334-337　1987

年4月

王曉秋　康有為，梁啟超亡命日本
　　　　近代中日啟示錄　頁110-117　北京　北京出版社
　　　　1987年10月

蕭良章　戊戌政變後梁啟超流亡日本時期動向之研究㈠
　　　　國史館館刊　復刊第5期　頁57-82　1988年12月

蕭良章　戊戌政變後梁啟超流亡日本時期動向之研究㈡
　　　　國史館館刊　復刊第6期　頁29-64　1989年6月

馬幼垣　百日維新失敗後營救梁啟超赴日的日艦「大島」號
　　　　嶺南學報　新第1期　頁624　1999年10月

陳明莉　評梁啟超流亡日本早期的革命傾向
　　　　貴陽師範學院學報　1982年第3期　頁75-83
　　　　1982年9月

許介鱗　戊戌變法與梁啟超在日的「啟蒙」活動
　　　　近代中國歷史人物論文集　頁671-697　臺北　中
　　　　研院近代史研究所　1993年6月

夏曉虹　《清議報》‧《新民叢報》‧大同學校
　　　　舊年人物　頁123-127　北京　中國廣播電視出版
　　　　社　1997年2月

夏曉虹　德富文庫‧梁啟超‧羅振玉
　　　　舊年人物　頁132-136　北京　中國廣播電視出版
　　　　社　1997年2月

石雲艷　梁啟超流亡日本經過和日本方面的態度
　　　　日本研究論集　頁232-247　天津　天津人民出版

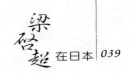

社 2002年5月

尹天五　愛國救亡的《清議報》
　　　　學術月刊　1984年第11期　頁51-58　1984年11月

楊光鈞　梁啟超在日本
　　　　哈爾濱　黑龍江人民出版社　267面　1997年7月

石雲艷　日本にをける梁啟超
　　　　國學院雜誌（國學院大學）　第101卷第9號　頁
　　　　19-30　2000年9月

謝俊美　梁啟超與日本
　　　　上海師範大學學報（哲學社會科學版）　1994年
　　　　第2期　頁51-60　1994年6月

大原信一　梁啟超と日本語
　　　　東洋研究　第114號　頁1-12　1994年12月

澤村幸夫　內藤湖南と梁啟超
　　　　支那　第27卷第2期　1936年

彭澤周　論梁啟超與伊藤侯──以戊戌政變為中心
　　　　大陸雜誌　第90卷第4期　頁1-10　1995年4月

肖　朗　福澤諭吉と梁啟超──近代日本と中國の思想・
　　　　文化交流史の一側面
　　　　日本歷史　第576號　頁67-82　1996年5月

中村哲夫　梁啟超と吳錦堂を結ぶもの
　　　　神戶學院大學人文學部紀要　第15期　頁45-54
　　　　1997年10月

郭連友　梁啟超と吉田松陰

　　　　　　　日本思想史　第 60 號　頁 68-88　2002 年 1 月

金沖及、張朋園　《梁啟超・明治日本・西方》序

　　　　　　　百年潮　2000 年第 4 期　頁 63-65　2000 年 4 月

狹間直樹編　共同研究梁啟超：西洋近代思想受容と明治日本

　　　　　　　東京　みすず書房　421 面　1999 年 11 月

狹間直樹編　梁啟超・明治日本・西方

　　　　　　　北京　社會科學文獻出版社　501 面　2001 年 3 月

末岡宏　　　梁啟超與日本的中國哲學研究

　　　　　　　梁啟超・明治日本・西方——日本京都大學人文科
　　　　　　　學研究所共同研究報告　頁 156-183　北京　社會
　　　　　　　科學文獻出版社　2001 年 3 月

森紀子　　　梁啟超的佛學與日本

　　　　　　　「梁啟超・明治日本・西方——日本京都大學人文
　　　　　　　科學研究所共同研究報告」　頁 184-217　北京
　　　　　　　社會科學文獻出版社　2001 年 3 月

桑　兵　　　梁啟超的國學研究與日本

　　　　　　　國學與漢學——近代中外學界交往錄　頁 277-295
　　　　　　　杭州　浙江人民出版社　1999 年 11 月

大原信一　　梁啟超の新文體と德富蘇峰

　　　　　　　東洋研究　第 97 號　頁 73-94　1991 年 1 月

姜　起　　　梁啟超的「小說界革命」與日本明治文學

　　　　　　　聊城師範學院學報　1982 年第 4 期　頁 48　1982
　　　　　　　年

夏曉虹　　　梁啟超與日本明治小說

北京大學學報（哲學社會科學版）　1987年第5期　頁28-37　1987年9月

晚清社會與文化　頁53-87　武漢　湖北教育出版社　2001年3

黎躍進　近代《新小說》與日本啟蒙文學

中國文學研究　1997年第1期　頁64-68　1997年1月

王中忱　梁啟超在日本的小說出版活動考略

清華大學學報（哲學社會科學版）　1996年第4期　頁68-73　1996年12月

夏曉虹　梁啟超‧明治小說

舊年人物　頁114-115　北京　中國廣播電視出版社　1997年2月

夏曉虹　梁啟超與日本明治文化

晚清社會與文化　頁29-52　武漢　湖北教育出版社　2001年3月

狹間直樹著，張玉林譯　梁啟超研究與「日本」

近代中國史研究通訊　第24期　頁44-53　1997年9月

焦潤明　梁啟超的日本觀

近代史研究　1996年第1期　頁202-215　1996年1月

日本學刊　1996年第2期（總第32期）　頁126-139　1996年3月

劉新華　　論十九世紀末二十世紀初梁啟超對日親切感的原因
　　　　　克山師專學報　2000年第1期　頁47-52　2000年
　　　　　1月

賓長初　　離異與回歸：戊戌變法後梁啟超兩次思想轉變
　　　　　求是學刊　1995年第5期　頁86-90　1995年9月

章太炎在日本

歐修梅 *

一、前言

㈠日本的近代化及其對中國的影響

1.日本以中國憂患為天示殷鑑

　　中國人對日本的情緒在近一百年間，有過幾次重大的轉變。十八世紀中葉，由英國啟釁的鴉片戰爭(1840-1842)，不僅打開「天朝」的通商口岸和銀庫，也迫使中國睜開睡眼正視域外之國。甚至在外患和內憂交替之下，中國看待外國的視角，也由自尊狂妄的俯視，漸變而為自卑怯懦的仰視。但是，即使中國朝野已經逐漸改變對外的姿態，日本在中國人心目中，卻一直還是撮爾島國，這不僅因為歷史上，日本一直是中國文化恩澤的受益和追隨者；另一方面，在一八五四年，日本也同樣面對被西方強權以武力打開門禁的屈辱；即使日本於一八六八年開始實施維新政策，力圖振作，但是因為中國也正進行著體

---

* 歐修梅，實踐大學高雄校區通識中心兼任講師。

制內改革的自強運動，因此，中國對日本的視角並沒有比照列強而調整。①直到中日甲午戰爭(1894-1895)，敗於新侵略者的事實，令中國上下震驚不已，這才在失銀和易地之外，改變了看待日本的方式；而改變也同時發生於日本，甲午戰爭之前，日本執政者尚殷殷告誡人民，不要完全接受西方人對中國庸弱的評價，戰後，則視中國一如俎上肉。

章太炎 像

在一八九五年之前，近代日本不僅經由中國接受西學，而且也在中國的內憂外患中，獲得殷鑑，因而在政策上力圖改善國家的基礎，進行全面性的革新；而中國雖因西方武力和經濟力的衝擊，實施了三十幾年的自強運動，但是不僅改革的層面狹窄，而且追求富強的意念並沒有貫徹到民間，這使得中日兩國對於一個逐漸形成的新國際形勢，在認知上遂有著深淺精疏的不同。

中英鴉片戰爭後，部分知識分子反省到中國對世界情勢的無知，因而出現了一批介紹、研究西方政經史地的著作，如林

---

① 在日本明治維新之後，除了少數知識分子（如馮桂芬、李鴻章）開始注意日本的發展，並加以肯定之外，一般中國人對於日本的印象還是遠遠跟不上日本的劇變。

則徐的《四洲志》(1841)、陳逢衡《嘆咭利記略》(1841)、汪文泰《紅毛蕃嘆咭利考略》（1842）、徐繼畬的《瀛環志略》（1848）等。這一時期的著作中，用力最深、影響最大的，則是魏源於一八四二年編成的《海國圖志》。日本因為文字大抵可與漢字相通，一旦有了瞭解西方的需求，便大量借助中國官方的漢譯西書、中國境內傳教士為傳教所編譯的書籍、報刊，以及上述由中國人所編寫的書籍。其中光是魏源的《海國圖志》，一八五四到一八五六年之間，在日本就有二十一種不同的翻刻、翻譯本出現。②

除了藉由漢譯西書開始對西方的瞭解，中國自鴉片戰爭以後的國勢凌替，也讓日本人深自警惕：

> 十九世紀四、五十年代中國發生的鴉片戰爭和太平天國革命的消息，通過唐風說書、唐船持渡書等種種途徑傳入日本，而日本的作家、學者們又立即根據這些資料和素材，寫出了許多文學、史學作品，使日本朝野、官民都能迅速了解中國的變化，引起了強烈的反應。這種中日文化的交流，對當時幕末日本政治、思想的發展也產生了重大的影響。它使日本社會各階層，尤其是要求抵禦外敵、改革內政的有識之士，受到極大的刺激、震動，引起深思。他們把中國的事變看成是對日本的『天賜前鑒』，努力從中吸取經驗教訓，並結合日本的現實，得出了必須加緊實行維

② 王曉秋：《近代中日文化交流史》（北京：中華書局，1992 年 9 月），頁28-34。

新改革的結論。③

示現於中國的「天賜前鑒」，凝聚日本全民意志而成就了
明治維新，終於在一八九五年看到了成效，甲午戰爭（日本人
稱為日清戰爭）一戰奏捷，日本聯合艦隊打敗了中國清廷自矜
自恃的北洋艦隊，在兩國競行現代化的考試中，日本贏得了比
賽，而中日文化交流上，中國也由出超國一變而為入超國。

2. 日本維新成功，足為中國借鏡

中國的鴉片戰爭和太平天國之亂，給了日本必須維新的啟
示和刺激；而日本維新的成功又在接著的二、三十年，給予中
國的維新、革命志士庇護和滋養。其中中國第一屆駐日使團的
參贊官黃遵憲，在駐日期間（1877-1882）有意識地蒐羅採集
日本文獻，並勉力寫作《日本國志》，本書於一八八七年完
成、一八九五年正式出版，本書不僅是近代中國研究日本的集
大成之作，更是鼓吹和推動中國維新思想的重要著作。該書介
紹了日本經由明治維新而臻至現代化的明確歷程，而這份成功
的示例，正是中國新知識分子所急欲擷取效法的。因此，以
「所撰錄皆詳今略古、詳近略遠，凡牽涉西法，尤加詳備，期
適用也」。④為著述原則的《日本國志》，乃成為中國戊戌維新
運動的重要啟蒙讀物之一。

除了中國人所撰寫關於日本近代化的著作，對中國知識分

---

③ 王曉秋：《近代中日文化交流史》，頁82。
④ 黃遵憲：《日本國志‧凡例》（臺北縣：文海出版社，1968年11
　月，《近代中國史料叢刊續輯》本），第96輯，頁10。

子起了啟蒙的作用之外,大量中國人到日本留學,也對中國的近代化產生極大的影響。

　　桑兵以「嶄然現其頭角,為通國中之一種新人物」為判準,認為中國留日學生的發端應定於一八九七年底或一八九八年。⑤根據王曉秋的研究:一八九八年赴日的中國留學生有五十五人,此後,年年大幅增加,至一九〇三年已到達一千三百人,一九〇五至一九〇六年到達顛峰,留學生已高達八千人。⑥

　　會出現近代最大規模的留學潮,主要有幾個因素:首先,中國遭列強欺凌已近五十年,舉國寄予厚望的洋務運動(自強運動),又被日本聯合艦隊一舉擊潰,許多知識分子開始正視向日本學習的價值,以此為救亡圖強的捷徑。其次,官方提倡留學東洋,並為士子提供了利祿的保證,也產生很大的助力。除了中國官方的鼓勵,日本政府也極力歡迎中國留學生,並且推行許多政策協助留學生學習和適應。中國官方鼓勵向外人學習,在清末已隱然成為國策,圖強是絕對優先的理由,但是日本注重忠君愛國的國民教育,就維持清廷政權的角度來說,是優於向西方列強學習的;至於日本為什麼會極力吸收中國留學生,除了可培養在中國的親日派,以及增加外匯收入等現實的因素外,日本外務相大隈重信所提出的「大隈主義」,主張日本該償還長期接受中國文化和精神的恩情,也使得日本政府制定對中國留學生比較善意的政策。最後,中日距離近、文字大

---

⑤　桑兵:《清末新知識界的社團與活動》(北京:三聯書店,1995年4月),頁147。

⑥　王曉秋:《近代中日文化交流史》,頁355-356。

抵相通、費用比較節省等現實因素⑦，也使得中國留日學生的人數，遠遠超過到其他國家的留學生。

　　十九世紀末到二十世紀初的十幾年之間，大批實際在日本學習、生活的中國留學生，傳回或帶回的日本經驗，對中國的近代化產生了深刻的影響。東京和中國之間的通訊，一直十分自由方便，因此留學生在日本所習得的新知識，很容易便能在中國流佈。十九世紀清廷派往歐美的留學生，所學主要集中在理工和軍事，二十世紀的中國留日學生，則因整個時代更強烈的刺激，以及知識分子更深入地反省，所學已擴及各個層面，如文史、教育、法律、政治、商業、醫學、農業、理工、軍事等方面，其中又以習文學和軍事者為多。這些新學科和新觀念，都因為急於診治中國病症而引進。此外，在師法日本思想、科技的同時，日本國民還附贈了一項非留學生所預期，卻深深影響近現代中國發展的觀念：國家意識。日本在甲午戰時，為凝聚民心，所宣傳的愛國思想已逐漸接近沙文主義，而戰爭的勝利，更強化日本人的自尊、自負。因此，除了少數知識分子猶有尊重之外，日本人對於中國可說是舉國輕視，而甲午戰後逐漸增多的留日學生，便成為這種蔑視的直接承擔者。中國留學生在不斷的受辱中，逐漸在本有的鄉土觀念中，又增生了國家意識，而在相對（中國清廷統治）比較自由的環境中

---

⑦ 張之洞《勸學篇・外篇》：「至遊學之國，西洋不如東洋，一路近省費可多遣；一去華近，易考察；一東文近於中文，易通曉；一西書甚繁，凡西學不切要者，東人已刪節而酌改之。中東情勢風俗相近，易仿行，事半功倍，無過於此。」（臺北縣：文海出版社，1968年11月，《近代中國史料叢刊》本），第9輯，頁91。

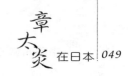

開始串聯的學生運動，正好與漸強的國家意識結合，對於中國建立新政權產生了催生的作用。

㈡章太炎——獨行孤見的儒俠性格

如果我們試著以章太炎自己的語言來詮釋他的青壯時期，那麼「儒俠」一詞，實在可視作章氏自一八九九年到一九一一年這十三年行事的極佳註腳。

光緒二十三年（1897）八月，章太炎擔任《實學報》的主要撰稿人，發表了一系列比較儒學與諸子學的文章，從這一系列文字，可以看出章氏檢討中國傳統學術的企圖，其中〈儒俠〉一文便展示了章太炎對中國「儒俠」的創造性詮釋。⑧〈儒俠〉首先發表於《實學報》，爾後又收入他的論學專著《訄書》中⑨，在一九〇〇年到一九一五年之中，他三作〈儒俠〉，每次都有重大的修正，即使屢經刪修，但是論證俠出於儒，以及肯定俠的正面意義等觀點，則是一以貫之，並且為章太炎終生躬身踐行。章氏說：

⑧ 王樾〈章太炎的儒俠及其歷史意義〉認為：章太炎的「儒俠觀」雖不足以構成一個嚴謹的學術主張，但卻因為反映出章氏個人思想，以及普遍的時代心理，而形成有「時代意義的歷史詮釋」。參見《淡江史學》（臺北：淡江大學歷史系，1992 年 6 月），頁202。

⑨ 章太炎曾多次刪修《訄書》的篇次、內容，目前較易見的版本有三：初刻本（1899-1900）、重訂本（1904），以及改名的《檢論》（1913-1914）。上海人民出版社的《章太炎全集》第3 冊，即是將這三個版本集結為一。

漆雕氏之儒，「不色橈，不目逃，行曲則違於臧獲，行直則怒於諸侯」。其學廢，而閭里游俠興。……天下有亟事，非俠士無足屬。……儒者之義，有過於殺身成仁者乎？儒者之用，有過於除國之大害、扞國之大患者乎？……故擊刺者，當亂世則輔民，當平世則輔法。（《檢論》卷三〈儒俠〉）

　　章太炎認為，如果只是「感慨奮厲、矜一節以自雄」，是當不得「儒俠」這個稱名的。在天下有亟事時，儒俠應當為國扞除患害，甚至不惜殺身以成仁。⑩但是，儒俠的價值、精神還不止展現於一己的道德抉擇，更重要的還在揭櫫和堅持正義，並以實際行動為國家除去禍害。秉持這樣的理念，再加上「生平秉性戇直，稍有感觸，輒一吐為快」。⑪的個性，章太炎一生遂有種種批攖當權者逆鱗的行徑，而七被追捕、三入牢獄、數度絕食，甚至與清廷、日本政府打起官司，證諸其事跡，確實當得起他自許的儒俠。⑫

---

⑩ 1907 年 5 月，章太炎在《民報》第 14 號所發表的〈答鐵錚〉一文中，期許國人能有佛教「依自不依他」的素養，而「排除生死，旁若無人，布衣麻鞋，徑行獨往，上無政黨猥賤之操，下作儒夫奮矜之氣」。〔《章氏叢書・別錄卷二》（臺北：世界書局，1982 年 4 月，再版），頁 853〕正與「儒俠」的精神相通。

⑪ 馮自由：〈記章太炎與余訂交始末〉，《革命逸史（二）》（臺北：臺灣商務印書館，1965 年 10 月，臺 2 版），頁 38。

⑫ 李植〈餘杭章先生事略〉：「教人治學，壹本忠恕，尤喜誦言儒俠。」《制言半月刊》第 25 期（1936 年 9 月），該文頁 4。

二、第一次流亡日本

㈠源起：被誤入的「新黨」黨籍

章太炎（1869.1.12-1936.6.14），原名炳麟，浙江餘姚人。出生時，滿清統治中國已經有二百年，開國初期的康雍乾盛世早已成為明日黃花。如果我們以章太炎出生的一八六九年為歷史座標的原點，則往前推二十七年，是英國挾武力以叩中國大門的鴉片戰爭（1840-1842）；前九年（1860），英法聯軍攻占北京，燒毀了圓明園；前五年，歷時十四年的太平天國（1850-1864）終告結束。章太炎成長於號稱「中興」的同治朝（1862-1874），這時太平天國之亂甫被平定，中國得以大致維持舊有秩序，但是，內亂依然未能全面平息。而當初為了確保歐洲人不去援助太平軍，清廷在貿易和傳教所做出的讓步，更使外人不費一兵一卒，便輕易取得更大的利益。

章太炎由父親和外祖父啟蒙。外祖朱有虔除了傳授經書外，也會為他追述明清遺事，以及王船山、顧炎武的著作大義；此外，章太炎偶然看到蔣良騏的《東華錄》，其中所載關於呂留良、曾靜等人文字獄事，他心中有所疑惑，經由外祖父的興發，因而培植出章太炎種族思想的苗芽。⑬

二十三歲那一年，父親章濬過世，章太炎乃進入「詁經精舍」，跟隨俞樾讀書。俞樾的學術路數是顧炎武、戴震、王念孫父子一脈相承的乾嘉樸學，治學非常謹嚴。章太炎在詁經精舍「出入八年」（1890-1897），與其師俞樾頗「相得也」。⑭

　　一八九四年，韓國東學黨叛亂，韓國請求中國出兵援助，日本趁此機會出兵尋釁，開啟中日甲午戰爭，結果中國慘敗，簽定了苛刻屈辱的「馬關條約」，並且開啟列強「爭奪租借地」的狂潮，中國一時間籠罩在被瓜分的危機中。當時（1895）赴京考試的康有為，乃鼓動一起應試的士子發起「公車上書」，敦促朝廷變法維新、拒絕合約。雖然這次的請願，並沒有得到朝廷的回應，但是已經塑造了公眾關心國是的氛圍，並逐漸與國民參政的理念相結合，為爾後的變法維新奠下基礎。當時還在詁經精舍的章太炎，也曾「寄會費銀十六圜」參加康有為所設立的強學會。⒂

　　一八九七年，章太炎應汪康年、梁啟超之邀，赴上海《時

⒀ 下列諸文都曾提及章太炎受外祖父的啟發，在少年時期就有了民族思想：⑴章太炎：《民國章太炎先生自訂年譜》（臺北：臺灣商務印書館，1987 年 8 月，2 版）。以下簡稱《自定年譜》），頁2 ；⑵章太炎：〈東京留學生歡迎會演講辭〉，《民報》第6 號（1906 年 7 月 15 日）；⑶朱希祖：〈本師章太炎先生口授少年事蹟筆記〉，《制言半月刊》第25 期（1936 年 9 月），該文頁1 。至於太炎於〈致陶亞魂、柳亞子二子書〉（1903 年）：「鄙人自十四、五歲，覽蔣氏《東華錄》，已有逐滿之志。」〔朱維錚、姜義華編：《章太炎選集（注釋本）》（上海：上海人民出版社，1981 年9 月），頁149〕時章太炎排滿立場已定，追述自己年少的思想歷程，或不免雜入當下意見。何冠彪便認為章太炎在不同時期所自述的革命思想淵源有「層累造成」的現象，亦即章太炎隨著年紀愈來愈大，而把他革命思想萌芽的時間說得愈早，其目的無非是要誇耀他革命思想的早熟。見氏著：〈論章炳麟對黃宗羲與王夫之的評價——兼論章炳麟自述少年事蹟的可信性〉，《國立編譯館館刊》第25 卷第1 期（1996 年 6 月），頁206-209 。
⒁ 章太炎：〈謝本師〉，《章太炎選集（注釋本）》，頁121 。該文原刊於《民報》第9 號（1906 年 11 月）。

務報》任職。這一時期，章太炎的政治主張雖然大抵與康、梁的維新變法相同，但是與狂悖滋甚的康門弟子卻每每齟齬扞格，甚至大打出手，所以，四個月後就離開《時務報》了。一八九八年，光緒皇帝倚畀康有為等人實施變法維新，但是百日之內即為慈禧所摧折，慈禧在九月底下令逮捕與維新運動有關的官員和文人，章太炎因為曾經任職《時務報》，所以也在通緝之列。在隱匿一段時間之後，章太炎於一八九八年十二月帶著妻女避禍至臺灣，擔任《臺灣日日新報》記者。

　　章太炎在臺灣只停留半年的時間，終因「臺灣氣候炎濕，少士大夫」（《自定年譜》，頁7），加上「任公方主辦《清議報》於橫濱，與孫總理過從頗密，漸醉心民族真理，得太炎書，乃函約赴日，謂將介見孫某同計議國是。太炎聞之甚喜，因有扶桑之行」。⑯以當時章太炎的政治主張來看，他可能並不如此看重和孫逸仙的會面，但是，章太炎與康、梁為故舊，而且一直欽敬彼此的救國熱忱，梁啟超當時在日本主辦《清議報》（其議論全以推翻慈禧、扶翼光緒重新行使政權為宗旨，是最有勢力也最有代表性的保皇黨刊物），因此應梁啟超之邀而前往日本，是非常可能的。

---

⑮ 朱希祖：〈本師章太炎先生口授少年事跡筆記〉，該文頁1。另《自定年譜》：「有為以公車上書得名，又與同志集強學會，募人贊助，余亦贈幣焉。」（頁5）記的也是這件事。

⑯ 馮自由：〈記章太炎與余定交始末〉，頁36。

(二)遊覽東西兩京

一八九九年六月十日（光緒二十五年五月三日），三十一歲的章太炎與在臺灣認識的日本朋友館森鴻乘橫濱丸從基隆出發，六月十四日（五月七日）到達日本的神戶，當天下午又搭乘列車前往京都參觀。[⑰]他與館森鴻在京都兩天，參觀了菅原道真祠堂、金閣寺、耳冢、博物院，又到大津，參觀了清水寺。雖然只有短短的兩天，但是章太炎已經看到這個中國文化的澤被國在文物的保存和感情上，遠比中國人要深刻的部分，這一系列的參觀，也讓章太炎重新思索了諸如行禮、文物保存等問題：他在金閣寺旁的鹿苑寺中看到六、七十種宋明圖書，以及蘇東坡的風竹圖等珍貴文物，反觀中國則因為征戰連連，以致古器物毀損嚴重，他想如果將重要文物盡藏佛寺，或許不至摧毀破壞得這麼厲害；此外，六

〈旅西京記〉書影

---

⑰ 章太炎到日本的頭幾天，由館森鴻陪伴到處遊歷，後將見聞撰為〈旅西京記〉，《章氏叢書》（臺北：世界書局，1982 年 4 月，再版），下冊，頁 716-717。

月十五日傍晚，他到展示上萬個耳朵的「耳冢」參觀，在太陽即將西下的時刻，章太炎看著這些血跡已乾的人耳，身為一個異時異地，國家同樣遭受侵略的弱國子民，他認為日本公開展覽這上萬個朝鮮人的左耳，不但不足以表彰豐臣秀吉的戰功，反而要使韓國人發啟復仇之志，他所沒有說出來的是：即使是羸弱之國，只要有足以振奮志氣的憑藉，那麼懦夫也可以奮然自立，彼時則復仇有望。

　　六月十七日他從大津出發，前往名古屋。然後轉至東京、橫濱。章太炎初到東京，借住在錢恂的寓所；前往橫濱時則住在梁啟超位於小石川區表町百九番地的寓所。在梁啟超座上，章太炎初次見到孫中山。兩年前章太炎閱讀西方的報紙，得知孫中山在倫敦被中國使館監禁的事，曾向梁啟超問起孫逸仙何許人也，梁啟超答以「此人蓄志傾覆滿州政府」，當時章太炎「心甚壯之」。⑱不過，章太炎並不認為孫逸仙足以和康、梁等人比肩，他發表於《臺灣日日新報》的〈清廷偵獲逋臣論〉：「夫孫文以醫藥小技，鼓動黔、粵之民，一旦果能揭竿而起，其有于中國與否尚未可知，而英人已護之如是。今有為秉用，百日之政，粲然見於記載，中外賢哲，莫不喁喁相望其風采，其與夫孫文者，豈與薪秋毫之比哉！」（1898 年 12 月 16 日）而這次與孫逸仙見面，「聆其議論，謂不瓜分不足以恢復，斯言即浴血之意，可謂卓識」。章太炎自戊戌政變以後，流亡海外，對於滿清政府的昏庸和腐敗，有了更深刻的認知。因此，

⑱ 朱希祖：〈本師章太炎先生口授少年事蹟筆記〉，該文頁 2。

在政治主張上已幾乎傾向革命，所以他贊同孫中山為求恢復
（華夏），不惜流血的決心，但是對於孫逸仙本人，他則未能完
全認同，他覺得「其人閃爍不恆，非有實際，蓋不能為張角、
王仙芝者也。」[19]章太炎此時雖然不以為孫逸仙是足以成就大
功業的人，但是他還是時常與孫逸仙、梁啟超和留日學生相聚
談，而談論的話題每每環繞在中國的社會問題和土地問題上
[20]，當時西方雖然國力強大，但是文明的善果並沒有普及於全
民，因而貧富極其懸殊，章太炎與孫、梁諸人或已注意到這種
弊端，因而時常討論這些問題，而章太炎對這些問題的關切，
一直到第三次渡日時，還是一再提及，很能展示章太炎所關懷
的面相。

　　自戊戌政變之後，一直到庚子拳亂之前（1898-1900），中
國士大夫的思想，大體還是支持體制內改革的變法維新。許多
人同情被軟禁的光緒皇帝，對於維新黨人的犧牲和理想，也推
崇備至，這時候，是康有為的保皇黨最為得勢的時期。章太炎
因為「與尊清者游」（指康、梁等人），所以也曾有「飾苟且之
心，棄本崇教」（〈客帝匡謬〉）的「客帝論」，主張襲用延攬客
卿的方式，以滿族的光緒皇帝為「客帝」。儘管如此，從章太
炎在臺灣發表的文章看來，他雖然一方面贊賞康、梁變法維新
的理想，並且深切同情維新黨人的殉難和流亡；但他也同時明

---

[19] 上海圖書館編：《汪康年師友書札（二）》（上海：上海古籍出版
　　社，1986年2月），頁1956。
[20] 馮自由：〈同盟會四大綱領及三民主義溯源〉，《革命逸史（三）》
　　（臺北：臺灣商務印書館，1965年10月，臺1版），頁213。

確主張驅逐滿族、為漢族復仇,其實已經相當貼近革命的思想
了。所以評估章太炎流亡臺、日階段的思想,是傾向於「革政」
或「革命」㉑,並不一定要等同於章太炎對孫逸仙和康、梁的
評價。

　章太炎第一次到日本,只停留了兩個月的時間(1899 年 6
月 14 日到 8 月 16 日),在《自訂年譜》和其他文獻中,未見
章太炎述及離日的原因,但是他以筆名西狩發表於《清議報》
的長詩〈西歸留別中東諸君子〉㉒,卻隱約透露他對流亡東瀛
的維新黨人的不滿:「蛞蝓思轉丸,茅鴟惟啖肉;新耶復舊
耶,等此一丘貉。」他在日本的見聞,讓他以屎蚵蜋(金龜子)
和貪惡的鴟鴉分別比喻流亡的新黨和國內的舊黨,他覺得這兩
者其實是一丘之貉,所以,面對離別,在情感上雖然是「江海
此分袂,流涕如雨霏」,但是他的臨別贈言卻又是「舌噤不敢
告」。這首詩可視為他回國不到一年,即「割辮與絕」(既絕滿
清,也絕保皇黨人)的先聲。在日本的最後一段時間,因為生
病,他懷著身孕的妻子王氏急忙帶著兩個女兒,再次遠渡重洋

㉑ 章太炎〈論學會大有益於黃人亟宜保護〉:「變郊號,柴社稷,
　謂之革命;禮秀民,聚俊才,謂之革政。今之亟務,曰以革政挽
　革命。」(《章太炎政論選集》(北京:中華書局,1977 年 11
　月),上冊,頁 13。本文原發表於光緒 23 年 2 月 1 日《時務報》
　第 19 冊)在戊戌政變之前,章太炎明確主張體制內改革,所以以
　「革政」為當務之急。但是經過戊戌政變之後,他對滿清逐漸失
　望,流亡臺灣時期的作品,抨擊清廷的言辭已相當尖銳,回國不
　久,乃有割去髮辮的決絕行為,展示他轉向革命的立場。
㉒ 湯志鈞編:《章太炎政論選集》,上冊,頁 95。該文原刊於《清
　議報》第 28 冊(光緒 25 年 8 月 21 日出版)。

來照料他，章太炎稍稍康復後，便攜眷由橫濱秘密返國，七月下旬回到上海。

三、由體制內改革到割辮革命

一八九九年，章太炎自日本回國後，為逃避清廷的追捕，乃秘密地來往於上海、杭州、餘杭之間，從八月一直到年底，他行止不定且詭秘，在心情上也是極端徬徨壓抑。

他回國時，畢竟離慈禧太后壓制百日維新（1898 年 6 月 11 日至 9 月 21 日）還不到一年，國內的政論氛圍還是一面倒地斥拒新學，其中湖南人蘇輿在一八九八年十月所編刻的《翼教叢編》，結合學術與政治，猛烈抨擊維新黨人與今文學派。章太炎個人在學術上雖然也是反對今文家學，但是他認為「說經之是非，與其行事，固不必同」（〈《翼教叢編》書後〉），政見與學術不必然要同步，今文學儘管值得批判，但是，康、梁諸人所主張的民權、男女平等，以及忠於所事的行徑，仍然值得肯定，章太炎對於編者論學總是牽扯政變的作法，非常不滿，所以，他不顧自己仍被通緝的身分，在光緒二十五年九月初十（1899 年 10 月 14 日）的《五洲時事匯編》第三冊發表了〈《翼教叢編》書後〉，仿蘇輿等人引經為據的方式，亦以經典、史實反駁《叢編》論點。

一九〇〇年七月，湖南瀏陽人唐才常邀請上海名流在滬召開「中國議會」，章太炎亦在與會之列。章太炎與唐才常結識於一八九九年底任職上海《亞東時報》時，唐常才本是康有為

的學生，而且與「戊戌六君子」中的譚嗣同是總角之交，向來力主變法維新，百日維新時，本欲赴北京共參政事，沒想到才到漢口，即發生政變。在戊戌政變之後，「對於滿清已有十分之絕望，恨不即時擾亂滿清之全局」，更有「組織新政府以代之」的想法。㉓一八九九年，唐才常在畢永年的引見下拜會了孫中山，正式與革命勢力匯合。

　　一九〇〇年義和團之變起，保皇和革命勢力都希望趁此機會各自實現「勤王」、「排滿」的主張，唐才常在七月二十六日於上海召開的「中國議會」，便肩負有保皇、革命兩方的使命，惟其既要保皇，請光緒皇帝復辟；又要創立新自立國，不承認滿清政府有統治中國之權，就不免出現「首鼠兩端自失名義」（《自訂年譜》，頁7）的矛盾。章太炎在會場當面指責唐才常「不該一面排滿一面勤王，既不承認滿清政府，又稱擁戴光緒皇帝，實屬大相矛盾，決無成事之理」，所以「宣布脫社，割辮與絕」。

　　章太炎隨即又寫了〈解辮髮〉一文，宣誓他反滿的立場。文中說他已經過了而立之年，卻還穿著戎狄的服裝，實在是愧對祖先，所以，從此要割去辮子，並換穿朋友所贈的歐洲衣帽。在滿清留髮不留頭的政策下，章太炎此舉，無疑是極其大膽的行為，這等於是將叛國的主張明白地寫在形貌上。而且，他還將〈解辮髮〉一文，連同另一篇也是充斥排滿思想的〈請嚴拒滿蒙人入會說〉寄到「興中會」創設於香港的《中國旬

㉓ 唐才常：〈清四品京堂湖南學政江君傳〉，《唐才常集》（北京：中華書局，1920年8月），頁197。

報》，要求公開發表。《中國旬報》將這兩篇文章，以及章太炎寫給孫中山的信一併刊登，時間是在光緒二十六年七月十五日（1900 年 8 月 9 日）。章太炎這一連串的行動，就他個人的思想歷程而言，是他由「革政」轉向「革命」的重要標誌；對當時還不成氣候的革命黨而言，則是添了能讓「壯者失色」的「長槍大戟」。㉔

　　光緒二十六年（1900）的庚子拳變，以及隨即引發的八國聯軍，迫使慈禧太后在八月十五日挾持光緒帝離開北京，倉惶逃至西安。唐才常等人除了召開上述的「中國議會」外，更實際組織「自立軍」以為武裝起義。「自立軍」的成員多由革命黨人所支援，但在活動經費上，卻必須仰賴當時手中有較多資源的保皇會。由於康有為對自立軍和革命黨多所防範，故而扣留海外捐款，這使得唐才常的起義活動因而一再延宕。後來唐才常終於定於八月二十三日起義，卻不幸為張之洞所偵知，乃於前一日清晨下令捕殺，唐才常與自立軍同志二十餘人同時就義。

　　章太炎雖然不滿唐才常等人在政策上的搖擺，但是對於烈士的遭遇卻極其哀痛。自立軍事件後，清廷「鉤黨甚急」，章太炎自認素非同謀，而且早在月前即「割辮與絕」，所以「不甚恇懼」（《自訂年譜》，頁 8），沒想到還是在通緝之列，於是他又躲躲藏藏了幾個月。這一年年底，他以為自立軍事件的追捕已經比較緩和，於是返回餘杭過年，然而就在闔家團圓的大

―――――――――
㉔ 這是《中國旬報》刊登〈解〉、〈請〉二文及章太炎致孫中山書信的〈後記〉。

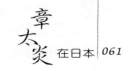

年初一，他的朋友吳保初就派人到家裡報訊，說是因為《訄書》
（初刻本）發行，緝捕者馬上就到，要章太炎趕快逃命。章太
炎只得到寺廟避上十日的風頭，等到追緝略鬆，才又回到上
海。

　　章太炎自斷辮髮以來，反滿的立場益發地鮮明，所以和朋
友之間也每有爭辯。這一年年初他剛逃過一劫，自餘杭重回上
海，在滬的朋友紛紛相與慰問，之前為他通風報訊的吳君遂便
勸他要明哲保身，另一個好朋友宋恕則開他玩笑，說以他一個
讀書人，居然想要顛覆滿清三百年的帝業，未免太不自量力，
並笑問章太炎：會不會是明朝遺老魂魄附身？章太炎聽了也忍
不住哈哈大笑。（《自訂年譜》，頁8）但是並不是每個朋友都
能如是尊重章太炎的政治立場，他的另一個相與論學的好友孫
寶瑄，便曾寫信告訴他：「法果變，公再談逐滿，當以亂民相
待。」㉕說章太炎如果執意主張逐滿，他便不再顧念舊情，而
要以「亂民」相對待，這讓章太炎非常憤怒，兩人幾乎絕交，
後來孫寶瑄雖然向章太炎道歉，而不致反目成仇，但是在孫氏
的眼中，還是認為章太炎所寫的書「鼓動一世，造孽無窮」。㉖

　　而更大的衝突還在章太炎和他的老師俞樾之間。光緒二十
七年七月七日（1901年8月20日），章太炎以吳君遂介紹，到
蘇州的東吳大學任教，當時章太炎的業師俞樾就住在蘇州，他
於是前往謁見。章太炎在杭州的詁經精社跟著俞樾讀了八年

㉕ 孫寶瑄：《忘山廬日記》（上海：上海古籍出版社，1983年4
　月），上冊，頁397。
㉖ 同前註，頁470。

書，師生甚為相得，沒想到在分別五、六年後，老師竟然「督敕甚厲」、「辭氣陵厲」，他責備章太炎「不忠」、「不孝」，並說：「不忠不孝，非人類也，小子鳴鼓而攻之可也。」章太炎於是推出老師的學術祖宗顧炎武來答辨，因為顧炎武之學正是要人「推尋國性，識漢虜之別」，章太炎自認他所做的只不過是承續師學㉗，所以不接受老師的指責。從章太炎和師友之間的衝突，很能看出章太炎雖千萬人吾往矣的氣魄，這種為了正義和理想而任性使氣，不惜與當權為敵、與師友決裂的行徑，恐怕不是一般儒生所能做到的，這正是章太炎所強調和踐行的儒俠精神。

　　章太炎在蘇州東吳大學任教將近一年，時常以民族大義啟迪學生，而且依然「言辭恣肆」(《自訂年譜》，頁8)，清廷數次追捕章太炎而不得，長江一帶的大吏如張之洞、端方等人，更欲除之而後快。有一次，他以「李自成胡林翼論」為作文題目，要求學生論說、評比明代末年闖王李自成，以及在清朝被視為功臣的胡林翼，沒想到蘇州巡撫恩銘竟然據此為逮捕「亂黨章某」的理由㉘，當時章太炎正在家鄉過年，吳君遂派人趕至報訊㉙，這一次國內再無逃匿之處，章太炎於是第二次東渡

㉗《自訂年譜》，頁8；章太炎：〈謝本師〉，《章太炎選集》，頁121-123。

㉘ 馮自由：〈章太炎事略〉，《革命逸史（初集）》（臺北：臺灣商務印書館，1953年2月，臺1版），頁54。

㉙ 朱希祖：〈本師章太炎先生口授少年事蹟筆記〉，該文頁2，則說恩銘是因為章太炎新近刊刻的《訄書》，書中多有革命言論，所以向學校要求拿問章太炎，東吳大學的教士因此派人前來通報。

日本避難。

四、第二次東渡日本

　　光緒二十八年正月十日（1902 年 2 月 22 日），章太炎從上海出發，七天之後到達日本的橫濱。距上次流亡日本，不過兩年半的時間。因為是倉促成行，所以並未事先安排住所，於是先暫住在（元居留地首五十二番的）《新民叢報》社。前此兩個月，梁啟超所辦的《清議報》因祝融之禍而停刊，於是在一九○二年二月八日又創辦了《新民叢報》半月刊。章太炎到時，《新民叢報》已出版了二冊。章太炎在給吳君遂的信上，說到他對分別二年半的梁啟超的看法：「任公宗旨較前大異，學識日進，頭頭是道。總之以適宜當時社會與否為是非之準的，報中亦不用山膏詈語以招阻力。大約此報通行，必能過於《清議》也。」⑳他觀察到梁啟超在政治思想上，從以前的主張改革，到現在的趨近革命㉛；在學術上，則不再尾從其師康

---

⑳ 章太炎：〈致吳君遂等書：四〉，手跡。轉引自徐立亭：《章太炎》（哈爾濱：哈爾濱出版社，1996 年 3 月），頁126 。

㉛ 梁啟超實際參與戊戌政變，流亡在日期間，又寫了許多歌頌光緒的文章，若以改革和革命來區判，他似乎一直是主張改革，但是證諸梁氏自 1898 到 1903 年的言論，他的思想也逐漸向革命靠近，亦即他由權宜地擁護光緒，到明確地主張民族主義和民權，要漢人認清他們被異族統治的悲哀，以及應起而爭取自己的權利，這樣的理論已經相當接近革命黨的理念；而且他在〈釋革〉中說：「Revolution 之事業（原注：即日人所謂革命，我今所謂變革），為今救中國獨一無二之法門。」正式倡言革命，只是名稱上改用「變革」。說見張朋園：《梁啟超與清季革命》（臺北：中央研究院近代史研究所，1982 年 6 月，3 版），頁82-116 。

有為的「偽經」、「改制」之說㉜，這在章太炎看來實在是一種進步，所以他贊許梁啟超在學力和見識大有精進。而且他也看到《叢報》正開展出一種以說理取代謾罵的風格，迥異於其他倡議改革的報刊！當時主張改革的報刊每每如「山膏」（據《山海經》，山膏是一種外形像豬的動物，全身火紅，性好詈罵。）一般，有煽動性卻不一定有說服力。所以，章太炎預測《新民叢報》將會比《清議報》更加通行，證諸後來的發展，《叢報》的發行量不只大於《清議報》，而且它的影響力更是超出當時的多數報刊。

章太炎離開暫住的《新民叢報》社後，來到東京，住在牛込區天神町六十五號的支那學生公寓，爾後又遷居到同一區的原町七十一番靜思館。章太炎在日本的生活相當清苦，他雖然為廣智書局修改譯稿，而且為《新民叢報》撰著文章，但是收入僅供餬口。

章太炎第二次滯日的五個月（1902年2月28日至7月27日），物質條件雖然貧乏，但在精神上，卻是相當奮進豐富。他在國內時，因為異議分子的身分，長久以來飽受追捕的驚嚇㉝，而且師友也並不支持他的理念，他即使戰鬥力驚人，但想

㉜ 梁啟超：《清代學術概論》二十六：「啟超自三十（光緒28年）以後，已絕口不談『偽經』，亦不甚談『改制』；而其師康有為大倡設孔教會，⋯⋯啟超不謂然，屢起而駁之。」氏著：《中國近三百年學術史（清代學術概論合刊）》（臺北：里仁書局，1995年2月），頁74。

㉝ 介於兩次流亡日本之間（1899-1902），他在國內就面臨過4次追捕。詳見姜義華：《章太炎》（臺北：東大圖書公司，1991年3月），頁12-13。

來也不免有寂寥之感。現在到了日本，他不但在學理上，可經由大量譯著而充分得到沃養；在救國的志業上，他更能與流亡或留學於此的熱血青年，共同交流、討論排滿救國的前程，即使「蒙霜露，涉波濤，乞食囚繫，而不慍悔」。甚至，他們還「日夜匡飭，規行義師，期於互相吊唁」。（《檢論·小過》，頁632）充滿不惜以死相殉的革命激情。

　　章太炎初到日本時，和秦力山一起去拜訪當時已富盛名的孫逸仙，孫逸仙隆重歡迎章太炎等人，不僅在中和堂為奏軍樂，而且設宴款待，當時「興中會」百餘位同志與會，每個人都向章太炎敬酒，彼此酬酢極歡，章太炎共飲七十餘杯而不覺其醉。㉞此後，不是孫氏由橫濱到東京來找章太炎，便是章太炎到橫濱找孫逸仙，他們討論的「開國典制」㉟，後來有一部分形諸文字，以對話體寫成〈相宅〉、〈定版籍〉，收入《訄書》（重訂本）中。

㈠支那亡國二百四十二年紀念會

　　除了與孫逸仙過往甚密外，他還時常與眾多愛國同志聚會，大家以救國大義相互期許。三月時，章太炎提議舉行「支那亡國紀念會」，他認為要鼓吹種族革命，一定要先使世人有歷史觀念，而三月十九日（4月26日）正是明朝崇禎皇帝殉

㉞ 事見章太炎：《自訂年譜》，頁8；許壽裳：《章炳麟》（南京：勝利出版社，1946年3月），頁33。
㉟ 但植之〈章先生別傳〉：「孫公于開國典制，多與先生商榷，時人弗之知也。」（《制言半月刊》第25期），該文頁1。

國忌日，所以他建議舉行大規模的紀念會，來喚起同胞的種族、歷史情感。這個活動得到留學生很大的響應，報名參加的有數百人，當時中國的留日學生大約只有五、六百人[36]，而一次以排滿為宗旨的紀念會竟可以號召數百人報名，據此可見留學生思想的轉變，這次的紀念會也是「吾國留東學界組織愛國團體之濫觴」，此後，隨著留日學生的大幅增加，以及中國情勢的愈益惡化，留學生的愛國組織遂如雨後春筍般大量湧現。

　　這次的集會名為「支那亡國二百四十二年紀念會」，除由章太炎和馮自由、秦力山、馬君武、朱菱溪、周宏業、王家駒、陳猶龍、王思誠、李群等人發起，章太炎並親撰〈宣言書〉，孫逸仙、梁啟超也共同署名為贊成人。這次活動原先預定三月十九日在東京上野公園內的精養軒舉行，清廷駐日公使蔡鈞事先聞知此事，非常恐慌，於是親訪日本外務省，要求解散此會，日本官方接受請託，在聚會前便先行制止。不過，留學生多不知紀念會已被迫取消，當天仍有數百名學生到場，由在場監視的日本警察勸離。當天孫逸仙亦率領華僑十多人自橫濱趕來，得知事情的發展，便在精養軒以聚餐為名避人耳目，而仍舉行小型聚會；當天下午，眾人移師橫濱永樂酒樓補行紀念會，會後「興中會」同志並在此宴請章太炎，賓主歡洽異常，酒量甚佳的章太炎當晚竟醉至無法回到東京。[37]

---

[36] 王曉秋：《近代中日文化交流史》，頁355。

[37] 以上關於「支那亡國二百四十二年紀念會」事，參馮自由：〈章太炎事略〉，《革命逸史（初集）》，頁56；〈記章太炎與余訂交始末〉，《革命逸史（二）》，頁37；〈壬寅支那亡國紀念會〉，《中華民國開國前革命史》，頁111-117；〈橫濱支那亡國紀念會〉，《華僑革命開國史》（臺北：臺灣商務印書館，1953年8月），頁46-47。

(二)打開新的學習領域

章太炎在第二次東渡日本期間,除了在政治道路上正式與革命黨連線外,他個人在學術上,也自闢了一個新的區域,亦即翻譯日本學者岸本能武太的《社會學》。章太炎在日期間的生活費,大部份來自為廣智書局修訂譯文的收入,廣智書局是梁啟超募集華僑資本所創設,主要出版品是請留日學生翻譯東文書籍,目的在向國人介紹新思想,章太炎當時所賴以為生的工作,便是在東京的旅社中修訂潤飾這些譯作。正如梁啟超所說:「壬寅(1902)、癸卯(1903)間,譯述之業特盛;定期出版之雜誌不下數十種,日本每一新書出,譯者動數家,新思想之輸入,如火如荼矣。」㊳除了潤飾他人的譯稿外,他自己也開始著手翻譯,在日期間,他第一次讀到岸本能武太的《社會學》,便「獨居深念」,在結合對中

《新民叢報》刊登的章太炎譯《社會學》介紹

㊳ 梁啟超:《清代學術概論》,頁83。

國學術的思考後，他認為史賓塞爾、岸本等人所撰的社會學著作；實和中國出於史官的道家者流有會通之處，因為他們都兼有「考跡皇古，謂之學勝」、「先心藏密，謂之理勝」的長處，而岸本此書能「不凝滯於物質，窮極往逝，而將有所見於方來，誠學理交勝者哉！」⑲所以，章太炎乃著手將此書譯介給國人，並在他歸國的次月（1902 年 8 月）出版，這是社會學著作在中國最早的全文翻譯，嚴復的《群學肄言》甚至還晚了一年，而且因為章太炎的譯筆能兼有信、達、雅之長，《新民叢報》乃譽之為「譯界一明星」。⑳

五、第三次東渡——成就革命與學術的功業

㈠源起：蘇報案及其影響

　　一九〇二年七月二十七日，章太炎因為夫人王氏病重，而由日本直接返回家中，結束他的第二次日本行旅。回家之後，他一方面照顧王氏，一方面繼續為廣智書局藻飾譯文，除此之外，他將時間都用在研讀自日本帶回的社會學書籍，並以他這一段時間的深思敏求，改寫了《訄書》，這是此書的第三次修訂，一般名之為《訄書》重訂本。

　　一九〇二年三月，章太炎應蔡元培、蔣智由的邀請，到上

---

⑲ 章太炎：〈社會學自序〉，《章太炎政論選集》，上冊，頁170-171。

⑳《新民叢報》第22號：「紹介新著：社會學」。光緒28年11月5日（明治35年12月14日）出版，頁68。此據臺北：藝文印書館1966年10月影印初版。

海「愛國學社」擔任高級班國文教師。「愛國學社」由蔡元培
創辦,首批學生是南洋公學罷課風潮中集體退學的學生,之後
又有南京陸師學堂的退學學生加入。「愛國學社」辦學特重愛
國情感和精神教育,政治氣氛濃厚,在此地章太炎「多述明清
興廢之事,意不在學也」。(《自訂年譜》,頁9)

　　除了學校的課程外,「愛國學社」每週還在張園開演講
會,公開宣傳革命,章太炎幾乎每役必與,而他的演講也常常
是最動人魂魄的,「遇到章炳麟先生的演說,總是大聲疾呼地
『革命、革命』,除了聽見對他的鼓掌聲音外,一到散會時候,
就有許多人像螞蟻附著鹽魚一樣,向他致敬致親,象徵了當時
對革命的歡迎」。[41]章太炎的革命演講之所以能如此吸引人,
除了他個人的魅力之外,主要也是因為革命在此時已經不是少
數人的秘密活動,而是支持者漸多、影響漸大的社會運動。

　　章太炎除了講學、演說,還不斷執筆為文,其中有幾篇文
章發揮了極強大的力量。光緒二十九年五月(1903 年 6 月),
章太炎撰寫了〈駁康有為論革命書〉[42],這是針對康有為的公
開信〈答南北美洲諸華僑論中國只可行立憲不可行革命書〉而
發,起初以單行本出版,而後又節錄發表於一九○三年六月二
十九日的《蘇報》,此文緊扣康文的每一論點,一一加以擊
破,針對康有為抨擊革命最有力的論點:「革命之慘,流血成

---

[41] 馬敘倫:《我在六十歲以前》(臺北:龍文出版社,1994 年 12
　　 月),頁17。

[42] 收入《太炎文錄初編》,《章氏叢書(下)》(臺北:世界書局,
　　 1982 年 4 月,再版),頁 732-739。

河，死人如麻，而其事卒不可就。」章太炎提出反駁，指出當時施行自由議政的國家，都是經過流血而成就的，康有為所主張的立憲，一樣無可免於流血，而且立憲和革命二者雖然都相當艱難，但相較之下，革命終究比立憲更易。當時知識分子普遍有改革國是的願求，但對於如何改革，則看法紛歧，章太炎此文論證堅實，徵引廣博，頗能震聾發聵。大大地提高了革命的聲勢。章太炎這篇文章除了令一般人認清革命與立憲派的不同，他在文中直斥載湉（光緒帝名）為小丑，說他不辨菽麥，也是膽敢在中國內地直斥皇帝的第一人。

大約在同時，章太炎又為他的結義兄弟鄒容所寫的革命宣傳冊子《革命軍》，寫了一篇極有份量的序言[43]，也是發表在《蘇報》上（1903 年 6 月 10 日）。章太炎的〈駁康有為論革命書〉和鄒容的《革命軍》兩書並出，在當時掀起了革命的狂潮，也因此引來清政府的恐慌，嚴諭兩江總督拿辦蔡元培、章太炎等人，但租借區工部局以保護政治犯為文明國家通例，而壓制了清廷的追捕令，後來清政府不得已，只好以政府名義向租借公堂控告「愛國學社」，工部局乃於六月二十九日下午派出巡捕多人，至漢口路的《蘇報》館追捕章太炎等人，並查封報館，眾人事先得訊，大多走避，只有章太炎「志在流血」，於六月三十日就捕，鄒容第二天也在章太炎的勸說下到公廨投案。[44]

---

[43] 章太炎：〈革命軍序〉，《章太炎政論選集（上）》，頁192-193。
[44] 蔣維喬：〈中國教育會之回憶〉，《東方雜誌》第 33 卷第 1 期（1936 年 1 月），頁12。

　　這個名聞中外的「蘇報案」，最戲劇性的情節，莫過於章
太炎以個人身分與一國政府對簿於租界公堂。滿清政府在自己
的國家無法維持法律的自主權，已是失盡顏面，加上章太炎與
鄒容視死如歸，屢屢在公堂上痛斥清政府的罪行，使得「訟詞
一出，俄頃騰走五洲，滿人之醜，無可掩矣！」⑮清廷的腐敗
與羸弱遂直接攤在陽光下為國人與世人所檢視，而章太炎和他
的革命主張則被傳播界英雄式地報導，使得「民氣為之大
壯」。⑯正如日本學者島田虔次所說的，就宣揚革命大義來
說，孫逸仙、黃興所發揮的影響力不會大於章太炎，真正喚醒
中國內地知識分子的民族革命意識，而且使一般人明白分辨革
命派和改革派不同的，還是得歸功於太炎的蘇報案事件。⑰

　　蘇報案經過多次開庭，於一九〇四年五月二十一日判決：
「章炳麟監禁三年，鄒容監禁二年，許以羈繫時日作抵，期滿
後不得駐上海租借。」（《自訂年譜》，頁10）對涉及汙衊清帝
個人的法案，判決竟然這麼輕，這對於滿清政府又是一大打
擊，但是租借法庭並不是獨厚章、鄒二人，之所以不顧清政府
欲致二人於死地的要求，乃是為了維護列強在租借地的治外法
權。此後兩年多，章太炎被羈禁在上海提籃橋的西牢，直到一
九〇六年六月二十九日，章太炎服刑期滿，因為不得再居留於

---

⑮ 孫寶瑄：《忘山廬日記》，上冊，頁714。
⑯ 孫文：《建國方略‧孫文學說》〔張其昀主編：《國父全書》（臺
　　北：國防研究院，1966年1月，臺3版）〕，頁34。
⑰ 島田虔次：〈章太炎的事業及其與魯迅的關係〉，章念馳主編：
　　《章太炎生平與思想研究文選》（杭州：浙江人民出版社，1986年
　　8月），頁189。

上海租界，為免一出租界即為清政府所捉緝，孫中山特派人專程自日本趕來迎接，當天晚上就在「同盟會」總部同志的陪同下，登船向日本出發，這是章太炎第三次亡命日本，此次一別，再回到中國，已是五年後革命成功之時。

(二)東渡日本

　　光緒三十二年五月初八日（1906 年 6 月 29 日）當天早晨，蔡元培、蔣維喬、于右任等上海志士，以及來自日本的「興中會」同志，已在上海四馬路的工部局門前守候。上午十點，章太炎一步出監獄，眾人便為他鼓掌歡迎。章太炎在獄中兩年多，竟然「髮長過肩，肌體頗腴」[48]，原來因為作息正常，且獄吏強迫他必須天天洗澡，竟把一個以逃亡奔波為常務的革命人，養得面白體胖、體魄日健。出獄當日，章太炎等人先至中國公學與朋友聚首，入夜便渡輪前往日本。

　　章太炎抵達日本兩個多星期後，七月十五日這一天，東京留學生在神田區的錦輝館為他召開歡迎會，當天雖然下雨，但是前來參加的竟高達二千多人，而且儘管站在雨中等待入場的時間很長，卻都還是精神振奮，沒有惰容。章太炎即席做了一場演說[49]，他首先敘說自己的生平，以及走向革命的歷程，接著說到他的「神經病」哲學，他認為世人都不喜歡被說成瘋

[48] 許壽裳：〈記念先師章太炎先生〉，《制言半月刊》第 25 期，該文頁3。
[49] 章太炎：〈東京留學生歡迎會之演說辭〉，《章太炎政論選集》，頁269-280。原刊於《民報》第 6 號（1906 年 7 月 25 日）。

癲、被看作神經病,但他卻獨沽此味,因為他認為,大凡異議可怪之論,不是神經病不敢想,即使想了也絕不敢說,即使說出來了,一旦遇到艱難困苦的時候,也不能百折不回地堅持下去,所以古來有大學問、能成大事業的,必須有神經病才做得到。因此,他不但自認有神經病,還要期勉在場同志每個人都要有幾分神經病,他最後甚至豪氣干雲地自勉要把他的神經病質不止傳染給在場的眾人,還要傳染給中國四萬萬同胞。

在演講中,他又說到「近日辦事的方法」,首先他強調一定要有感情,這是一種近乎神經病的熱情,而要成就這份感情,「第一是用宗教發起信心,增進國民的道德;第二是用國粹激動種性,增進愛國的熱腸」。章太炎所說的宗教是指佛教,他認為佛教最重平等,對於妨礙平等的東西必定加以攘除,章太炎便據以談滿人對漢人大不公平,正應該加以驅逐,因此期望大家共發大願,勇猛無畏,這樣大家所最有熱情的事(指革命),才能夠成功。至於他認為可激動種性的「國粹」,則是指漢族所開創、累積的光榮歷史,如語言文字、典章制度、人物事跡,這些中國人的長處,如果為國人所瞭解,並時時放在心上,那麼「愛國變種的心,必定風發泉湧,不可遏抑」。我們從章太炎主持兩年(1906 年 7 月至 1908 年 10 月)的《民報》看來,他的確盡力實踐這「辦事的方法」,使《民報》對中國內部的變化產生了巨大的影響。

㈢革命

《民報》自第七期（1906年9月5日出版）起，由章太炎主持筆政。《民報》是「中國同盟會」的機關報，於一九○五年十一月二十六日在東京創刊。孫逸仙在有名的〈民報發刊詞〉中，除提出「三民主義」的主張外，更殷切地寄望這份新刊物能以少數最秀異之心理，

《民報》書影

行使最適宜的法治，帶領其他的多數人前進，並使這多數人能適應於世界。他認為這既是先知先覺者的天職，也是《民報》不敢推卸的責任。

一九○五、一九○六年，是中國留日學生人數到達巔峰的時期，保守估計，當時在日本的學生大約有八千人[50]，若加上政治避難者，滯留日本的中國人約有萬名，這些學生和政治避難者在日本竭力吸收、引介新知，他們不僅親眼目睹日本的君主立憲制度，以及依據忠君愛國思想所制定的教育制度，他們也讀到來自歐美的社會主義、無政府主義等政治思想，在多方

---

[50] 實藤惠秀：《中國人留學日本史》（香港：香港中文大學出版社，1982年），頁25。

學術啟迪之下，相當數量的學生在日本成為革命黨人，這一段時間正是革命黨勢力大幅成長的時期，即使是主張保皇立憲的梁啟超，在給老師康有為的信上，也不得不承認：新黨在東京勢力極大，萬餘學生從之者過半，而且經過清朝政府下詔預備立憲卻又反覆的舉動後，革命黨勢力在中國國內更是張揚，可說是舉國若狂了！

革命黨勢力大起，與《民報》的刊行有著相互輔成的關係，《民報》自出刊後，即不斷再版，例如一九〇七年一月，《民報》已發行到第十一號，但以前出版的各期也還在不斷地重印：第一號已達七版，第二、三號至五版，第四、五號也已印至四版。(51)而且，不止印數不斷累積，《民報》的海外發行網也不斷擴大，而中國內地的秘密輸入、傳鈔更是難以估計。(52)此外，革命黨人透過《民報》所發布的演講或活動訊息，往往吸引大量的人潮及敵方的攻詰。從這些資料我們不難看出《民報》在當時的影響力。

從一九〇六年七月起，一直至一九〇八年十月《民報》被封禁，中間除了十九到二十二號，章太炎因為腦病而辭職，在總共出刊二十四期的《民報》中(53)，章太炎所主編的就占了十四期。在革命黨聲勢大起之際，章太炎開始主《民報》筆政，

(51)《民報》第11號（1907年1月25日），總頁1554。

(52) 關於《民報》的發行狀況，可參看陳孟堅：《民報與辛亥革命》（上）（臺北：正中書局，1986年1月），頁372-393。

(53)《民報》另有增刊《天討》、《張非文莽蒼園文稿餘》。此外，在1908年被禁之後，汪精衛又於1910年2月1日出版第25、26號，但是被章太炎斥為「偽民報」。

就政治而言，這一段時間可能是章太炎一生中影響力最大的時期。章太炎在《民報》共發表了七十九篇文章㉞，在篇數和篇幅上，都是居冠，其中有六成為政論，其他則是學術文章。

章太炎這一時期的政論，有幾個基本的旋律：一是繼續張揚民族主義的基調；二是力斥康、梁等人的立憲保皇主張；三是提出革命成功後的建國計劃。首先在民族主義上，章太炎持續排滿的主張，繼續在漢種和滿族的辨異上用力，如〈討滿州檄〉中，呼應孫中山主張的激昂誓辭：「自盟以後，當掃除韃虜，恢復中華，建立民國，平均地權。有渝此盟，四萬萬人共擊之！」㉟便相當有力，很能激動人心。其次，章太炎還將民族主義擴充到聯絡亞洲弱小民族，以共同反抗列強帝國主義的規模，他在〈定復仇之是非〉一文說：「民族主義，非專為漢族而已。」他不僅執筆為文，而且在一九〇七年實際發起「亞洲和親會」，結合中國、日本、印度、菲律賓、安南的領導人，號召排除帝國主義的侵略、謀求民族獨立，並約定在革命時要互通聲氣、互相支援，章太炎除親撰約章，還擔任會長一職。

除了對民族主義再三致意外，章太炎對擁護立憲的康、梁諸人，還是絲毫不假以辭色。他認為「立憲黨人，志不過升斗，（所作所為，無非是）藉成名以取寵。」㊱而「代議政體

㉞ 徐立亭：《晚清巨人傳——章太炎》（哈爾濱：哈爾濱出版社，1996 年 3 月），頁201。另據陳孟堅《民報與辛亥革命（上）》，頁425 的統計，章太炎在《民報》共發表66 篇文章。

㉟ 《章氏叢書（下）‧太炎文錄初編》，頁742-745。原刊於《民報》第12 號增刊《天討》。

者，封建之變相。……民權不藉代議以伸，而反因之掃地」。
⑤所以，即使梁啟超在《新民叢報》發表〈勸告停止駁論意見
書〉，想利用與章太炎的舊情，在章太炎初任《民報》主筆
時，要求停止筆仗，但並不為章太炎所接受，因為是非自有公
斷，無法徇私情以苟且，所以，章太炎在主《民報》期間，不
僅繼續發表同仁批駁康、梁的文章，他自己並加入戰局，猛力
抨擊保皇、立憲等主張。

　　章太炎另一批重要的政論文章，是討論建國之後的國家政
策，其中最具體的是與孫逸仙、黃興共同討論而成的《建國方
略》，但是章太炎對於建國後的政治體制，與孫逸仙等「同盟
會」黨人並不完全相同。「同盟會」黨人一心推翻專制政體，
欲代之以代議士為主體的共和政府，但是在章太炎眼中，「政
府」是大壞平等原則的罪惡，只是盱衡當時強國凌弱的情勢，
沒有政府則國家無以對抗侵略，因此不得不有政府，既然不得
不設政府，則革命成功時只能採取禍害較輕的共和政體。但是
章太炎心目中的共和，又迥異於當時立憲派、革命黨人所持的
代議政治，章太炎認為無論就代議制度違背平等的本質，或就
當時中國人民的政治素養，代議都不是最好的選擇，章太炎於
是提出以平等和法制為最高上綱的「四權分立」，國家依平等
原則建治，總統行使治權必須受法律制度的規範，「四權」

⑤ 章太炎：〈與馬良書〉，《章氏叢書（下）‧太炎文錄初編》，頁
　　739。原刊《民報》第19號（1908年2月25日）。
⑤ 章太炎：〈代議然否論〉，《章氏叢書（下）‧太炎文錄初編》，
　　頁810。原刊《民報》第24號（1908年10月）。

中，只有行政權歸屬總統，立法、司法、教育三權，則皆與總統為「敵體」。立法、司法與行政分立，是現代人都可以理解、接受的概念，章太炎特將教育權獨立出來並提高地位，目的在使人民知識精明，當一般普羅大眾也都擁有獨立思考、判斷的能力，則專制獨裁便不易發生。⑧可惜中華民國建立之後，孫逸仙、章太炎等人的政治理想都沒能真正施展，以致此後中國的民主路途走得異常坎坷。

章太炎不止在建國理想上和「同盟會」黨人有所不同，他的大談國粹與宗教，在當時革命黨內部也有人非難，加上章太炎個性鯁傲，對於所見所聞每每自信太過，又好發議論，於是與孫逸仙的關係乃有了裂縫。一九〇七年，日本政府因清廷的壓力而驅逐孫逸仙，章太炎對於孫逸仙接受外國人的資助，而且沒有為《民報》留下足夠的經費而氣憤不已，此後雙方又因為革命策略的不同而互相責怪⑲，終於而有一九一〇年章太炎和陶成章重組「光復會」，正式宣告與「同盟會」的分裂。在一九〇七至一九一一之間的三、四年時間，章太炎與孫逸仙幾乎反目，但是章太炎主張反滿、革命的言論，並未稍歇，即使在失去主要的發言臺《民報》後，他依然在不同刊物上持續發

---

⑧ 同前註。

⑲ 這一段時間，孫、章二人對於彼此的指責都相當尖刻嚴厲，如孫逸仙：〈致吳敬恆請於新世紀評論日華新報破壞黨事謬論各函〉說：「近得東京來信，章太炎又發狂攻擊，其所言之事，較陶更為卑劣，⋯⋯陶之志猶在巨款，不得，乃行反噬；而章之欲，則不過在數千，不得，乃以罪人。陶乃以同盟會為中國，而章則以民報社為中國，以民報之編輯則為彼一人萬世之帝統，故供應不週，則為莫大之罪。」張其昀主編：《國父全書》，頁420。

表政治意見。

四學術[60]

　　在中華民國建國前，章太炎的學術活動與他的政治理想和主張是無法割裂的，他的救國熱情催促了學術的進程，而學與思的成果又支持、貞定了他的政治主張，章太炎把「國學」當作可以興發愛國心和成就革命的利器，並藉著講學和重新剔抉傳統學術，而賦予了國學新的時代意義和生命。

　　章太炎一接任《民報》的主筆，就開始籌辦「國學振起社」（一稱「國學講習會」）[61]，在他抵達日本不到三個月的一九〇六年九月，就在東京神田區大成中學的講堂，開始他的定期講學。一開始的講題有「中國語言文字制作之原」、「典章制度所以設施之旨趣」、「古來人物事跡之可為法式者」[62]，後來又增加「諸子學」、「文史學」、「制度學」、「內典學」、「宋明理學」、「中國歷史」，等於是將經、史、子、集等傳統學術都納入「國學」的教授內容，吸引了許多留日學生及日本人前來聽講。當時章太炎一邊要兼行《民報》筆政，一方面又要為

---

[60] 關於章太炎的學術成績，唐文權、羅福惠的《章太炎思想研究》（武昌：華中師範大學出版社，1986 年 7 月），分別就章太炎的經濟、政治、認識論、宗教、佛學、道德學說、經學、史學、諸子學、學術史各方面思想，做一個鳥瞰式的敘述，可參看。

[61] 1906 年 9 月 5 日出版的《民報》第 7 號，刊有〈國學講習會序〉，自第 8 期起，章太炎又以社長名義陸續刊登「國學振起會」的廣告，說明發行講義的時間及內容。由上可見章太炎抵達日本之初即著手實踐他以國粹救國的理想。

[62]〈國學講習會序〉，《民報》第 7 號（1906 年 9 月 5 日）。

中國留學生講學，並且著書立說，非常忙碌。據說當時由住處到報社（牛込區新小川町二丁目八番地），有一段距離，章太炎常因太過專注正在思考的問題，而誤入鄰居的家中，而且要到主人問話，他才知道走錯家門。⑥

　　一九〇八年，章太炎的講學活動有了比較大規模的開展，他分別在大成中學、《民報》報社開設講座，授課內容也不再是泛論式的講題，而是《說文解字注》、《爾雅義疏》、《莊子》、《楚辭》等專書。據他的學生許壽裳記憶：他和朱宗萊、龔寶銓、朱希祖、錢玄同、魯迅、周作人、錢家治等人，每個星期天清晨，就步行到當時寓居於《民報》社的章太炎家中上課，在一個小陋室裡，師生環几席地而坐，章太炎逐字講述《說文解字注》、《爾雅義疏》，旁徵博引，滔滔不絕。常有新義創見，從早上八點到正午，四個小時之內全無休息，精力過人。⑥而夏天時他會光著膀子，只穿件長背心，留著一點泥鰍鬍鬚，笑嘻嘻地講書，而且總能將枯燥的材料講得很有趣味⑥，這和我們印象中總是一腔激憤的章太炎實在大不相同。另據章太炎女婿朱鏡宙說：章太炎在東京講學這一段時間，往往忙到沒空進食，有一次他的學生賀伯鍾看到老師桌上的麵包已經發霉，一經詢問，章太炎才想起自己好幾天沒有吃東西了。

⑥ 湯炳正：〈憶太炎先生〉，《中國文化》1993 年春季號（北京：三聯書店，1993 年 10 月），頁 187。
⑥ 許壽裳：〈紀念先師章太炎先生〉，陳平原、杜玲玲編：《追憶章太炎》（北京：中國廣播電視出版社，1997 年 1 月），頁 57-58。
⑥ 周作人：〈民報社聽講〉，《知堂回想錄》（香港：聽濤出版社，1970 年 7 月），頁 216。

⑥或許是這樣的誨人不倦、樂以忘憂,所以他在東京的「十大弟子」(上引許壽裳等八人,加上黃季剛、汪旭初),及馬幼漁、沈兼士等學生,在民國的學術界都有著舉足輕重的地位。作育英才可以算得上是章太炎革命、學術之外的另一項事功。

　　除了發表大量的政治論文外,章太炎與《民報》的其他幾任編輯大不相同的,還在於他以學者之姿所發表的學術文章,這些文章的主題大體說來有三類:「宗教」、「國粹」與「西學」。在宗教方面,章太炎說他「最近辦事的方法」是要用宗教發起信心,以增進國民的道德。他本人是個無神論者,提倡宗教純粹是為了激勵革命道德,所以,他在諸教當中選擇提倡佛教,這是因為在章太炎的認知中,佛教是神性較弱的宗教,而且,他在佛教各宗中,又特重唯識的華嚴、法相二宗,為的是要建立「不貴身避患,懷生畏死」、「勇猛無畏」的高貴革命品德。在另一個辦事的方法上,他要用國粹激動種性,增進愛國的熱腸,所以,他在《民報》上,也發表了〈官制索隱〉、〈五朝法律索隱〉、〈駁中國用萬國新語說〉、〈大秦譯音說〉等學術論著,但是數量並不是很多,這是因為《民報》畢竟是「同盟會」黨的刊物,主要目標在鼓吹革命,章太炎大多數的學術論文主要還是發表在劉師培主辦的《國粹學報》。

　　章太炎三至日本,總是盡可能地旁涉西方學術的各類著作,梁啟超說章太炎「既亡命日本,涉獵西籍,以新知附益舊學,日益閎肆」⑥,是很確當的評論。時至今日,當我們閱讀

---

⑥ 朱鏡宙:〈章太炎先生軼事(詠莪堂隨筆)〉,陳平原、杜玲玲編:《追憶章太炎》,頁170。

章太炎的演講記錄、文章時，仍時時可以看見新知和舊學相互激盪所產生的火花。章太炎在〈東京留學生歡迎會演說辭〉中，便將康德的「十二範疇」和佛學中的「相分」相比附，又以為叔本華所說「世界成立全由意思盲動」等於「十二緣生」。此後他常在文章中展示他對西方哲學家（如休謨、費希特、斯賓諾莎、尼采、黑格爾）的理解，他甚至寫了〈俱分進化論〉來專論進化論，指出達爾文、史賓塞爾的進化論是專言知識的進化，對於道德和生計的進化則沒有解釋力，所以他提出「俱分進化論」，來說明善與惡、樂與苦是「雙方並進」，因為考諸歐洲文明的發展，實在是善與惡並進的，所以達爾文的進化論一旦被庸俗地套用到社會發展，等於是給強霸者最佳利器以壓迫弱者，不可不辨。這是章太炎的洞見，在當時（甚至爾後的百年），中國人引介西方思想，往往不辨良莠一概接收，在運用上，更是缺乏批判的能力，章太炎作為思想的領導者，確實已善盡其能，可惜中國思想界在十幾年後，因五四風潮的襲捲全中國，章太炎曾作過的優秀例示遂沒有發生太大的影響力。

六、結語

章太炎從一八九九年，戊戌政變的隔年，到一九一一年辛亥革命成功回國，十二年之間流亡日本三次，在日本的日子約

---

⑥⑦ 梁啟超：《清代學術概論》，頁80。

有六年。第一次流亡日本那一年，他三十二歲，當流亡終於結束，可以不再閃躲地回到母國時，他已四十四歲，人生中精力最充沛的壯年時期，有一半的時間在海外流亡，另一半的時間，則不是在獄中，就是在逃避清廷的追捕，但是，或許是對革命和學術的熱情足以令人燃燒、奮進，我們從他留下來的文字中，看不到悲情。

百年之後，臨風展閱這一大批因政治理想而流亡日本的游俠的詩文，我們和魯迅讀到章太炎文章時一樣，感覺「所向披靡，令人神旺」。⑱在當時，許多知識分子試圖瞭解中國所處的環境，他們在思想、心靈以及行動上的奮鬥，多是發生在留學日本期間。這批知識分子在日本的生活普遍清苦，章太炎和孫中山都曾經吃過好一陣子的「鹽篤飯」（浙江方言，指吃飯時沒有配菜，只有鹽巴蘸著下飯）⑲，有時甚至連飯都沒得吃，但是他們依然維持精神的奮進，在思想和行動上力求前行。許多清末的知識分子一生中最精采的言論和行動只產生於在日本或從日本回國之初，日本在中國現代化的進程中究竟扮演著什麼樣的角色，並不是本文論述的重點，但是，日本在滿清統治的末期，為中國的改革者提供了一個思想多元、言論自由的空間，是我們為那個時代深感慶幸之事。但是另一方面，我們又看到如下的歷史事實：「日人曾幫助過中國的革命，但

---

⑱ 魯迅：〈關於太炎先生的二三事〉，《且介亭雜文末編》（臺北：谷風出版社，1989年12月，《魯迅全集》本），第6卷，頁541。

⑲ 章導：〈憶辛亥革命前後先父章太炎若干事〉，陳平原、杜玲玲編：《追憶章太炎》頁128。

絕非同情於革命,有愛於中國,目的是在製造不安與分裂。武昌起義,革命成功在望,日本輿論高唱干涉之論,日本政府擬分中國為二,北方維持清廷,而以東北方為交換條件,南方建立共和,但須置於日本保護之下。復以護僑為名,日軍分向京、津、漢口出動。以國際的阻力,陰謀未遂,而於民國政府的承認問題,則已索得滿蒙五路的代價。」⑩這使得當日的知識分子和現在讀史的我們,對於日本都有著複雜的感情。

　　一九一一年十一月十五日,章太炎回到闊別五年四個月的祖國,上海的《民主報》發表了〈歡迎鼓吹革命之文豪〉社論:「章太炎,中國近代之文豪,而亦革命家之巨子也。正氣不滅,發為國光,文字成功日,全球革命潮,嗚呼盛已!一國之亡,不亡於愛國男兒,文人學士之心,以發揮大義,存系統於書簡,則其國必有光復一日,故英雄可間世而有,文豪不可間世而無,留殘碑於荒野,存正朔於空山,祖國得有今日,文豪之力也。」⑪這一篇熱情洋溢的社論,幾乎涵括了章太炎流亡日本時期最重要的成就,用章太炎自己的語言來說,他也算無愧於「儒俠」的自許了!

參考書目

㈠專書

章太炎外紀　汪太沖　北京　文史出版社　1924 年　再版

章炳麟　許壽裳　南京　勝利出版社　1946 年 3 月

章太炎年譜長編　湯志鈞　北京　中華書局　1979 年 10 月

章太炎　熊月之　上海　人民出版社　1982 年 11 月

章太炎傳　王有為　廣州　廣東人民出版社　1984 年 8 月

章太炎年譜摭遺　謝櫻寧　北京　中國社會科學出版社　1987
　年 12 月

章太炎傳　湯志鈞　臺北　臺灣商務印書館　1996 年 10 月

章太炎吳虞論集　唐振常　上海　人民出版社　1981 年 11 月

章太炎思想研究　姜義華　上海　人民出版社　1985 年 8 月

章太炎生平與思想研究文選　章念馳編　杭州　浙江人民出版
　社　1986 年 8 月

章太炎生平與學術　章念馳　北京　生活讀書新知三聯書店
　1988 年 7 月

章太炎的思想　王汎森　臺北　時報文化公司　1992 年 3 月

康章合論　汪榮祖　臺北　聯經出版事業公司　1988 年 5 月

改良與革命的中國情懷——康有為與章太炎　湯志鈞　臺北
　臺灣商務印書館　1991 年 6 月

中國政治思想史　蕭公權　臺北　聯經出版事業公司　1993
　年 12 月

劍橋中國晚清史（1800-1911 年） 費正清、劉廣京編 中國
　社會科學院歷史研究所編譯室譯 北京 中國社會科學出版
　社 1993 年 9 月
晚清政治思想研究 小野川秀美著 林明德、黃福慶譯 臺北
　時報文化公司 1985 年 11 月
中國近代政治思想論著選輯（上下） 中共中央黨校文史教研
　室中國近代史組編北京 中華書局 1986 年 2 月
清季的革命團體 張玉法 臺北 中央研究院近代史研究所
　1975 年 2 月
戊戌變法史論叢 湯志鈞 臺北 谷風出版社 1986 年 10 月
中日文化交流史大系 —— 歷史卷 王曉秋、大庭修編 杭州
　浙江人民出版社 1996 年 11 月
中日文化交流史大系 —— 思想卷 嚴紹璗、源了圓編 杭州
　浙江人民出版社 1996 年 12 月

㈡論文

章太炎年譜長編補訂 胡珠生 近代史研究 1982 年第 1 期
　（總第 11 期） 1982 年 1 月
章太炎等反對日本政府封禁民報的鬥爭 李潤蒼 歷史檔案
　1983 年第 4 期（總第 12 期 1983 年
章太炎先生在東京講學瑣記 任鴻雋 文史資料選輯 第 94
　輯 1984 年 4 月
康有為、章太炎的流亡日本 湯志鈞 收於中國中日關係史研
　究學會編 日本的中國移民 北京 三聯書店 1987 年 3 月

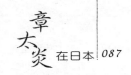

論章太炎與魯迅的早年交往　章念馳　中華文史論叢　第50
　　輯　1992 年 12 月

在日本新發現的章炳麟致重野成齋的書簡　陳力衛　原學　第
　　5 輯　1996 年 7 月

民報時期章太炎的政治思想　朱維錚　復旦學報（社會科學版）
　　1979 年第 5 期　1979 年 9 月

章太炎進化觀評析　王　煜　明清思想家論集　臺北　聯經出
　　版事業公司　1981 年 5 月

章太炎與民報的革命宗旨　李潤蒼　社會科學戰線　1983 年
　　第 2 期（總第 22 期）　1983 年 4 月

晚清志士的游俠心態　陳平原　學人　第 3 輯　南京　江蘇文
　　藝出版社　1992 年 12 月

相關文獻

棲庵道人　章太炎を訪ふ
　　　　　日本及日本人　第 566 號　頁 98-100　1911 年 9 月
小川環樹　章炳麟について
　　　　　中國文學月報　第 19 號第 2 卷　頁 117-118　1936
　　　　　年 10 月
中山久四郎　章炳麟與日本人
　　　　　斯文　1958 年第 22 期　頁 11-17　1958 年 9 月
瀧澤誠著，紹海譯，錢君華校　權藤成卿和章炳麟的交遊來往
　　　　　筆談錄

日本歷史　第399期　1981年8月

國外中國近代史研究　第5期　頁375-388

湯志鈞　章太炎和館森鴻

歷史論叢　第3輯　頁16-26　濟南　齊魯書社
1983年

李　凡　章太炎在日本

東北師範大學學報　1983年第5期　頁99-103
1983年9月

張苓華　章太炎東京講學與魯迅

近代史研究　1986年第6期　頁157-167　1986年
11月

陳仲丹　章太炎東京學梵文

民國春秋　2001年第1期　頁31-32　2001年

李潤蒼　章太炎等反對日本政府封禁《民報》的歷史鬥爭

歷史檔案　1983年第4期　頁105-110　1983年11月

湯志鈞　康有為、章太炎的流亡日本

日本的中國移民　頁180-203　北京　三聯書店
1987年3月

中國史學輯刊　第1輯　頁192-304　南京　江蘇
古籍出版社　1987年4月

乘桴新獲——從戊戌到辛亥　頁71-83　南京　江
蘇古籍出版社　1990年10月

湯志鈞　章太炎旅日散記

乘桴新獲——從戊戌到辛亥　頁712-738　南京

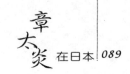

江蘇古籍出版社　1990 年 10 月

近藤邦康　章太炎與日本

現代中國　第 61 期　頁 91-97　1987 年 3 月

夏曉虹　孫中山‧章太炎‧同盟會

舊年人物　頁 118-121　北京　中國廣播電視出版
社　1997 年 2 月

邱雅芬　章炳麟對日本作家芥川龍之介創作之影響

中山大學學報（社會科學版）　第 39 卷第 1 期
頁 69-73　1999 年 1 月

近藤邦康　一日本人の眼から見た章炳麟の思想

社會科學研究　第 35 卷第 5 號　頁 253-275　1984 年

近藤邦康　從一個日本人的眼睛看章太炎思想

社會科學戰線　1984 年第 2 期　頁 163-173　1984
年 4 月

李潤蒼　章太炎與中日文化交流

歷史知識　1982 年第 4 期　1982 年

中日關係論叢　第 1 輯　頁 161-170　1984 年

中國人の見た——中國‧日本關係史　頁 217-230

大阪　東方出版社　1992 年 1 0 月

羅振玉在日本

葉純芳*

一、前言

　　羅振玉一生到過日本兩次，一次是作教育考察，這次僅短短地停留了二個月；一次則因武昌起義，清廷變起，經日本友人的幫助，舉家遷日避難。雖想關心國事，亦無從關心起，因此便專心著書與刊書，旅日八年，完成的著作有數十種之多，對於保存我國古代文獻，更是不遺餘力，在旅日期間，他發現唐代的古鈔本書，用盡關係將其借來影印出版，為的是不願我國文獻就此流落異鄉。本文即針對羅振玉在日本期間，著書與刊書部分作一介紹，說明羅振玉保存與整理我國古代文獻的成就。

二、傳略

　　羅振玉，字叔蘊，又字叔言。初號雪堂，晚以清廢帝溥儀贈書「貞心古松」匾額，因號貞松。清同治五年丙寅（1866）

* 葉純芳，東吳大學中國文學系博士生。

六月二十八日生於江蘇淮安。羅振玉世籍浙江慈谿，南宋時有諱元者，才遷居上虞三都的永豐鄉，是為上虞的始祖。

羅振玉 像

清末時他任學部參事，在學術上亦有相當的成就，他是我國文字學史上繼往開來的重要人物之一。在甲骨文的研究上，有所謂的「甲骨四堂」，即針對研究甲骨文最有成就的四人：羅振玉（雪堂）、王國維（1877-1927）（觀堂）、郭沫若（1892-1978）（鼎堂）、董作賓（1895-1963）（彥堂）而言。四人之中，以羅振玉在著錄、刊布甲骨文上建樹最大。當他在劉鶚（1857-1909）的寓所看見龜甲獸骨文字的拓本時，曾說：「此漢以來小學家若張、杜、楊、許諸儒所不得見者，今山川效靈，三千年而一洩其秘，且適我之生，所以謀流傳而悠遠之，我之責也。」①他將甲骨文的研究當作是自己畢生的責任，所蒐集的甲骨片約有二、三萬片之多，之後他所撰述的甲骨文字研究，多取材於此。

一九三二年，偽滿州國建立，羅振玉隨溥儀入偽都，拜「參議府參議」，上疏辭去此職，溥儀雖答應所請，但仍留於左

---

① 董作賓撰：〈羅雪堂先生傳略〉，《羅雪堂先生全集初編》（臺北：文華出版公司，1968 年12 月），頁2。

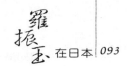

右，以備諮詢。沒多久，又被任命為「臨時賑務督辦」。一九三七年，羅振玉七十二歲，請准辭官，居旅順，閉門習靜，著書自遣。一九四〇年，因積勞成疾，瘁然不起，溥儀聞之震悼，特諡「恭敏」，並賞銀治喪。享年七十五。

觀其一生，對於學術貢獻最大的有五件事：一為對內閣大庫明清史料的保存；二為對甲骨文字的考訂與傳播；三為對敦煌文書的整理；四為對漢晉木簡的研究；五為對古銘器研究的倡導。其中值得一提的是他對內閣明清史料的搶救。

宣統元年（1909），醇親王載灃攝政，命內閣大臣於大庫找出國初時攝政典禮舊檔，但閣臣們找不著，因此便上奏說庫中無用的舊檔太多，奏請焚燬。內閣的奏章被批准後，一些閣臣首先關心的是自己和以前科舉名人的「試策」，紛紛進入大庫中尋找，而將大批檔案棄之不顧。其中有一閣臣章一山在典籍裏無意中發現宋寫本玉牒殘頁，便影照分送同好，並呈張之洞（1833-1909）及榮慶。羅振玉在一次榮慶延請張之洞的午宴上提出，大庫內的宋人玉牒應是《宋史·藝文志》著錄的《仙源集慶錄》、《宗藩慶系錄》所載，南宋亡後，元代試行海運，先運臨安國子監藏書，因此這書得以至燕京。又說大庫所在地為明代文淵閣舊址，因此大庫內除此書外，還應有其他宋版書。張之洞在得到證實後，同意將大庫圖書儲藏到京師圖書館。於是內閣奏請將大庫圖書和其他相關資料俱歸學部，明確指出「片紙只字不得遺棄」。但實行起來並不如此簡單，當時受命清查整理檔案的內閣中書曹君直和劉翰臣未能貫徹諭令，羅振玉發現所謂「無用」及「廢棄」的檔案被堆滿整地，連在

架上清初繪製的地圖十大軸，都被列入「無用」和「焚燬」之列。羅振玉急電告知張之洞，這批檔案才倖免於難。又一次，羅振玉見到大庫庭院裏已經「奏請焚燬」的紅本、題本按年月順序捆札堆積如小山，隨意翻檢，竟發現這些都是清初重要的史料，羅振玉再次商請張之洞，張之洞表示因已准奏，無法收回成命。因此要羅振玉設法移入學部中，並不得漏於外間。最後這批檔案，為了便於運輸，用麻袋儲藏，共裝了八千袋（一說九千袋），運到學部後堂暫存。後來又轉至國子監「敬一亭」。

一九二一年，這批檔案又從國子監搬到設在午門的歷史博物館，當時任教育總長的傅增湘（1872-1949），令人在午門拆開幾十麻袋，尋找宋元刊本、寫本的古書，後來傅某曾透過傅斯年（1896-1950）把這部分古籍賣給史語所。又由北京大學借去十二箱，一千五百零二麻袋進行整理，剩下的數千麻袋檔案卻被歷史博物館冠以「爛字紙」拍賣給「同懋增紙店」。而紙店要將這些可貴的史料作「還魂紙」的原料，並分批送往定興和唐山化紙廠，同時也零星出售一些。羅振玉知道後，為此奔走籌款，變賣自己收藏的古物、書籍。最後，是舉私債一萬三千元才換回這批「爛字紙」。

羅振玉兩次搶救和保存大庫檔案，作為學部參事的他，並未受命要保護這些檔案，而他卻不惜傾盡自己的財產來保護這些史料。沒有這些史料，而使用再三修改過的實錄或官修史書，根本無法釐清天啟、崇禎時期與清人的關係，以及清初的許多重大歷史真相。羅振玉保存大庫檔案的重大意義即在於

此。

三、翻譯日本農學著作

羅振玉開始接觸日本文化，在光緒二十二年丙申（1896），他與蔣黻（字伯斧，1866-1897）共同籌資，在上海創辦了「學農社」。

羅振玉認為，國家以農為本，古人不仕則農，因此他不僅研習《齊民要術》、《農政全書》、《授時通考》等書，並讀歐洲人的農書譯本，希望可藉西方人的新法，以補東方農業技術的不足。可惜的是，這些譯本都不詳盡，因此他便與蔣黻商議，創辦「學農社」，購歐美日本農書，聘請翻譯人才，翻譯農書及雜誌。前後十年，約譯農書百餘種。又為了把新知、新論迅速傳播開來，他更創辦了「農報館」，出版《農學報》，由蔣黻任庶務，羅振玉任編輯。在翻譯這些農書的過程中，他發現歐美人多肉食乳食，和國人的習慣不同，惟有日本民情與我國相仿，正可以補中國農事技術的不足。

就在這段期間，因為社務的需要，他聘請日本藤田劍峰學士擔任迻譯日本農書的職務，開始了他與藤田的交往，兩人個性契合，並致力於兩國的親善。他們認為要使兩國相善，需自士大夫開始，於是創立「東文學社」，廣招學生，由藤田任教務，以日文授諸科學，希望兩國人民由語言文字的相通，而終至意志的相通。當時中國學校沒有一所開日文一門，因此入學的學生頗眾。又添聘田岡嶺雲為助教，上海日本副領事諸井六

郎及書記船津辰一郎任義務教員。日本此時也創了「同文會」，會長與副會長均來訂交，兩國朝野名人交誼增進。而王國維便是此時進入學社，在眾門徒中成為高材生。

四、初登日本——考察教育

光緒二十七年（1901）冬，羅振玉由兩江總督劉坤一（1830-1901）與湖廣總督張之洞奏派赴日本考察教育，同行者有劉秩庭、劉聘之、陳士可、胡千之、田小純、左立達、陳次方等六人②，這是羅振玉第一次到日本。

這次的行程於十一月四日動身，經長崎、馬關、神戶到達東京，再至京都。次年孟春，經奈良、大阪、神戶、長崎，次年正月十二日抵達上海。歷時二個月零八天。

羅振玉等一行人到了日本，由東京高等師範學校校長嘉納為其講解教育大意一星期，每日一小時。另外，日本當局並安排他們參觀各級學校，這些學校包括：東京農科大學、高等師範學校、高等工業學校、中學校、府立師範學校、私立女子職業學校、高等女子學校、美術工藝學校、濟美尋常小學校等。

羅振玉將他在日本遊歷考察的紀錄，寫成《扶桑兩月記》。③他在文中認為日本強盛的關鍵，「首在便交通，繼在

---

② 羅振玉撰：《扶桑兩月記》，收於《雪堂自述》(南京：江蘇人民出版社，1999 年 3 月)，頁 61 。以下所引該書文字，僅註明頁數。

③ 此文於光緒壬寅年（1902）3 月由教育世界社印行單行本。

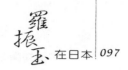

《扶桑兩月記》書影

興工業，三在改軍制」，「軍政修明又加之以興教育，國力乃日臻強盛，此固我國先路之導也」。（頁68）他參觀了各類學校，從幼稚園、小學、中學、師範一直到大學；購買了日本的各種教科書、理科實驗設備和生物標本。並詳細蒐集了有關日本教育制度的各種章程的統計數字。他稱嘉納校長「為日本教育家之山斗，近擔任中國留學生事務，於東方教育極留意，可敬也」。（頁70）他根據日本文部省的報告，指出明治三十二年（1900），日本全國學校比去年增加二百〇六所，學生增加二十六萬多人。驚嘆「一年之內，其進步之速如此」！（頁70）而學齡兒童入學比例，在日本島根地方已達百分之八十五以上，福岡地方也達百分之八十以上，不由得讚嘆：「其教育之進步，恂可驚矣！」（頁70）他還認為日本明治初年派大臣

視察歐美，遣親王留學歐洲，極得教育樞要。

羅振玉還指出，日本之所以迅速富強，主要是善於學習各國先進經驗和科學技術，並加以革新發展，以致於後來居上，青出於藍而勝於藍。他以印刷技術為例，活字印刷最早由中國人發明，後來才傳到日本，日本最初的鉛字印刷機器也是從上海採購來的西洋機器。可是今天日本的印刷技術，不但「精出中國之上矣」，而且「幾不讓歐美矣」！（頁69）因此，他批判那些因循守舊、不願向外國學習的保守思想，「冰寒青勝，前事可師，我邦人其勉旃勿恥學步也」！（頁69）

羅氏又在《教育世界》第二十四期刊出他所擬的〈學制私議〉，可以反映出他的思想觀點。全文共十二條，列有：

01. 教育宗旨

02. 義務教育年限

03. 自小學至大學的學制

04. 教育設置（包括學區、校舍、教學用具、學生、班數等）

05. 各種學校應立學科及其課時、教材

06. 學校管理（包括機構、學費、規則及簿籍等）

07. 關於考試、畢業、名位及任用

08. 關於圖書館、博物館、植物園、動物園的設立

09. 為貧民和工人設立簡易學校，為盲啞人設立殘疾人學校

10. 提倡民間創立各種學會

11. 商埠設商品陳列所

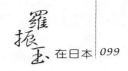

12.進行實業教育

內容十分具體細緻，有的注明一時條件不成熟，可稍事緩辦，但必不可少。最後，說明「以上所陳，乃通國教育通制，本現在之程度立之，隨後逐漸更改，至各學校設立時當再擬細則」。④

羅振玉對於學制和學堂章程的意見，原擬先在兩江討論，劉坤一為此於二月下旬曾急召張謇（1853-1926）參加商議，三月中再與黃紹箕商酌並送至鄂，便可奏出。但據《張謇日記》，在兩江署衙討論時，「司道同辭以阻，胡道（鹽道胡延）言曰：『中國他事不如人，何至讀書亦向人求法？此張季直（謇）過信羅叔蘊，叔蘊過信東人之過也。』吳藩司（吳重熹）亦贊之」。劉坤一認為「此事難辦，嘆息不已」，奏稿在兩江未能通過，江鄂會奏遂成泡影。（《羅振玉評傳》，頁51）羅振玉振興教育的計畫得不到支持和實施的機會，不久便辭謝了江楚編譯局襄辦之職回到上海，接受了南洋公學的聘任，後來又接手創辦江蘇師範學堂，雖數經挫折，但還是盡全力投身於振興教育事業。

另外，羅振玉認為這次日本之行，尚有三件事值得謹慎記下⑤：

④ 轉引自羅琨、張永山撰：《羅振玉評傳》(南昌：百花洲文藝出版社，1996年12月)，頁50。
⑤ 羅振玉撰：〈集蓼編〉（臺北：臺灣大通書局，1973年8月，《羅雪堂先生全集五編》本），第1冊，頁15-16。

㈠部分留學生受日本浪人煽誘，改革之說大倡

羅振玉在〈集蓼編〉中記載，光緒末年，中國各省爭派學生赴日留學，學生素質良莠不齊，在國內經歷了「庚子拳亂」的衝擊；到了日本，又受到日本浪人的煽誘，產生偏激的思想，因此改革的聲浪紛起。各省的監督畏懼留學生的盛勢，有些噤不敢聲，有些甚至附和這些要求改革的留學生。

羅振玉赴日觀摩期間，日本外務大臣小村一日秘密延請羅振玉至其官邸，告訴羅振玉他也注意到這樣的現象。留學生到了日本，補習日語後，都進入高等及專門學校，日本當局對於留學生這種思想與行動素無取締之例，但是不加以取締，則前途堪憂，恐怕會釀成兩國的不祥。因此，小村希望羅振玉回國後轉達此意，以免將來發生不幸。羅振玉非常感謝小村的厚意，答應回國後稟明此事，留心留學生的舉動。

㈡變法需相國情

日本貴族院議員伊澤修二聽聞羅振玉來日觀摩，親自拜訪。並且告訴羅振玉，「變法」必須符

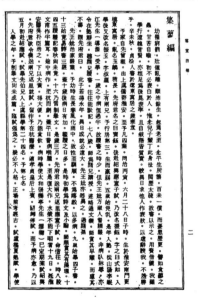

〈集蓼編〉書影

合國情，不能一概學習外人。而教育尤為國家的命脈。伊澤回憶日本維新之初，派學生留學，待學成歸國，即主張「不除舊，不能布新」。因此照單全收地仿效歐美的制度，而棄自己國家的學說於不顧，形成現在日本所行的教育制度。伊澤語重心長地表示，東西方的國情不同，宜以東方道德為基礎，以西方物質文明補其不足，才不至於遺害後代。「新知固當啟迪，國粹務宜保存」，此關於國家前途利害至大，伊澤希望羅振玉予以留意。

㈢日本同文會獻計，另建新國以試新法

同文會副長長岡子爵一日延請羅振玉至華族會館相見。長岡子爵表示，自甲午戰爭兩國失和，實為東方之不幸，戰後日本國際地位驟高，已為歐洲人之大忌，異日必將有俄日之爭，以日本壤地褊小，可勝不可敗。敗則滅亡，勝亦大傷元氣。萬一必須作戰，我國的東三省當中、日之衝，如果中國國勢強盛，東三省剛好可以成為日本的庇佑之所，但以今日中國的國勢來看，似乎無法鞏固東三省這一緩衝區，他日若日、俄戰爭一起，日本為求生計，必定先侵犯中國的中立立場。甲午戰爭一役，已損害兩國的友誼，這樣的情況實在不應一再發生。為了避免中、日不必要的戰爭，同文會在徵得天皇的同意，提出一計策，希望中國能採納。

長岡認為，中國要變法，困難重重，不僅群情不便，國勢也會轉為不安。不如由中國皇帝遴選近支王公中的賢達者，分封奉天，合滿、蒙為一帝國，開發地利，僱用各國客卿，以此

為新法試驗之地。如果變法成功，中國可依照此法而行，如果不成功，則可資經驗，不致害及國本。而日本將與英國訂同盟之約，如果新國既建，可由兩國提出國際會議，將此新國暫定為局外中立，惟不可以為藩屬，否則將致種種不便。如此，中國則可免變法的危險，日本也可以免去日俄之戰。羅振玉認為此法甚善，謂當力言於兩督。如果兩督允然，必與子爵商進行策。

羅振玉以為此行獲知這些訊息，即不虛此行。回國後，羅振玉將此次至日本的三項收穫密陳於張之洞，張之洞認為可行，要羅振玉先將第三件事密詢劉忠誠，若得同意，當商之樞府。劉忠誠知悉後，也同意此舉。沒有多久，江鄂密電日本外務部，請訂取締學生規則，由文部頒行。學生聞悉紛紛抗命，以致失其效果。至於保存國粹之說，羅振玉著論揭之於教育雜誌，暢言其理，於是「國粹保存」四字，一時騰於眾口。張之洞擬定學堂章程，僅在課表中，增「讀經」一科，未嘗以此為政本。後來學部開教育會，「讀經」一科也被刪去，因此不為人所重視。

三事之中，羅振玉較關心第三事，認為此事「所關尤巨」，兩督會商後，曾命羅振玉密招長岡副長，但長岡以病不能行，由近衛代之。羅振玉伴其至江鄂，但不得與會。這件事最後也沈寂下來，不知何故。一直到了日俄戰爭後，端忠敏撫吳，羅振玉與其言及此事，忠敏言近衛到鄂，相商極洽，於是以此密詢榮文忠，但文忠不允，此事遂罷。羅振玉對於此事，認為「文忠誤國之罪，甯止庚子之變，模稜持兩端已哉」！但

羅振玉並不知道日本之所以如此殷勤獻計，事實上有更大的野心隱藏在他無法察覺的地方，這從後來日本利用溥儀為傀儡，在東北建立一個「偽滿州國」，可以窺其用意。

羅振玉在日本考察兩個月，至光緒二十八年（1902）正月回國。

五、局勢驟變

清朝末年，朝政腐敗。但身為朝廷學部官員的羅振玉來說，對清室愚忠的立場卻是非常堅定的。他並沒有因為時勢的不同，或者因為有關自己的切身利害而有所趨避，暮楚朝秦。

這期間，發生了兩件事，也使羅振玉表明他的立場。

一件事是宣統三年（1911）六月，在教育會的抗議。這年五月，學部於京師召開教育會，以張謇為會長，張元濟（1867-1959）、傅增湘為副會長，羅振玉等為會員。六月二十二日開會，閏六月初旬閉會。會議參加者都是當時教育界具有代表性的人物，但思想傾向各不相同，會中議案有兩項最為羅振玉所反對，一為定新教育為軍國民主義教育，一為廢讀經。前者是傾向革命的一派想要寓革命勢力於全國學生之中，以便促成革命。羅振玉首先反對，這樣作顯然是反潮流的。另一件事是關於鐵路收歸國有的問題，這也是辛亥革命的爆發點之一。郵傳大臣盛宣懷站在清王朝的立場，以個人權力管轄和控制全國鐵路，形成為官僚買辦的壟斷經濟體系，而不顧人民的呼聲。在這次事件當中，名義上雖然是端方等人以鎮撫名義重

登政治舞台，實際上野心家袁世凱（1858-1916）正隱伏幕後，準備伺機而動。由於攝政及親貴的昏庸無能，致使民怨沸騰，不可收拾。羅振玉對此事的未來結局感到憂心。

以後事情的發展，一方面武昌起義一舉成功，革命形勢大好，遂至席捲全國。而清政府方面，大局已無可挽回，朝中大臣又將希望放在袁世凱身上，羅振玉知道形勢已迫，唯有引退一途。

宣統三年（1911）八月十九日，武昌起義，湖廣總督瑞澂逃上海，大局陡變，京師人心惶惶。羅振玉想要引退，但幾經思量，淮安老家不想去了，在北京一住住了六年，不但人口增加，書籍古物又添了不少，不能委棄不顧，因此連路費也成了問題。在平日交遊中，知心的朋友只有蔣伯斧、王國維、汪穰卿（1860-1911）等人。時勢如此，汪穰卿便先去天津，並與羅振玉相約，留三間房子等待他去。羅振玉本擬夏天要離開京城到天津，但川資莫措，剛好日本友人向他借去的書畫藏品，有百軸之多，展覽期間，有商家欲購買，羅振玉為籌路費，便寫信應允。一方面也開始準備離開京城。但是到了秋天，日本友人尚無消息傳來，於是羅振玉的天津之行就此作罷。而他的好友汪穰卿，在某天晚餐中，聽到袁世凱復出的消息，憂心氣憤全襲心頭，就此辭世。沒多久，另一個好友蔣伯斧也因病去世。

袁世凱的復出，一般人以為他必能力挽危局，但是羅振玉卻不如此樂觀。當時和羅振玉同在部中的還有王國維，於是他們便相約各準備米鹽，萬一有變，就作「為效死勿去」計。

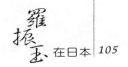

一天，日本本願寺教主大谷伯光瑞忽然派遣其在京僧侶某來傳其法主之命，勸羅振玉去日本，並願把他的「住吉驛二樂莊」借給羅振玉安置眷屬。羅振玉和大谷從未謀面，雖然感到詫異，也感謝他的厚意。正猶豫之間，舊友京都大學教授內藤虎次郎、狩野直喜、富岡謙藏等人又聯名來信，請他去京都，並說藏書可以寄存大學圖書館。家眷與藏書的安置都有著落，羅振玉在驚喜萬分之外，仍不忘與舊友藤田劍峰商量，才知道此次遷日，是應內藤諸人之召，而託本願寺為擔保，運輸書物至京都，運費可以到京都後再償還。藤田劍峰並自願先回日本為羅振玉打理一切。羅振玉一家的東渡之計於是成行。

羅振玉的孫子羅繼祖在所著的《庭聞憶略——回憶祖父羅振玉的一生》中表示，日本人對於羅振玉避難去日本，每好用「亡命」字樣，例如羅振玉去世後，偽滿政府的「滿日文化協會」的陳邦直為羅振玉寫傳，傳中即用「亡命」二字。羅繼祖認為，「亡命」等於「逃命」，戊戌變法失敗，康有為與梁啟超是逃命，羅振玉去日本不是自己主動，而是日本人的勸駕，當時形勢並不十分緊張，而羅振玉的處境與康、梁不同，自然不可稱之為「亡命」。

六、再度赴日——避難

宣統三年（1911）冬，羅振玉一家人來到了日本京都。同行的還有王國維、劉季纓（羅振玉的女婿）兩家人，都暫住在田中村。屋狹人眾，於是又另外賃宅以安置王、劉兩家。當時

羅振玉的季弟振常在奉天屯墾中學任教，他特別寄旅費去邀振常一家人來，也別為賃屋居之。田中村是京都的鄉村，風景幽勝，三家雖個別賃屋分居，但距離不太遠。這時，羅振玉一家與王國維、劉季纓、羅振常三家的經濟，多靠羅振玉賣古物書畫來維持。第二年的二月十二日，清帝遜位的詔書到達海東，羅振玉作了亡國逋臣，身居異國，對於祖國的混亂可以不聞不問，但內心卻是非常的痛苦。

在田中村住了一年，書籍寄存在大學圖書館，不但取讀不便，也常往返整理，倍感辛勞。又鑒於國內革命後，時局未定，秩序混亂，一時難以返國，於是與藤田劍峰商量，借他的名義在市內淨土寺町購地數百坪，建樓四楹，半以棲眷屬，半以祀先人、接賓友。植松十餘株，雜卉木數百本，鑿一小池，小有花木池沼之勝，取顏黃門「觀我生賦」中語，因命之曰「永慕園」。沒多久，又增設書庫一所，以曾藏有北朝初年寫本《大雲無想經》，於是取名為「大雲書庫」。

書庫既已安置妥當，便把寄存在大學圖書館的藏書取回，和王國維共同整理，檢點卷數，並編成目錄三冊，第一冊為善本，第二、三冊為普通本，為王國維手編，舊藏在羅繼祖處，但在文化大革命時，在大連被抄，已無從尋找。

羅振玉因不諳日語，因此與當地人士往來甚簡，只有與舊識內藤、狩野等人時以文字相往還。這時，大學總長託藤田為介，敦請羅振玉出任大學講師，但他堅決辭謝。

寓所既定，藏書又已整理妥當，為閉戶著書準備好條件。羅振玉平生最關心國事，但現已無從過問，只有退而求作學

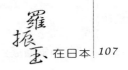

問。而其作學問主要表現在兩方面，即著書與刊書。

㈠著書

羅振玉早年即開始著書，但都是零星小冊，到京師從政之
餘，也有一些作品。他最後寫了一本《殷商貞卜文字考》，並
把自己所蒐集到的甲骨拓本編為《殷虛書契前編》，影印入所
編的《國學叢刊》雜誌中，但只出了三期。

如今甲骨雖然經轉輸不無損壞，所幸墨本具存，既然攜在
行篋，《殷商貞卜文字考》又未完成，因此羅振玉決定繼續探
研下去。《國學叢刊》由於出了三期即告中斷，現在來到日
本，印刷條件比國內優越許多，因此在一九一二年的冬天，將
舊稿重新編定為《殷虛書契前編》八卷，付珂羅版印行。他在
自序中說：「喪亂以來，忽以匝歲，……天既出神物於斯文垂
喪之時，而予又以偷生忍死之餘，倉惶編輯，……斯世誰復有
讀吾書者，亦且抱此遺文以自慰藉而已。」一九一四年，他發
憤閉戶四十餘天，寫成《殷虛書契考釋》六萬多字。這是他繼
《殷商貞卜文字考》後擴大研究的成果。把研究所得概括地寫
在一千多字的序文裏，首先提出想要根據甲骨文字來補苴古籍
的「三難」：「史公最錄商事，本諸《詩》、《書》，旁攬系
本，今〈商頌〉僅存，系本久佚，津逮莫由，難一；卜辭簡
質，字多假借，難二；古文象形，繁簡任意，倒寫合書，易生
炫惑，難三。」⑥解決這三難的辦法是「先究文字」。而考索

---

⑥ 羅繼祖撰：《庭聞憶略──回憶祖父羅振玉的一生》（長春：長春
市政協文史資料研究委員會，1985 年 12 月），頁56。

文字又是「由許書以溯金文，由金文以窺書契」下手，而羅振玉雖然「窮其蕃變」，但是「可識之文，不逾五百」。總結所得共有六端：「一曰帝系，二曰京邑，三曰祀禮，四曰卜法，五曰官制，六曰文字。」這是全書的綱領。

他在回顧研究中所經歷的甘苦時說：

增訂殷虛書契考釋三卷

丁卯二月東方學會印，

《殷虛書契考釋》書影

> 予爰始操翰，訖於觀成，或一日而辨數文，或數夕而通半義，譬如冥行長夜，乍睹晨曦，既得微行，又蹈荊棘，……操觚在手，寢饋或廢。⑦

當時和他一起研究甲骨文的還有王國維。王國維從東文學社畢業後，便一直和羅振玉有所往來。清末，王國維任學部圖書局編譯，明詞館協修，在學術研究上和羅振玉不盡相同，但政治傾向卻是一致的。二人相偕至日本，王國維則完全拋棄了平日所研究的西洋哲學和中國古典文學，改而從事古史、古文

⑦ 同前註。

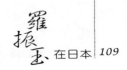

字、古器物的研究。由於國學根柢深厚，成績卓越，羅振玉讚美他「資稟敏異，所學恆兼人」。《殷虛書契考釋》成書，由王國維代寫上石。並寫了前、後序各一篇。

在撰寫《殷虛書契考釋》的同時，羅振玉還將篋中所藏最大的甲骨數十枚另編印為《殷虛書契菁華》。原本他害怕會毀損文字，因此開始並未拓墨，但又不忍使其湮沒不傳，於是便影照精印。這部書完成的第二年、第三年，又連續編印《鐵雲藏龜之餘》、《殷虛書契待問編》、《殷虛古器物圖錄》、《殷虛書契後編》。

《鐵雲藏龜之餘》是為了紀念亡友劉鶚；《殷虛書契待問編》是撮錄甲骨中不易識之字——古今異體者什之二三，古有今佚者什之六七；《殷虛古器物圖錄》為殷虛遺物，可貴之處不在文字，其中古生物遺骸可資古生物學家的考究，犀象雕器、石磬、古鏃之類，工藝都出自良工之手，雖斷爛之餘也不忍任其湮沒不傳；《殷虛書契後編》成書最後，羅振玉當時衣食日用全靠出售古物書畫來維持，而印書的費用需節衣縮食，《殷虛書契前編》用珂羅版印了百部，共四百八十餘頁，每部成本費二十六元，定價三十元，盈利無多，而且這類書不易出售，因印《流沙墜簡》的關係，《殷虛書契後編》已無力再印。後來是藉上海英籍富商哈同的資助才將《殷虛書契後編》印入其《藝術叢編》中。

另外，值得一書的是《流沙墜簡》。英人斯坦因先於伯希和一年在我國新疆、甘肅兩省竊取了漢、晉時期的簡牘殘片一千有餘。這是在敦煌鳴沙石室以外的一大宗考古發現，也因為

政府的無能而落到外國人手裏。這批出土古物的出土地有三：一為敦煌迤北的長城，所出的都是兩漢時期的古物；一為羅布淖爾的古城，所出的大抵上自魏末，下到前涼；一為和闐東北的尼雅城及馬咱托拉拔拉、滑史德三地，此三地所出不過二十餘簡，年代不甚可考，最早為後漢，最晚為隋唐。

斯坦因帶回國後，由法國一位東方學者沙畹博士作《考釋》，羅振玉聽到這個消息，急通書沙畹，希望他能和伯希和一樣惠寄影本，沙畹覆信說《考釋》即將付印，過一年，沙畹果將他撰成的《考釋》寄來，因用西文撰寫，經過羅振玉的兒子翻譯後才能通讀。於是羅振玉和王國維分別重加校理，分成三類：(1)小學術數方技書；(2)簡牘遺文，由羅振玉執筆；(3)屯戍叢殘，由王國維執筆。

羅振玉在青年時期就注意蒐集金石遺文，藉以考證經史，後來更擬有整理金石遺文的龐大計劃，他認為金石文字的著錄，以三代禮器及寰宇石刻為大端，旁及支流如圭璧、璽印、泉布，在前代都有專書記述下來。到了清代，金石學大倡，更將其範圍推廣到磚甓、瓦當、封泥、**權**衡度量之類，這些也都有專書記載，以補前人的闕失。即使前人的成就如此，他仍認為有未盡之處，因此他想要取海內貞石墨本，依文體來分類：像頌、序、記、神道碑、墓表、墓志、造像記、刻經記、題名、詩詞等，分類輯錄，羅列眾本，精意校寫，名之為《寰宇石刻文編》。

對於古禮器及庶物銘識則**斷**代為書，如殷、周、秦、兩漢、新莽、三國，直到六朝，各為一集，名之為《集古遺

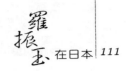

文》。

又依物分類之書，如貞卜文字、古匋文、古兵器、符牌、古器物範、鈔幣、範金釋氏像、古明器、泉布、磚甓、瓦當、璽印、封泥、鏡鑑之晚出者，各以類分，總名之為《集古圖錄》。

這些書既需長期不斷的蒐集，同時又需判別真贋加以論定去取，這個龐大計劃，前人沒有作過，即使是同時期的好古之士，也沒能如羅振玉般，以傳古為職志。

羅振玉旅日八年，最大的成績是著書與刊書，現將其完成計畫情況作一敘述：

第一類完成了《芒洛、恒農、鄴夏、襄陽、廣陵、吳中、三韓冢墓遺文》、《石屋洞、龍泓洞造象題名》、《西陲石刻錄》與《後錄》、《蒿里遺珍》、《唐三家碑錄》。

第二類完成了《殷虛書契前編》與《後編》、《殷虛書契考釋》、《鐵雲藏龜之餘》、《殷虛書契待問編》、《殷文存》、《秦金石刻辭》、《石鼓文考釋》、《漢晉石刻墨影》、《恒農專錄》、《楚洲城專錄》。

第三類完成了《殷虛古器物圖錄》、《唐風樓秦漢瓦當文字》、《歷代符牌圖錄》與《後錄》、《赫連泉館古印存》、《隋唐以來古官印集存》、《夢郭草堂吉金圖》、《雪堂所藏古器物圖錄》、《古鏡圖錄》、《地券徵存》。

除此三類外，還有《金泥石屑》、《高昌麴氏系譜》、《瓜沙曹氏系譜》、《續匯刻書目》、《海外貞珉錄》、《高昌壁畫菁華》、《墨林星風》、《六朝墓志菁英》、《兩浙佚金佚石集

存》諸種。每著一書脫稿,立即付印,因此八年之間,成書四、五十種。

㈡刊書

　　羅振玉開始刊印古書是在光緒三十三年(1907)到北京服官之後。他在學部任留學生考試、殿試裏校官,見考卷滿紙「膨脹」、「運動」等新名詞,慨念新學未立,舊學已替。因此創意編刊《國學叢刊》雜誌,一年出六期,列目為經、史、小學、地理、金石、文學、目錄、雜識等。但是出至三期因東渡而止。他曾說:「夙抱傳古之志,凡古人遺著未刊者及舊刻罕傳者,常欲鳩合同志創『流通古書會』以刊傳之。顧數十年來,同好聚合不常,益以世變,此願竟不獲償。」(《增訂碑別字》附《雪堂校刊群書目錄後記》)

　　羅振玉到日本的第三年(1913),上海友人請他再繼續出刊,於是《國學叢刊》仍和以前一樣兩個月出一冊,新舊著雜採。他並將編校之任委於王國維,每月致饋二百元,供其日用。後來分別成書,改名《雪堂叢刻》,共五十二種。傳刻古書則有仿《宸翰樓》及《玉簡齋》叢書兩種。用珂羅版影印大量的古書則有《鳴沙石室佚書》正、續編和《鳴沙石室古籍叢殘》兩部。《佚書》三編十八種,《續編》四種,每種羅振玉都一一詳加考訂,寫跋尾,有的長達五、六千言,都收入《雪堂校刊群書敘錄》中。

　　羅振玉傳刻古書,最重視新發現的秘籍,其次才是宋版及其他。日本流傳的不少古鈔本書,傳說都是從唐朝時流傳至此

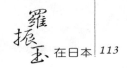

的，但不大受中國學者們的重視，例如黎庶昌（1837-1897）、楊守敬（1840-1914）刻的《古逸叢書》就不收日本古鈔本；傅增湘、張元濟、董康（1867-1947）到日本訪書，也主要側重宋元版，只有羅振玉頗重視日本古鈔本，直稱為「唐鈔」。但已借印行世的只有《毛詩單疏》（借自富岡謙藏）和《史記・殷本紀》（借自內藤虎次郎）、《文選集注》（借自日本金澤文庫及小川氏，其中有自藏二卷，原書為百二十卷，作者未詳，此僅有十五卷）。還有不少沒能印出，所以在離開京都時，寫信重託內藤、狩野，託他們代借代印，而以京都市淨土寺町的住宅轉賣所得，當作印書費用。後來，二人完成了羅振玉的委託，陸續印成十集，即上海圖書館編輯的《中國叢書綜錄》所著錄的《京都大學文學部影印唐鈔本叢書》。此外，借自日本公私方面而影印傳世的還有敦煌本《尚書釋義》殘卷（借自早稻田大學）、唐寫本《世說新語》殘卷（借自神田、小川兩氏）、宋本《東漢刊誤》（借自福井氏「崇蘭館」）、北宋天聖本《齊民要術》殘本（借自高山寺）、元刊本《三藏取經詩話》和《三藏取經記》（借自三浦氏和德富氏「成簣堂」）。羅振玉為保存文獻，不惜花費鉅資，在清末民初，政局混亂，人人思危的時代裏，確實令人敬佩。

七、結語

一九一六年六月，袁世凱病歿，清廷遺臣柯劭忞（字鳳蓀，1850-1933）想請羅振玉回國，但羅振玉因袁世凱的黨人

仍在活動，因此未做回國的打算。第一次歐戰停止後，全世界疫癘大作，波及日本及中國各地，羅振玉的四兒媳被感染後，轉成肺疾，羅振玉將其送回國醫治，但不久便過世。二兒子也患肋膜炎，轉地療養都不見效，羅振玉自己也染上了胃疾，長期受病魔折騰，開始思念起家鄉，有了歸國的打算。

日本友人聽聞羅振玉要回國的消息，多方挽留，並打算為羅振玉在吉田山上購一精舍，且代謀名譽職，使他能每月領俸，不致為家計煩勞，但羅振玉都予以婉拒，並將淨土寺町寓宅捐贈給京都文科大學，俾饗影印日本所藏古寫卷子本書籍之資。臨行前，京都、神戶、大阪各地舊友共數十人，在京都圓山公園為羅振玉餞別。藤田當時人在東京，不忍與羅振玉告別，於是遣書備加慰勉。一九一九年暮春，羅振玉離開中國八年後終於又回到他生長的地方。

綜觀羅振玉東渡日本八年，全心全力於學術研究上，不過問政治，當他要回國時，日本大政治家犬養毅也出席圓山公園的餞別會。酒闌客散後，他問羅振玉：「君居我國將近十年，平日但講學術，不及政治。今於臨別之際，請破例一言可乎？」羅振玉才說：「厚承下問，敢不以對。蓋東西各國之思想、教化、制度、風俗迥乎不同，故國情國勢，彼此亦異。東方數千年來之一切政教，均以養民為本，而疏於對外。西方各國強鄰雜處，故皆注重於工、商、實業之發展，擴充軍備，鼓吹自強，全幅政治，多為對外，而其人民皆甚勞苦。方今歐戰告終，資本主義過於發達，結果恐釀成赤化，此禍若不早加防止，則將影響於我東方各國。」⑧犬養深為首肯，且極佩服羅

振玉的卓識。

　　在這近十年的時間裏，羅振玉以驚人的毅力與對學術的熱忱，完成了數十種的著作；對於保存我國文獻，仍一本當時搶救內閣大庫檔案的心情，不惜耗費鉅資，用盡各種方法，都要將這些文獻出版，也因為羅振玉的用心，使後代學者能有更充沛的資源可以運用。

參考書目

㈠專書

羅雪堂先生全集　初編至七編　分別由臺北文華出版社及臺灣
　　大通書局印行　1968 年至1973 年

羅振玉評傳　羅琨、張永山著　南昌　百花洲文藝出版社
　　1996 年12 月

庭聞憶略——回憶祖父羅振玉的一生　羅繼祖著　長春　長春
　　市政協文史資料研究委員會　1985 年12 月

羅振玉傳記彙編　存萃學社編集，周康燮主編　香港　大東圖
　　書公司　1978 年12 月

羅振玉年譜　羅繼祖輯述，羅昌霦校補　臺北縣　行素堂
　　1986 年11 月

近代中日文化交流史　王曉秋著　北京　中華書局　1992 年9
　　月

---

⑧ 存萃學社編集，周康燮主編：《羅振玉傳記彙編》（香港：大東圖
　　書公司，1978 年12 月），頁43 。

末代皇帝　愛新覺羅‧溥儀著　臺北　風雲時代出版公司　1989 年 12 月

㈡期刊論文

珠胡文錄：羅振玉傳　高明　中華學苑　第 8 期　1971 年 9 月

羅振玉　高明　文化研究　1971 年 10 月

羅振玉　傳記文學　第 23 卷第 2 期　1973 年 8 月

羅雪堂年譜　莫榮宗　大陸雜誌　第 26 卷第 5-8 期　1963 年 3-4 月

羅雪堂先生傳略　董作賓　大陸雜誌　第 24 卷第 4 期　1962 年 2 月

㈢報紙論文

貞松老人羅振玉　宋重康　臺灣時報　第 12 版　1977 年 1 月 5 日

【附錄】羅振玉旅日期間著書及刊書一覽表

1911 年	46 歲	10 月，舉家自北京赴日本，編《宸翰樓叢書》5 種 18 卷
1912 年	47 歲	成《磬室所藏璽印續集》5 卷、《唐折衝府考補拾遺》1 卷；重編《殷虛書契前編》8 卷
1913 年	48 歲	輯《齊魯封泥集存》、《鳴沙石室佚書》18 種；作《補唐書張義潮傳》1 卷；成《西陲石刻錄》1 卷

1914 年	49 歲	成書： 《流沙墜簡》3 卷，《補遺》1 卷，《補釋》1 卷 《殷虛書契考釋》1 卷 《殷虛書契菁華》1 卷 《芒洛冢墓遺文》3 卷，《補遺》1 卷 《蒿里遺珍》1 卷，《考辭》1 卷 《西陲石刻後錄》1 卷 《秦金石刻辭》3 卷 《唐三家碑錄》1 卷 《四朝鈔幣圖錄》1 卷，《考釋》1 卷 《歷代符牌圖錄》2 卷 《瓜沙曹氏譜系》1 卷 《高昌麴氏譜系》1 卷 《續匯刻書目》10 卷 《唐風樓秦漢瓦當文字》4 卷 《鶴澗先生遺詩》1 卷 刊書： 影北宋天聖本《齊民要術》殘卷 日本古寫本古文《尚書·周書》（存2 卷） 日本古寫本隸古定《尚書·周書》殘卷（存2 卷） 編輯出版或開始編輯出版的叢書： 《喜古叢刻》、《永慕園叢書》、《宸翰樓叢書續編》、《雲窗叢刻》、《吉石盦叢書》、《海東古籍叢殘》等，總計出版書近60 種，130 卷
1915 年	50 歲	編輯出版《雪堂叢刻》52 種，110 卷 成《五十日夢痕錄》 《鐵雲藏龜之餘》1 卷 《漢晉石刻墨影》 《恒農冢墓遺文》1 卷 《芒洛冢墓遺文續編》3 卷，《續補遺》1 卷 《襄陽冢墓遺文》1 卷 《廣陵冢墓遺文》1 卷 《吳中冢墓遺文》1 卷 《三韓冢墓遺文目錄》1 卷

		《石屋洞造像題銘》1卷 《龍泓洞造像題銘》1卷 《海外貞珉錄》1卷 《赫連泉館古印存》1卷 重訂《漢石存目》1卷 重印吳大澂《權衡度量實驗考》，發現於日本，並作序
1916年	51歲	成《南宗衣缽》1卷 《殷虛書契後編》2卷 《古器物範圖錄》3卷 《金石泥屑》2卷 《歷代符牌後錄》1卷 《殷虛古器物圖錄》1卷，附說1卷 《殷虛書契待問編》1卷 《高昌壁畫菁華》1卷 《石鼓文考釋》1卷 《古鏡圖錄》3卷，《補遺》1卷 《鄴下冢墓遺文》2卷 《墨林星鳳》1卷 《赫連泉館古印續存》1卷 《古明器圖錄》4卷 《隋唐以來官印集存》1卷 刊印只見於日本的中國古籍： 　六朝寫本《禮記》子本疏義 　古寫原本《玉篇》言迄幸部殘卷 　宋本《東漢刊誤》4卷 　唐寫本《世說新書》殘卷 　日本古寫本《悉縣字記》 　北宋景佑本《天竺字源》 　南宋本《文殊指南圖讚》、《三藏取經詩話》、 　《三藏取經記》、《周密草窗韻語》 校理刊印前人遺稿： 　《古兵符考略殘稿》翁大年著 　《續百家姓印譜》吳大澂著（稿本）

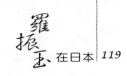

1917 年	52 歲	編著及刊印：
		《殷文存》3 卷
		《夢郼草堂吉金圖》3 卷
		《恒農專錄》1 卷
		《芒洛冢墓遺文續補》1 卷
		《六朝墓志菁英》初編、二編
		《兩浙佚金佚石集存》1 卷
		《鳴沙石室佚書續編》
		《鳴沙石室古籍叢殘》30 種
		《唐風樓碑錄》13 種 31 卷
		日本古寫本《史記・殷本紀》殘卷
		復宋槧本趙注《孟子》
		元槧本《廬山記》
		元槧本《國朝風雅》殘本
		明《永樂大典》宋吏部條法
		鈔本《黃山圖經》
		松江石本《急就章》
		始編刊：
		《雪堂磚錄》4 種及《四時嘉至軒叢書》
1918 年	53 歲	主要著作與刊書：
		《王子安集佚文》1 卷
		《臨川集拾遺》1 卷
		《雪堂校刊群書敘錄》2 卷
		《萬年少（壽祺）年譜》1 卷（次年增訂附錄、
		補遺各 1 卷）
		《昭代經師手簡》初編、二編
		《夢郼草堂吉金圖續編》1 卷
		《二十家仕女圖》1 卷
		《地券徵存》1 卷
		《磚志徵存》1 卷
		《雲窗漫錄》1 卷
		日本古寫本《史記》殘卷
		古寫本《文選集注》殘卷
		《金石萃編未刻稿》（王昶未竟之作）
		編《嘉草軒叢書》11 種 28 卷
1919 年	54 歲	三月，攜家返國

相關文獻

王曉秋　冰寒青勝，前事可師——羅振玉《扶桑二月記》
　　　　近代中日啟示錄　頁231-233　北京　北京出版社
　　　　1987 年10 月

梅溪昇　羅振玉と日本との關係序說——羅繼祖輯述《永
　　　　豐鄉人行年錄》を讀む
　　　　鷹溪史學　第18 號　頁19-67　1992 年3 月

夏曉虹　德富文庫・梁啟超・羅振玉
　　　　舊年人物　頁132-136　北京　中國廣播電視出版
　　　　社　1997 年2 月

錢　鷗　羅振玉、王國維と明治日本學界との出會い——
　　　　《農學報》・東洋學社時代をめぐって
　　　　中國文學報　第55 冊　頁84-126　1997 年10 月

石田肇　羅振玉撰，內藤湖南書「蔣黻墓誌銘」をめぐって
　　　　——蔣黻を中心に三人の交友について
　　　　群馬大學教育學部紀要　第48 號　頁33-48　1999 年

岡村敬二　羅振玉と日滿文化協會——人事問題をめぐって
　　　　人間文化研究（京都學園大學人間文化學會）第5
　　　　號　頁1-31　2001 年3 月

杉村邦彥　羅振玉遺墨（羅振玉特輯）
　　　　書論　第32 期　頁5-30　2001 年3 月

杉村邦彥　羅振玉法書名畫題字（羅振玉特輯）

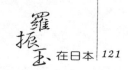

王國維在日本

張曉生 *

一、前言

　　日本，對近代以來的中國人而言，是一個複雜意義的象徵。在一八五四年（清咸豐四年，日本安政元年）美國培理艦隊進入江戶灣，與德川幕府簽訂「日美親善條約」之前，日本持續了二百餘年的鎖國政策，不僅與西洋絕少往來，連和一衣帶水之隔的中國也鮮有接觸。一八六二年（清同治元年）載著許多幕藩年輕武士的「千歲丸」抵達上海，他們帶著好奇與羨慕的眼光，看著開埠已久，「支那第一繁盛海港」的上海港，不禁對它的繁華同聲讚嘆。在此時，就接觸西方近代文明的時間而言，日本是落後於當時的清朝。但日本自門戶開放之後，便積極而有計劃地學習西方文明以圖改變自己的弱勢，故在短短的四十年間，就超越清朝而成為東方強國，反而成為中國士人傾慕學習的對象。因此，在清末民初知識分子學習西方文明的過程中，日本扮演了十分重要的中介角色。我們甚至必須承

---

*　張曉生，新埔技術學院共同科副教授。

認，中國近代許多著名知識分子的啟蒙，是與日本有密切的關係。著名學者王國維便是一個例子。他在二十二歲以前，以學習中國傳統學術為主，雖然深感新時代、新事務的衝擊，卻無由接觸認識。直到他學習了日文，並從日籍教師那裏接觸了西方語言、文學、哲學、科學等知識，才得以走出困囿，

王 國 維 像

發展自我，展露令人驚訝的才氣與成就。在王國維的生命歷程裏，我們看到了他的探索，也看到了中國知識分子在近現代過程中的追尋。以下將就王國維從接觸日本開始，一直到他流亡日本為止，記述他生命的轉變，也為那個時代留下一個側記。

二、早期治學歷程以及與日本的關係

王國維是出生在浙江海寧的一個世代業儒的家庭，但他的父親王乃譽，在年輕時則出外學習經商，貿易之暇，喜研究書畫篆刻詩古文辭，後至江蘇溧陽擔任縣幕僚十餘年，得遍遊吳越間，親見諸名家收藏，眼界遂開，有名于時。王國維在如此的家庭環境中成長，自幼即頗受薰染，而其父也相當重視對王國維在書法、文章、詩詞方面的教育，除令從師受業外，自塾

返家後又往往夜課以駢散文及古今詩若干首，並嚴格要求其書字，如此，即為王國維日後的學術發展打下了良好的基礎。

由於王乃譽早年在上海等地經商，後又宦遊江蘇、浙江各地，對於時代形勢的變化有相當的敏感度，也因此，王國維雖也如當時絕大部分的士子一般，鑽研舉業以為晉身之階，但他對於時勢則表現出強烈的好奇與關心。王乃譽在他的日記中曾記載：「（光緒二十二年九月初五日，1896年10月11日）靜兒持《時務報》第一、第三冊歸家，上海新設，七月初一開館，總理為汪穰卿，執筆新會梁啟超，所陳通變議，頗洽時政，誠此時之要務。」①「（光緒二十三年十一月十四日，1897年12月7日）靜兒借到《時務報》四十五、六兩冊，燒燭觀之。其謂中朝不能驟更新法，雜亂無章，恐遲不達，則世界早變，奈何！」②顯示父子二人對國家時政的關心以及對世變的深刻感受。在那樣一個充滿了變動和顛覆的時代，年輕的王國維表現出一種矛盾的苦悶。考試、做官絕非他的志趣，但是那個時代中，這仍是讀書人最重要的出路；可是國家在遭逢諸多前所未有的衝擊的同時，可以預見未來在政治制度、社會風氣、文化思想等方面均將有一番變局，而這個改變，要走向何方？有志之士，均在思索這個問題。王乃譽在致族叔的信中，已經提到了王國維的矛盾，他說：「大兒（按：指王國維）

---

① 袁英光、劉寅生：《王國維年譜長編》（天津：天津人民出版社，1996年10月），頁11。

② 劉烜：《王國維評傳》（南昌：百花洲文藝出版社，1996年12月），頁9。

館於同城陳汝楨、沈冠英家，以其性訥鈍，好談時務，嗜古籍
而不喜於帖括，……以期通達中西要務以自立。」③而王國維
自己則明白表達對「新學」的嚮往：「未幾而有甲午之役，始
知世尚有所謂新學者。家貧不能以貲供遊學，居恆怏怏。」④
就在這樣的矛盾中，王國維雖多次參加科考，卻一直未能得
第。王乃譽雖然失望，但是對於兒子的志趣頗能理解。

光緒二十四年（1898），王國維的同學許默齋原在上海
《時務報》擔任書記，因事返家，乃請王國維代任其事。王國
維在父親的陪同下，至上海就任。《時務報》是當時變法派所
主持的報刊，是由黃遵憲、汪康年等人集資興辦，梁啟超擔任
主筆，宣傳變法改革之事務。王國維在報館的工作位階很低，
事務繁重，而薪資微薄。他所以會接受這個工作，應是與他長
久以來期望參與新事務有關。

從現有的資料看來，王國維對於新事務是充滿探求的欲
望。他在到《時務報》不久，即想轉至翻譯西文的報館工作，
因為「以各高才薈萃之地，數月後或可大進」⑤，但因其父認
為初入館工作，不應隨意離開而作罷。但王國維此舉，已表示
他十分明白要能真正的接觸新事務，非得通外文不可。剛好羅
振玉為培養翻譯農學書籍的人才，在上海新馬路之梅福里設立
「東文學社」教授日文，聘請日人藤田豐八為教席。王國維在
徵得《時務報》經理汪康年同意後，以午後之三小時前往「東

⑶ 同前註。
⑷ 同前註。
⑸ 袁英光、劉寅生：《王國維年譜長編》，頁13引王國維致父書。

文學社」學習日文。這個學習的機會,為王國維開啟了瞭解東
西洋新事務的窗口,而且深刻的影響了他日後的學術事業。

　　由於報社的事務實在太忙,王國維除至學社求學的時間之
外,幾乎完全沒有時間複習所學習的新語文,致使他在甄別測
驗時成績不佳,但是「東文學社」創辦人羅振玉在偶然間看到
王國維在同學扇面所題七言詠史詩,其中有「千秋壯觀君知
否,黑海西頭望大秦」之句,認為他胸臆不凡,仍許其留社繼
續學習。另一方面,王國維的日文教師藤田豐八⑥,也十分欣
賞他的能力,而頗多關照。京都大學狩野直喜曾回憶道:「我
初次聽到他(按:指王國維)是很早以前的事了。大概明治三
十四年(按:光緒二十七年,西元1901年)左右,我到中國
留學,在上海淹留的時侯,我的友人藤田博士正好在羅叔蘊總
理的「東文學社」任教。……藤田博士說他教的學生裏有某
生,頭腦極明晰,善讀日本文,英語程度也很高,而且對研究
西洋哲學有興趣,他的前途真是引人注目。……藤田博士給某
生極高的評價,說了一大堆推賞他的話。……這位某生,就是
王靜安君。」⑦可知藤田氏深具慧眼,很早便能看出王國維的

---

⑥　藤田豐八(1869-1929),號劍峰,1895年畢業於東京帝國大學文
　　科大學漢學科,與狩野直喜同學,1897年至中國任上海農學報主
　　筆,1898年與羅振玉合作成立「東文學社」。曾於1928年任臺北
　　帝國大學(臺大前身)教授兼文政學部長,留臺約四個月。有關
　　藤田氏詳細生平請參考何培齊:《王國維對京都學派的影響》(臺
　　北:文化大學史研所碩士論文,1997年),頁77-78,第4章第2
　　節〈王國維與藤田豐八的論學〉。
⑦　狩野直喜撰,濱田麻矢譯:〈回憶王靜安君〉,收於陳平原、王
　　楓:《追憶王國維》(北京:中國廣播電視出版社,1997年),頁
　　341-342。

才能,而深寄期望。

　　由於外在政治環境與內部人事問題均十分複雜,《時務報》一直處在不穩定的狀態。不久,變法派政變失敗,康、梁逃亡海外,六君子赴難,《時務報》停辦。王國維生計頓失依靠,羅振玉即使其擔任「東文學社」庶務工作,並免繳學費,繼續學習。此時「東文學社」之規模已較前為大,故增聘日人田岡左代治為助教,社中課程除日文之外,又增加數學、物理、化學、英文等科目,全部由藤田及田岡氏教授。王國維則在私下從二師學習西方哲學及文學。這樣的學習經歷,對王國維未來的學術成就與事業而言,是極為重要的。因為如此的接觸西方,較當時的許多知識分子更為全面,他所見識到的,不是西洋物質文明發達的表象,而是促成這種發達的思想文化背景。他一方面在其中學習了新的思考方法去處理傳統學術問題;另一方面,他更深刻地了解到要改變中國,不能只靠變法、革命,而是要從教育做起,才能成功。關於王國維在研究方法的開創與整合方面的成就,包括了他的《紅夢樓》批評、詞話、戲曲史研究以及上古史、古文字、古地理的研究;至於他「教育救國」的理念,則貫串了他一生的工作和對政治的批評。由此可知,這段時間的學習與經歷,開拓了王國維的眼界,也激發了他在埋首塲屋之業時未曾展現的潛力,為他一生的事業奠定了重要的基礎。

　　光緒二十六年(1900)庚子事變爆發,「東文學社」被迫提早結業,至此時,王國維學習日文已有二年半的時間,學習英文也已一年半,有意出洋留學,徵求其父意見,未能見准,

至光緒二十八年（1902）二月，才在羅振玉的資助下，由藤田豐八介紹至東京物理學校留學，以白天學英文，夜間習數學。這是他學習多年日文後第一次出國，自然是期待能有所作為，可惜在東京只學習了四五個月，就因病返國，後隨羅振玉至南海公學東文學堂任職。這次留學的經驗雖然並不完美，可是讓王國維對自己有更清楚的認識。他在〈三十自序〉中回憶這段經歷道：「留東京四五月而病作，遂以是夏歸國。自是而後，遂為獨學之時代。體素羸弱，性復憂鬱，人生之問題，日往復于胸臆，自是決計從事于哲學的研究。」⑧至此，他澈底的擺脫了科舉的包袱，也突破了傳統士人的讀書格局，走出一條適合自己性情與興趣的路。

　　王國維自留學歸國後，其工作與生活一直受到羅振玉的照顧。先後隨羅振玉編輯《教育世界》（1901-1908）、任職南洋公學（1902）、執教江蘇師範學堂（1904-1905）、任職學部（1907-1911）、編刊《國學叢刊》（1911），兩人在長期的合作過程中，建立了深厚的友誼。羅振玉在當時是一個交遊廣闊、手腕靈活的名人，因著羅氏的關係，王國維維持家庭的經濟壓力可以得到抒解，也能認識許多學界優秀的人物而與之交遊，同樣是一大收穫。例如他在北京學部任職時，因羅氏之介而認識柯紹忞、吳昌綬及繆荃孫，柯氏精於元史，繆氏、吳氏均精於版刻目錄之學，日後均為王國維論學之良友。此外，伯希和

---

⑧ 王國維：《王國維文集》（北京：燕山出版社，1997年），頁469。

在宣統元年（1909）結束敦煌考古，取道北京返國之際，結識羅振玉，遂以行篋中所有之唐人寫本及石刻示之，羅氏驚為奇寶，商請允許攝影十餘種。伯希和並告訴羅氏，敦煌石室中尚有卷軸約八千餘軸，應及早妥善保存。羅氏以此次所攝得之文獻與王國維等諸友共同研賞，成為當時我國最早接觸這批珍貴資料的學者。其後羅氏積極進行敦煌劫餘文獻的保存，將它們運至北京學部貯存。日本京都大學漢學家內藤虎次郎、狩野直喜、小川琢治、富岡謙藏等人聞訊，特於宣統二年（1910）來北京調查，內藤氏與狩野氏和羅振玉為舊識，與王國維則是初識，其中狩野氏正在從事中國戲曲的教學與研究，與當時同樣投入戲曲研究的王國維有相當密切而良好的學術交流。⑨這些特殊的機會，固然對王國維的交遊和學術研究有相當的幫助⑩，但是長期的與羅振玉同進退的行事態度，卻也為他後半生帶來了重大的改變。

三、初至京都

宣統三年（1911）武昌革命事起，且發展快速，在北京官曹中人對情勢所知有限，普遍懷有很深的疑懼。尤其是京曹中的南方人，唯恐再次發生如庚子事變的情況，紛紛打算南歸返

---

⑨ 狩野直喜撰，濱田麻矢譯：〈回憶王靜安君〉，《追憶王國維》，頁342。
⑩ 例如對西域簡冊、敦煌文獻的研究，羅、王二人是我國最早的先驅和權威；而狩野直喜在北京與王國維對談之後，便對王氏學問大為欣賞，回到日本仍稱賞不置。

鄉以避亂。由於陸路不靖，眾人便思由海路至上海，因此在天
津等船的人家有數百戶之多，且票價高昂而一位難求。當時羅
振玉一家和王國維、董康、劉大紳數家在天津十分著急，恰好
日本西本願寺主大谷光瑞派人向羅氏致意，歡迎他們到京都暫
避，並願為他們安排住處。⑪但是羅振玉與大谷並不相識，對
他的邀請尚在猶豫之間，京都大學內藤虎次郎、狩野直喜、富
岡謙藏等人亦來函促一行人前往海東，同時許諾羅氏可將書籍
寄存京都大學圖書館。如此安排，解決了羅氏藏書的安置問
題，於是羅氏便商之於藤田豐八，請他先至京都代為安排。
羅、王一行人於當年十一月中自天津出發，十一月底至神戶，
藤田等人迎之，隨即前往京都，暫住田中村，開始了一段寄居
歲月。⑫

　　王國維一家初至日本時是和羅振玉家同住在京都大學附近
的田中村，但屋狹人眾，生活諸節多有不便，王國維乃於一九
一二年一月間另貸屋居住，地點在田中村的「百萬遍」附近

---

⑪ 羅振玉：〈集蓼編〉，《追憶王國維》，頁23。

⑫ 本段敘述取材自劉蕙孫：〈我所了解的王靜安先生〉，《王國維學
術研究論集》第3輯（上海：華東師範大學出版社，1990年），
頁459-460；何培齊：《王國維對京都學派的影響》（臺北：文化
大學史研所碩士論文，1997年），頁177-178。

⑬ 根據劉蕙孫的說法，「百萬遍」的地名由來是：「『百萬遍』是南
禪寺的一方石碑，內容是南禪寺的開山歷史。寺址本來是一處武
家的別業，附近有老僧領著徒弟在結茅。武士開玩笑的說：『你
要能唸完一百萬遍《妙法蓮華經》，就將別墅布施給你建寺。』和
尚認了真，一代代唸下去，一代代向武士家匯報。幾代之後終於
誦完百萬遍，武士的後代將房子布施建寺。」見劉蕙孫：〈我所
了解的王靜安先生〉，頁464。

（參見附圖）。⑬

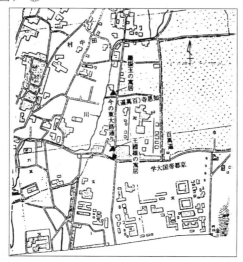

大正二年京都市街全圖⑭

　　由於羅氏的圖書寄存在京大圖書館，王國維和羅振玉兩人
便每天到京大整理圖書，羅氏覺得如此往返奔波甚是不便，乃
藉藤田豐八的名義，在淨土寺町購買了四百坪的土地，計劃建
造一幢寬敞的宅邸及書庫，好把書籍運回庋藏。羅氏將其宅名
為「永慕園」，題其書庫曰「大雲書庫」。⑮這座宅邸大約在一

---

⑭ 圖版取自錢鷗：〈京都における羅振玉と王國維の寓居〉，《中國
　文學報》第47冊（1993年10月），頁161。圖中所示「羅振玉の
　寓居」為羅、王初至日本在田中村的住所，「王國維の寓居」即
　是王家1912年遷居之處。

⑮ 「永慕」典出顏之推〈觀我生賦〉中「與神鼎而偕沒，切仙宮之
　永慕」句；羅振玉藏有一部北朝初年寫本《大雲無想經》，甚保重
　之，故以「大雲」為書庫之名。

九一三年一、二月左右落成，羅振玉隨即安排移書事宜。一九
一三年四月，王國維二度遷居，搬到京都吉田町神樂岡八番
地。據觀堂自己說，此地距羅家很近，搬到這裏，一方面彼此
可以有照應，另一方面到羅家幫忙整理書或借閱書籍都比較方
便。劉蕙孫回憶道：「當時靜安先生同上班似的，每天都去永
慕園。」⑯「永慕園」之地雖是借藤田之名購買，但的確是羅
氏的私宅，一直到一九一九年六月返國為止，他都住在這裏。
這裏有號稱五十萬卷的豐富藏書，羅氏與王國維居日期間在
「永慕園」合作完成了許多重要的學術著作。例如《流沙墜簡
考釋》、《齊魯封泥集存》、《殷虛書契前編》等，均是利用
「大雲書庫」藏書的研究成果。同時，京都大學的漢學家如狩
野直喜、富岡謙藏、小川琢治、梅原末治等人也時常出入其
間，聚會論學，「永慕園」當時儼然成為京都大學東洋學者的
漢學「沙龍」。⑰

　　與羅振玉相較，王國維一直都是缺乏營生的資財與企圖。
隨著羅家一同遷到日本之後，原本就不寬裕的生活益形窘困。
據羅守巽〈回憶王觀堂及其一家〉所述，當時王氏一家有四個
孩子、兩個僕從加上觀堂夫婦，計有八口，在沒有工作的情況
下，只能倚靠微薄的積蓄撐持。⑱至日本之初，王家是與羅家
共居一處，不但生活上有所不便，增加羅振玉的負擔，也使王

⑯ 見劉蕙孫：〈我所了解的王靜安先生〉，頁465。
⑰ 見〈京都における羅振玉と王國維の寓居〉，《中國文學報》第
　 47冊（1993年10月），頁163。
⑱ 羅守巽為羅振玉侄兒，文中所述乃轉引自陳鴻祥：《王國維年譜》
　 （濟南：齊魯書社，1991年），頁150。

國維心有不安，乃於一九一二年遷出另住。如此所有的生活日用都要自行打理，開銷漸多。他在一九一二年二月十一日給繆荃孫的信中說：「此間生活唯米價頗貴，其餘略同中國。維在北京月用約需百金，在此撙節，每月約七十元已足，唯衣服費不在內耳。」⑲在坐吃山空的隱憂下，王國維必須想辦法增加收入。一九一三年日本人一宮主辦「盛京日報」社，邀王國維於日報中撰寫札記，月致稿酬三十元。可是寫了一段時間，稿酬卻經常不能按時致送，於是便與該報解約。一九一四年春天，羅振玉打算續辦《國學叢刊》⑳，除繼續編刊古籍之外，也刊布新著。羅氏請靜安擔任主編，每月致送二百元為酬勞。這對王國維的幫助甚大，不但可抒解其生計之困，也讓王國維的著作有發表之處。此外，王國維在日本期間似乎也為國內的出版社提供譯稿或著作，以賺取稿酬。例如其名著《宋元戲曲史》即是交商務印書館出版，他在一九一三年一月五日致繆荃孫的信中提到：「近為商務印書館作《宋元戲曲史》，將近脫稿，共分十六章。潤筆每千字三元，共五萬餘字，不過得二百元。」又如一九一四年所譯日本磯谷幸次郎《法學通論》，亦是交商務印書館於是年二月出版。由上述諸事，可看到王國維在日本辛苦維持生計的情形。

---

⑲ 見《王國維全集──書信》（北京：中華書局，1984年），頁25。

⑳《國學叢刊》原於宣統三年（1911）創立於北京，由羅振玉出資興辦，王國維撰發刊詞，出版內容以編刊中國古籍為主，不久因革命事起，羅氏出避日本而停刊。

四、治學方向的轉變

　　王國維是一個非常純粹的讀書人。他藉著讀書反省自己的生命，藉著寫作抒發懷抱、表達意見，因此，他的讀書歷程是和生命發展密切相關的。當他在國族危亡、生命困頓之時接觸了哲學，花了七八年的時間潛心研究，為的不只是客觀的知識，而是希望用哲學解決「人生之問題，日往復于胸臆」的難題。三十歲以後，他了解自己的質性是「欲為哲學家則感情苦多，而知力苦寡；欲為詩人則又苦感情寡而理性多」[21]，「情知兼勝」的生命特質，讓他又陷入了「可愛者不可信，可信者不可愛」的矛盾。他放棄繼續研究「可信而不可愛」的哲學，轉而用力於文學的研究和創作。如此轉變的原因，他自己說：「近年嗜好之移于文學，亦有由焉，則填詞之成功是也。」[22]他還相當自負地認為：「余之於詞，雖所作尚不及百闋，然自南宋以後，除一二人之外，尚未有能及余者。」[23]我們可以由此看出，他是藉著讀書與研究，找到對自己的肯定。因此，他的詞作、詞話均以「人間」為名，正可見他用文學來思量人生的用意。一九一二年清朝覆亡，這是中國自十九世紀下半期以來最大的變局，而隨著羅振玉遠避日本，作一個流亡異國的人，更是王國維一生中最大的改變。就在這諸事倉皇傯傯之

---

[21] 王國維：〈自序〉，《王國維文集》，頁471。

[22] 王國維：〈自序〉，頁472。

[23] 同前註。

際，王國維決定改變讀書和研究的方向。

首先，他將進行已久的戲曲研究告一段落，在已有的成果上，集結整理成《宋元戲曲史》。㉔這部書可以說是王國維研究文學的最後一部著作，卻是他文學研究著作中影響最大的一部。㉕此後便將心力專注於經史古文字的研究。對於為學方向的轉變，王國維並沒有提出過清楚的說明，倒是羅振玉在為靜安所作的〈海寧王忠愨公傳〉中說：「及辛亥國變，予掛冠神武，避地東渡，公攜家相從，寓日本京都，是時予交公十四年矣。……至是予乃勸公專研國學，而先於小學訓詁植其基，並與論學術得失，謂尼山之學在信古，今人則信今而疑古。……方今世論益歧，三千年之教澤不絕如線，非矯枉不能反經。士生今日，萬事無可為，欲拯此橫流，舍反經信古莫由也。公年方壯，予亦未至衰暮，守先待後，期與子共勉之。公聞而懼然自愧以前所學未醇，取行篋《靜安文集》百餘冊，悉摧燒之，欲北面稱弟子，予以東原之于段茂堂者謝之。其遷善徙義之勇如此。」㉖似乎將王國維由文學轉向經史文字研究，歸因於他

㉔ 在《宋元戲曲史》之前，王國維已有《曲錄》（1908 年）、《戲曲考源》（1909 年）、《錄鬼簿校注》（1909 年）、《優語錄》（1909年）、《唐宋大曲考》（1909 年）、《錄曲餘談》（1910 年）、《古劇角色考》（1911 年）、《曲調源流表》（已佚）等研究論著，分別發表於《國粹學報》和《國學叢刊》。

㉕ 郭沫若說：「王先生的《宋元戲曲史》和魯迅先生的《中國小說史略》，毫無疑問，是中國文藝研究上的雙璧；不僅是拓荒的工作，前無古人，而且是權威的成就，一直領導著百萬的後學。」見郭沫若：〈魯迅和王國維〉，《郭沫若文集》卷 12，頁536。

㉖ 羅振玉：〈海寧王忠愨公傳〉，《王國維文集》，頁8-9。

的勸誘。這一點，歷來研究王國維學術生平的學者，多有不同的意見。有人認為這是羅振玉在觀堂去世，死無對證下不負責任的說法㉗，也有人認為客觀環境的改變和羅氏的勸勉都是原因，而王國維在家國遭變、流亡海外之時，身心之矛盾痛苦前所未有，故研究古代文物得以遠離現實人生，亦為靜安尋求解脫之一法。㉘而葉嘉瑩先生在《王國維及其文學批評》中綜合分析靜安人格特質、為學經歷、時代影響及其學術理想，認為促成他此次治學之重大轉變，有以下幾個因素：(1)求真求實之天性，(2)新出土資料之吸引，(3)時局的刺激，(4)學術用世的理想。靜安性格沈靜好學，且有積極的求知欲，我們在前文中已略有述及，葉先生所提出的(3)、(4)兩項原因，個人覺得較以往學者的分析更為深入，值得加以介紹。葉先生認為近代中國知識分子在面對西方的挑戰時，曾經有一段時間是積極傾向於學習西方以改變中國，從「洋務運動」、「立憲變法」乃至於「辛亥革命」，正是一次又一次的嘗試。可是從十九世紀末走到二十世紀初，中國固有的傳統逐步被摧毀，而新的觀念、制度

㉗ 如史達所撰〈王靜庵先生致死的真因〉一文，便認為羅振玉只不過是個「假借學問虛名來騙人的大滑頭」，王國維不幸被羅氏所利用，成為羅氏成名的工具。見史達：〈王靜庵先生致死的真因〉，《追憶王國維》，頁63-64。

㉘ 如劉寅生、袁英光所編《王國維年譜長編》在1912年下云：「先生研究學問之興趣，由哲學之嗜好轉向文學，又自文學而經史考據，雖因環境使然以及受羅振玉影響，但也不是盡屬被動，其內心或以為研究歷史，特別是搞考據，其對象為古文字古器物、古代歷史事實等，均遠離現實人生，也是一種解脫方法，故主觀上也願從事于此。」（頁79）

並沒有真正的柒根建立,從君主專制到民主共和,也許所改變的只是名號,「中國總是此中國,人民總是此人民,雖有聖者亦無可為計」。㉙如此的失望與迷惑,困擾著許多當年鼓吹「新學」,熱衷「變革」的知識分子。有許多人從進步轉為保守,甚至企圖恢復帝制以遏亂局。王國維認為當時的混亂,實肇因於中國一意追求西化之失。而他在接觸西方思想文化時,也認識到西方文明其實亦有其缺點與限制,並不值得全般仿效。因此乃轉而想要從中國古史之得失成敗的借鑑中,為中國另外尋找出一條可以遵循取法的途徑來。㉚這個想法在他的〈陳時政疏〉中有明白的表示:「原西說之所以風靡一世者,以其國家之富強也。然自歐戰以後,歐洲諸強國情見勢絀,道德墮落,本業衰微,貨幣低降,物價騰湧,工業之鬥爭日烈,危險之思想日多。……而中國此十餘年中,綱紀掃地,爭奪頻仍,財政窮蹙,國幾不國者,其源亦半出於此。」㉛我們再對照靜安在日本的讀書歷程:他是先從《三禮》入手,再運用甲骨金文上溯商周,尤重其制度之探究,便更可以明瞭其治學轉變之用心,實有深刻的反省與自覺於其中。我們如果了解王國維如此的思想演變過程,那麼,他的日本友人岡崎文夫所說:「中國文化對真摯的中國人有吸引力,而深入此精神的人,大

㉙ 王國維:〈致羅振玉書〉(1916 年 3 月 30 日),《王國維全集——書信》,頁61。

㉚ 葉嘉瑩:《王國維及其文學批評》(臺北:桂冠圖書公司,1992年),頁25-57。

㉛ 錢基博:《現代中國文學史》(臺北:明倫書局,1971 年),頁276。

概不堪當今中國的亂象吧！」㉜或許真的可以作為靜安「五十之年，只欠一死，經此世變，義無再辱」的註腳吧！

五、投身新的研究領域

　　王國維在他三十歲所寫的〈自序〉中曾提到：他在幼時讀書不喜《十三經注疏》。㉝至於是什麼原因，他沒有說過。只是以我們所了解的青年時期的王國維，不屑科舉功名，熱衷新學，且富才情，不喜歡嚴肅枯燥的《十三經注疏》似乎可以理解。可是在他經過了現實生活的磨鍊，目睹了中國的劇烈變化，以流亡者的身分踏上日本，所積極進行的，卻是詳讀《十三經注疏》。他自一九一三年三月十六日開始點讀《周禮注疏》，至四月二十四日完成；五月二十六日至七月十二日讀《儀禮注疏》；九月二十二日至十一月二十一日讀《禮記注疏》。他不但細心點閱，並且還加批跋。例如他在《周禮注疏》後跋云：「此時注意于疏，而于經注反覺茫然。」跋《禮記注疏》云：「沖遠此疏，除大典制尚存魏晉六朝古說外，可取殊少，其敷衍經旨處，乃類高頭講章，令人生厭，不及賈氏二《禮》疏遠甚，若去甚蕪穢，存其菁英，亦經義得失之林也。」我們從他讀《十三經》的入手處及其跋語中所注意的部分，可以看出他讀經著重在其典章制度，而且不喜煩瑣複雜的經疏。他於點讀《三禮》的同時，也在讀《說文解字》以及甲骨、金

㉜ 岡崎文夫：〈懷念王徵君〉，《追憶王國維》，頁371。
㉝ 王國維：〈自序〉，《王國維文集》，頁468。

文。我們從他在一九一三年四月所作的〈明堂廟制通考〉中，可以看到主要使用的資料就是他正在研讀的上述諸書。㉞這樣的事實說明了靜安治學的企圖心十分強烈，當然，也讓我們對他的天份和穎悟由衷敬佩。

除了自己的研經和寫作之外，靜安也花了相當多的時間幫助羅振玉整理有關甲骨文和西域及敦煌文獻。羅振玉是清末繼孫詒讓之後的少數甲骨文專家之一。他曾經協助劉鶚校印《鐵雲藏龜》，這是我國甲骨文著錄之始。劉鶚去世之後，所藏甲骨版片也有相當數量為羅氏所購藏，而羅氏也在光緒三十三年（1907）開始殷墟書契的研究，於宣統二年（1910）撰成《殷商貞卜文字考》一卷。本書有兩個重要的成就：一是首開甲骨文的分類研究，二是考定甲骨出土之地為殷武乙的故墟，其卜辭為王室的遺物。尤其他確定了甲骨文出土的地點，為殷周歷史的研究提供可靠的地理根據，成為甲骨文研究的重要基礎。在甲骨文研究方面，王國維真正的起步是在日本開始的。羅振玉「大雲書庫」藏書豐富，而甲骨吉金文字的資料也甚多，羅氏有意在《殷商貞卜文字考》的基礎上再進行研究，於是便找王國維合作，靜安也就由此逐漸開始甲骨文的研究。

研究王國維學術的學者都可以發現，他研究某種學問的步驟，是從通覽基本文獻開始，因此編製目錄或輯集文獻往往是最初的工作。例如他研究詞，即有《唐五代二十一家詞輯》；研究戲曲，便有《曲錄》。這種掌握根本、第一手資料的做

㉞ 王國維：〈明堂廟制通考〉，《觀堂集林》（北京：中華書局，1991年），第1冊，頁123-144。

法，讓他能夠明辨學術源流、了解問題之所在，所以他才能在接下來的研究工作中不斷的發現問題，解決問題，而這些問題有許多或是為人所忽略、或是聚訟不清，都在他旁通博證之下得以解決，這除了是由於他捷悟的天份外，篤實的工夫才是最重要的原因。他既已立志研究古學，那麼前述他詳讀《十三經》及《說文解字》都是為了研究古代學術而作的準備。一九一四年六月，他編成《宋代金文著錄表》，並同時進行《國朝金文著錄表》，同年九月成書六卷。這兩部金文文獻目錄，是當時最完備的一份資料，也是他由《說文》而金文，再進入甲骨研究領域的重要基礎。接下來，羅振玉的《殷虛書契考釋》於一九一五年一月完成，王國維為這部書稿工筆校寫，並為撰前後序各一以附之。在此時，王國維接觸甲骨研究雖不比羅振玉久，但已能提供許多寶貴的參考意見。例如著名的「王亥」之例。羅振玉在辨讀甲文時發現了「王亥」之名，但不知其為何人，王國維根據《山海經》、《竹書紀年》等書的記載，推定「王亥」為殷人之先公。㊱這個發現對於研究殷代君王世系十分重要，不但羅振玉將它採入書中，其後則影響了日本學者內藤虎次郎撰寫〈王亥〉論文專論之，而王國維之名著〈殷虛卜

㊱ 王國維《殷卜辭中所見先公先王考・序》：「甲寅歲莫（筆者按：1914年），上虞羅叔言參事撰《殷虛書契考釋》，始於卜辭中發見『王亥』之名。嗣余讀《山海經》、《竹書紀年》，乃知『王亥』為殷之先公。并與《世本・作篇》之『胲』、《楚辭・天問》之『該』、《呂氏春秋》之『王冰』、《史記・殷本紀》及〈三代世表〉之『振』、《漢書・古今人表》之『垓』實係一人。」見氏著：《觀堂集林》，頁409。

辭中所見先王先公考〉，更是以這次經驗為基礎所編寫。由此
可見王國維篤實的為學工夫，讓他在新的研究領域出手即是不
凡。

由於羅氏這部書中採用了不少王國維的意見，加上是由靜
安所校寫，又為書作前後序，因此便有人認為羅氏這部書根本
就是王國維的著作，羅振玉占為己有，所以一切的成就應歸於
靜安。[36]如此的看法，當是「因人廢言」的成分居多。甲骨學
權威董作賓先生曾仔細較論，認為此書雖有王國維的意見在其
中，但為羅氏手筆應無疑義。[37]在這部書中王國維所擔任的應
是輔助的工作，他發表自己的研究成果，則是在此書完成之
後。

一九一五年五月，靜安撰成《三代地理小記》，發表於在
京都復刊的《國學叢刊》第十一卷。是書綜合先秦經籍及金
文、甲骨文的記載，討論殷商遷都、殷商地名、古諸侯稱王、

---

[36] 例如傅斯年於〈殷曆譜序〉曾說：「此書題羅振玉撰，實王氏之
　作，羅以五百元酬之，王更作一序，稱之上天，實自負也。羅氏
　老賊於《南北史》、《兩唐書》甚習，故考證碑志每有見地，若夫
　古文字學固懵然無知。王氏卒後，古器大出，羅竟擱筆，其偶輯
　大令尊，不逮初學，於是形態畢露矣！亦可笑也。」轉引自王德
　毅：《王國維年譜》（臺北：中國學術著作獎助委員會，1967
　年），頁127。

[37] 董作賓在《甲骨學五十年》中說：「羅氏所釋各字中，有新穎可
　喜而足以訂正《說文》之誤的很多。……書中引用王國維之說
　處，均有『王氏國維曰』字樣，如考唐、土、季、王亥、王互、
　上甲六條，……間有附己見的，則加『玉案』。這足證《考釋》一
　書為羅氏自撰，謂為『王氏之作』，近誣。」轉引自王德毅：《王
　國維年譜》，頁128。

周天子行幸征伐及秦之崛起經略諸事㊳，與羅氏二部甲骨文字
考釋之書，皆為我國以出土甲骨為史料研究殷商史事的重要開
創性著作。而王國維從此對這一領域持續精深的研究，建立了
甲骨學的體系與學術地位，對於上古史的研究有極大的貢獻。
這個工作在文化的意義上，則是將中國上古文明的情況更清楚
的呈現出來，對當時逐漸發展的疑古風氣，有其明正視聽的作
用。

　　至於在敦煌文獻的研究上，羅、王兩人幾乎是同時開始接
觸。一九○九年伯希和到北京，向羅、王等人展示他從敦煌所
劫取的文獻，是他們第一次見到這批文物。其後羅振玉接到伯
希和所寄的千佛洞古寫本卷軸影片，乃積極展開校印的工作。
不久藤田豐八又寄來英倫地學協會雜誌，其中有斯坦因遊歷中
亞細亞演說，於是羅氏請靜安將斯坦因演講稿翻譯出來，合併
日本雜誌登載的德人第二次遊歷土耳其斯坦報告，以《流沙訪
古記》之名，作為他所校印《敦煌石室遺書》的附錄。此後
羅、王兩人的學術工作中，敦煌遺書的研究一直是很重要的部
分。一九一二年王國維撰成《簡牘檢署考》一卷，是利用斯坦
因所得書牘，結合經史相關記載，考訂古代簡策制度。文中論
及簡策長短之別、書寫工具、編綴材料等項目，其可貴處在將

㊳《三代地理小記》本有十篇，為〈說自契至於成湯八遷〉、〈說
　　商〉、〈說亳〉、〈說耿〉、〈說殷〉、〈殷虛卜辭中所見地名考〉、
　　〈周時天子行幸征伐考〉、〈古諸侯稱王考〉、〈秦都邑考〉、〈鬼
　　方昆夷玁狁鬠字音之變〉，後取六篇收入《觀堂集林》。見洪國樑：
　　《王國維著述編年提要》（臺北：大安出版社，1989年），頁37-
　　39。

記載和實物結合，故其論證更加可信。日本學者鈴木虎雄曾將此文譯成日文，發表在《藝文》雜誌。王國維居留日本時期最大部頭的敦煌文獻研究著作，是與羅振玉合作的《流沙墜簡》三卷。這部書的基本資料仍是斯坦因在敦煌附近所發掘的千枚漢簡，以及在尼雅古城和古樓蘭遺址所得的魏晉木簡。這些漢晉簡策，斯坦因交給巴黎法蘭西學院的沙畹教授代為研究。沙畹選其中較完整者九百九十一號，先作釋文，再撰考證附釋文後。這部書於一九一四年出版，沙畹曾郵寄一份初校本給羅振玉，羅氏與王國維展讀之後，發覺其中頗多不妥之處，有重新編撰的必要。二人乃發憤重行分類考訂，自沙畹書九鳥百九十一號資料中選取五百八十八號，分成三類三卷，分任其事。第一卷為「小學術數方技書」，由羅振玉撰作考釋；第二卷為「屯戍叢殘」，由王國維擔任；第三卷為「簡牘遺文」，由羅振玉負責。王國維所作〈屯戍叢殘考釋〉的主要內容在考訂漢至魏晉間西域地名之變遷、漢人屯戍狀況及烽燧制度等，其中頗有新的發現。例如他考訂出「玉門關」的位址在漢武帝時曾有變遷，武帝

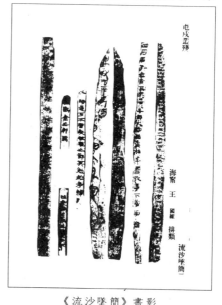

《流沙墜簡》書影

太初二年之前在敦煌之東的酒泉郡玉門縣，太初二年以後，李廣利克大宛，乃徙至敦煌之西。又如他根據斯坦因所記發現簡策的位置，繪製圖表，以明屯戍位置及烽燧次第。這些都是非常精細而有創見的成果，是了解漢晉時期西域史地非常重要的基礎。王國維十分重視這部書的學術價值，他在同年七月十七日致繆荃孫的信中說：「歲首與蘊公同考釋《流沙墜簡》，并自行寫定，殆盡三四月之力為之。此事關係漢代史事極大，并現存之漢碑數十通亦不足以比之。東人不知，乃惜其中少古書，豈知紀史籍所不紀之事，更比古書為可貴乎。《考釋》雖草草具稿，自謂於地理上裨益最多，其餘關乎制度名物者亦頗有創獲，使竹汀先生輩操觚，恐亦不過如是。」㊳可見他對於自己工作的成果是相當得意的。

六、與日本學者的論學

　　與羅振玉、王國維往來密切的京都大學漢學家，在近代日本中國學研究譜系上，是屬於「實證主義學派」。㊵此一學派研究中國學的態度與方法有兩個特點：一是十分重視客觀事實的分析研究，也就是對文獻採取排比整理、嚴密考訂的實證研究，藉著所呈現的客觀事實以討論其在文化、社會上的意義與作用。二是他們的「實證」，不只是研究方法，還包括研究者

㊳《王國維全集——書信》，頁40。
㊵ 有關近代日本中國學不同的學派分別，請參考嚴紹璗：《日本中國學史》（南昌：江西人民出版社，1993 年），頁372-474。

對中國文化的親身體驗。因此,京都大學的學者與中國學者之間來往非常密切。例如藤田豐八久居中國,雖是擔任教席,但藉此也結識許多中國學者,成為當時中日學術交流之重要中介。而內藤虎次郎則是在甲骨文出土之後,即於光緒二十八年(1902)在劉鶚家中親見甲骨版片,是最早見到甲骨的日本學者。[41] 其後宣統二年(1910)內藤氏又與狩野直喜、小川琢治專程在華北滯留五十餘日,追蹤斯坦因、伯希和劫餘的敦煌文獻。這種對第一手學術資料的熱忱,正表現出京都實證學派的學術特色。羅振玉和王國維兩人的治學領域和方法,同樣也是重視實證分析,與京都學者十分相近,因此在京都期間與日本學者之間多有論學往來,對京都學者之漢學研究有相當程度的影響。

例如前述王國維研究甲骨文之初,在協助羅振玉編輯《殷虛書契考釋》時,對於羅振玉在甲骨卜辭中見到「王亥」之名卻苦無頭緒的問題,提出關鍵性的意見,羅氏將靜安意見載入《殷虛書契考釋後編》。同時,王國維也曾將此意見告訴當時也在研究甲骨文的內藤虎次郎,內藤初聞尚不能明其究竟,在仔細尋繹之後,發現此一意見十分寶貴,乃依著王國維提供的線

---

[41] 內藤虎次郎(1866-1932),字炳卿,號湖南。1885 年畢業於秋田師範學校,1887 年開始任記者,1897 年曾至臺灣,擔任《臺灣日報》主筆;1907 年京都帝國大學文科大學學長狩野亨吉聘他擔任講師,主講東洋史;1909 年晉升為教授,主持東洋史第一講座,講授中國上古史、中國中古文化、中國近世史、清史、中國史學史;1934 年因胃癌過世。內藤氏對中國歷史的解說有一套稱為「中國史三分法」的「假說」,以解釋中國歷史演變的歷程。請參考嚴紹璗:《日本中國學史》,頁387-398。

索於一九一六年發表〈王亥〉一文，並在序文中說：「羅叔言
氏的《殷虛書契考釋》中指出『王亥』之名的地方有二。一記
祭王亥用四十牛，一是燎（貞）祭時用牲之紀錄者。足知均是
殷人所祭祀的祖先中，重要的人。王靜安嘗就此語余曰：『此
即《史記‧殷本紀》中可見的"振"及《竹書紀年》中所見的
"殷侯子亥"，《呂氏春秋》中所見的"王冰"。』我當時未遑
問靜安此說之詳細，其後就支那上古史稍稍研究之際，又想起
靜安此說。尋繹之餘，粗得頭緒，試草此篇。但王靜安現已回
滬上，只覺遺憾其不在此以就正之。」⑫對於文章緣起有清楚
的說明。本文發表之時王國維已離日返國，未能及見，至一九
一七年元月應羅振玉函招，再至京都，內藤曾以此文徵詢靜安
的意見。靜安返國之後，再作深入的研究，於二月發表《殷卜
辭中所見先公先王考》，不但加強對「王亥」的論證，更發現
「王恆」一人，為王亥之弟。內藤則在是年八月再發表《續王
亥》介紹王國維《殷卜辭中所見先公先王考》的內容。從這
裡，我們可以看到兩位學者對於學術的熱誠，以及對真理的真
誠，促成了良好的學術交流。這樣的互動，固然可以刺激王國
維向更精深的層面發掘探究，而事實上對內藤湖南的影響可能
更為深遠。內藤湖南原為一位記者，於一九〇六年左右受日本
參謀本部的委託，研究中韓之間的「間島」領土問題，開始接
觸滿洲史、清史、蒙古史，其後於京都大學史學科任教之後，

---

⑫ 內藤虎次郎：〈王亥〉，《藝文》第 7 年第 7 號（大正五年七
月），頁112。轉引自何培齊：《王國維對京都學派的影響》，頁
102。

　　研究興趣逐漸轉向中國上古史，並經由對上古史了解逐漸增多之後，擴而及於探究整個中國歷史發展脈絡，終於完成其「內藤史學」體系。其轉變的關鍵，正是受到羅、王二人來日之後學術交流的影響。這一點，較內藤等人稍晚的京都學者神田喜一郎在《內藤湖南と支那古代史》一文即認為羅王來日，內藤與二人交往密切，尤其是《殷虛書契考釋》的出版，則是直接影響內藤對甲骨文的研究，以及其中國古代史體系之建立。㊸

　　內藤湖南之外，靜安與日本學者論學交流的事例中，和林泰輔對《尚書·洛誥》中「祼」字義及儀節的討論，也是相當著名的。《尚書·洛誥》是記載周公召公營洛既成，成王至洛，命周公留守，周公獻卜、與王問答以及成王冊命周公之典

㊸ 神田喜一郎在文中說：「內藤先生開始是京都帝國大學文科大學講師，即現在的京都大學的東洋史講座，是在明治四十年十月的事，其時先生的興趣是在清朝史，特別是在入關以前的清朝史，研究與此相關的滿蒙或朝鮮的歷史。因此，大學的課程也大體上限於這方面的題目。……可是到大正時，先生的學問開始大的轉變。我認為，那是先生的境遇，從以現代時事問題為主的新聞記者，轉為只埋頭於專為學問研究的大學教授的大轉變之外，在支那所謂辛亥革命起，羅振玉及王國維二人亡命來日，卜居我國京都的淨土寺，先生與這些人日夜親交的結果所致。」又說：「雖然先生的本性中對甲骨文有興趣，但對甲骨文作為支那古代史的資料來利用，仍是在羅振玉王國維等來京都、《殷虛書契》和其《考釋》出版以後的事。《殷虛書契考釋》的出版，是在大正三年的事。翌年，先生在大學開始以『東洋史概說』講授支那上古史，這是先生的支那古史體系的最初本源。」轉引自何培齊：《王國維對京都學派的影響》，頁111-112。此外，內藤湖南認為中國上古史自殷代盤庚前後起才有較可靠的歷史，以及殷商為不同種族、不同文化、不同制度，這兩個觀念都是來自王國維的研究成果。參見嚴紹璗：《日本中國學史》，頁391。

〈與林浩卿博士論洛誥書〉書影

禮諸事。王國維在一九一五年撰〈洛誥箋〉發表於《國學叢刊》上，其用意主要在辨正周公攝政七年之說，不久林泰輔在《東亞研究》五卷九號撰〈讀國學叢刊〉，質疑王國維對《尚書·洛誥》「王賓，殺，禋，咸格，王入太室祼」文中的「王賓」解釋為先王之義不確，並認為「祼」之以酒灌地意在降神，其次序應在禋祀之前，不當如王國維解「祼」之以酒灌地為歆神。王國維隨即撰〈與林浩卿博士論洛誥書〉，根據甲骨文、金文之例解釋「賓」字形義之源，又引《禮記·檀弓》「孔子謂周人殯於西階之上，則猶賓之」及《禮記·雜記》「曾子謂遣奠曰：『父母而賓客之，所以為哀也』」，認為在古代有以死者為「賓」的說法，那麼「殷周間稱先王為王賓亦不足怪也」。又根據先秦經籍及甲骨文記載，說明「祼」不只用在祭

神,也用在賓客之禮,所以以酒灌地不必然是迎神之意,〈洛誥〉文中的「殺、禋」才是降神之意,因為所迎之先祖神靈皆至(咸格),因此以「祼」歆神。⑭其後林泰輔又撰〈關於羅王二氏王賓之答書〉,再論「祼」字有三義,「灌地降神」為第一義,「歆神」為第二義,用於賓客為第三義,認為周中世以後尚多用第一義,不應周初作〈洛誥〉時反用第二義。王國維於一九一六年元月作〈再與林博士論洛誥書〉,認為「祼」字在《詩》《書》等古籍中未必是「灌地」之義,把「祼」解釋為「灌」,是起自鄭玄注《周禮》時,言「祼之言灌」,是不是能「以訓詁字代本字」?實在值得商榷。因為「祼」「灌」二字在形、音、義上都有距離,不可貿然合之為解。⑮王國維在作完答書之後,認為「此事關係殷周禮制至鉅,非可以疑文虛說及一二私見定之」,乃彙集與林泰輔往來論辨諸書為一卷,名為《祼禮搉》,以待各界的討論。在這件事上,我們可以看出雙方立論皆有優劣之處,但貴在能不使氣而平心論之,而王國維不自專自是的作法,也得到日本學者相當的尊敬。

　　以上是就王國維到日本之後,投身新研究領域後,在甲骨文、經籍、古史方面與日本學者討論的例子,反映靜安在讀書研究投入之深,以及其尊重學術,服膺真理的胸襟氣度。此外,王國維還有一項影響日本學者相當深遠的學術研究,那就

---

⑭ 王國維:〈與林浩卿博士論洛誥書〉,《觀堂集林》,第 1 冊,頁 40-44。

⑮ 王國維:〈再與林博士論洛誥書〉,《觀堂集林》,第 1 冊,頁 45-50。

是他的戲曲研究。

　　近代日本漢學的戲曲研究較早的是一八九七年笹川種郎所發表的〈支那小說戲曲史〉及《湯臨川》，其後又有幸田露伴的《元曲選》和森槐南幾篇發表在《漢學》雜誌的文章。這些著作大多只是介紹性質，還談不上研究。一九一〇年狩野直喜在京都帝國大學文科大學開「支那戲曲及小說」的課程，同時在《大阪朝日新聞》及《藝文》雜誌上分別發表〈琵琶行を材料としたる支那戲曲に就いて〉、〈水滸傳と支那戲曲〉，才開始對中國戲曲的取材有較深入的研究。同年八月，狩野直喜一行京都大學教授為敦煌遺書至北京，狩野有機會和王國維就雙方研究戲曲的心得討論交流，使狩野對靜安的學術印象深刻，回國後在課堂上多次提到王國維的研究。其實稍早的時侯，鈴木虎雄已經注意到王國維的戲曲研究著作，於一九一〇年七月在《藝文》雜誌為文〈王氏の曲錄及び戲曲考源〉介紹王國維著作，他自己也在八月發表〈蔣士銓の冬青樹傳奇〉。我們在這裏可以看到，日本的中國戲曲研究在步入進一步發展之時，學者們都注意到了王國維的研究成果，而且將他引介至日本，這是相當有意義的。這一方面是肯定靜安的學術成就，另一方面，在引述參考靜安著作的同時，也必然會受到他的影響。一九一一年王國維寓居日本，許多早聞其名的日本學者得以有機會和他對談交流。而他的戲曲研究的影響也在這樣的情況下逐漸擴大。例如青木正兒在靜安至京都之初即前往拜訪，請教有關戲曲研究之事，雖然因靜安之木訥寡言使得談話氣氛並不熱絡，可是已使青木領教靜安的博學，對青木日後的讀書研究有

相當大的啟發。㊻其後王國維逐漸轉變研究方向，在開始全力
投入之前，將他已經進行有年的戲曲研究做一個總結，而完成
了《宋元戲曲史》這部開創性的著作，更是推動日本的中國戲
曲研究進步的主要動力。青木正兒在其名著《中國近世戲曲史》
的序中說：「中國戲曲之有史，還創始于近年海寧王靜安先生
的名著《宋元戲曲史》，……他的這幾種大著，以及他研究曲
學的精神，不獨喚起了本國學人注意曲學，而且在東瀛也惹起
了不少學者來研究中國戲曲。」㊼鹽谷溫在《中國文學概論講
話》中則說：「王氏游寓京都時，我學界也大受刺激，從狩野
君山博士起，久保天隨學士、鈴木豹軒學士、西村天囚居士、
亡友金井君等都對於斯文造詣極深，或對曲學的研究吐屬卓
學，或競先鞭于名曲府紹介與翻譯，呈萬馬騈鑣而馳騁的盛
觀。」㊽即以鹽谷溫所提到的數人而言，西村天囚在王國維寓
居京都之時，與靜安往來也是頗為密切，後以日文譯《琵琶
記》、為文介紹《鳴鳳記》；鈴木虎雄是王國維在日本時往來
最切的學者，二人時時以詩歌相酬唱，他自承其戲曲研究受到
靜安許多指點，也將靜安《古劇角色考》全文翻譯，向學界介
紹。㊾至於青木正兒在一九三〇年《中國近世戲曲史・序》中

㊻ 青木正兒撰，河村昌子譯：〈追憶與王靜庵先生的初次會面〉，
　　《追憶王國維》，頁378-341 。
㊼ 青木正兒撰，王吉廬譯：《中國近世戲曲史》（臺北：臺灣商務印
　　書館，1988 年），頁1 。
㊽ 鹽谷溫撰，孫俍工譯：《中國文學概論講話》（上海：開明書店，
　　1929 年），第5 章。
㊾ 見鈴木虎雄撰，濱田麻矢譯：〈追憶王靜庵君〉，《追憶王國
　　維》，頁355-356 。

說明其著作之由：「本書之作，出於欲繼述王忠慤國維先生名著《宋元戲曲史》之志。」(50)則更顯示王國維的戲曲研究在日本學者間的影響深遠。

七、在京都的交遊

從現有的資料看，王國維自一九一一年至京都，到一九一六年返國為止，除了在一九一五年三月中旬攜眷返國掃墓之外，王國維居日期間的活動範圍就是在京都一地。因此與他交遊往來比較密切的，仍是京都大學的學者們。以下即根據王國維的書信資料，以及去世之後日本學者的追憶文章，以當時與他來往比較頻繁的狩野直喜(51)、鈴木虎雄(52)等人為例，說明靜安與日本學者的交遊。

靜安與狩野在一九一〇年間於北京已然相識，羅、王諸人至京都之時，狩野十分熱心的接待，他們到京都的當晚，就是

(50) 同註㊼。

(51) 狩野直喜（1868-1945），號君山，1895年東京帝國大學文科大學漢學科畢業，曾任京大文科大學教授、京大文學部長、宮廷講師、帝國學士院會員。主要研究中國哲學史及俗文學。有關狩野氏詳細生平，請參考何培齊：《王國維對京都學派的影響》（臺北：文化大學史研所碩士論文，1997年），頁61-62。嚴紹璗：《日本中國學史》，頁373-386。

(52) 鈴木虎雄（1878-1963），字子文，號豹軒，別號藥房。1900年畢業於東京帝國大學文科大學漢學科，曾任早稻田大學講師、《臺灣日日新報》漢文部主任、京都大學教授、帝國學士院會員。有關鈴木氏詳細生平，請參考何培齊：《王國維對京都學派的影響》，頁164-165。

狩野在家中以晚餐招待一行人。㊾狩野曾經擔任京都帝國大學
文科大學創設委員,當時是京大文科大學教授,在京都學界有
相當的影響力,羅振玉的藏書寄放京大圖書館,即是多因狩野
之力。一九一二年狩野奉派出國調查敦煌文獻,有歐洲之行,
王國維有〈送日本狩野博士游歐洲〉之贈詩。㊿狩野此行直至
一九一四年十月才返回日本,他在倫敦博物館將館藏敦煌唐人
寫本詳細過錄,帶回日本,有許多是王國維從未見過的資料,
靜安利用這批資料寫了不少題跋,如現收入《觀堂集林》卷二
十一中的〈唐寫本殘職官書跋〉、〈唐寫本食療本草殘卷跋〉、
〈唐寫本靈棋經殘卷跋〉等篇,文中均記「此狩野博士所錄」。
根據狩野直喜之子直方回憶,王國維和羅振玉的住所與狩野家
很近,三人或是互通書信,或是互相拜訪,來往相當頻繁。直
方說羅、王來日的時候他是小學四年級,記得曾幫父親到羅家
送信,羅、王二人也常到家中作客,羅振玉不會說日語,而王
國維則是會到廚房與其母(狩野夫人)閒話家常。㊺因此當一
九二〇年狩野夫人去世時,靜安曾去信慰問。㊻

　　王國維和鈴木虎雄在來日之前並不認識,但鈴木卻早知王
國維,並曾為文介紹他的戲曲研究著作。一九一一年底王國維
到京都後,鈴木即與靜安訂交。一九一二年三月份的《藝文》

㊾ 錢鷗:〈京都における羅振玉と王國維の寓居〉,《中國文學報》
　　第47冊,頁158。

㊿ 王國維:《王國維文集》,頁552-553。

㊺ 同註㊾,頁157-158。

㊻《王國維全集——書信》,頁311。

有一個〈王木酬唱〉的專題，所收錄的即是鈴木初訪靜安之贈詩及靜安奉答之作。[57]鈴木當時在京都大學文科大學擔任「支那文學史」、「周詩研究」等課程，而對詩文詞曲也相當有興趣，與王國維之間常有詩歌酬唱往來，他也常拿詩作請王國維指點。[58]同時鈴木也將靜安著作如《曲錄》、《古劇角色考》、《簡牘檢署考》等譯成日文，介紹給日本學界。一九一二年二月，清宣統帝宣布退位，清朝正式結束，王國維在五月作了一首〈頤和園詞〉，歷敘晚清末年史事，頗有以詩存史之用意。對於這首詩，靜安頗為自得，他在致鈴木虎雄的信中說：「前作〈頤和園詞〉一首，雖不敢上希白傅，庶幾追步梅村。」認為自己在詩中直敘其事，不事雕琢的筆法，雖不及白居易，但尚能與清吳偉業並駕。虎雄覆信則認為梅村詩用典太繁太僻，而靜安之作則「事該情盡，義微詞隱」，自有其勝場，不必與梅村較列，並希望能將此作轉載於報紙之上，以廣其傳。靜安接書後再覆函告以原來想再作〈東征賦〉以盡〈頤和園詞〉之

---

[57] 鈴木所作之詩并序為：「辛亥歲暮，清國羅君振玉攜家浮海，來住於洛東田中村，王君國維從焉，一月往訪，賦詩見志。辟雍門北洛東頭，落木寒山無限幽。萬卷圖書堪續史，數家雞犬可藏舟。問奇偶訪羅含宅，作賦莫追王粲樓。不用淒涼嗟客土，扶桑歲月足優遊。」轉引自錢鷗：〈京都時代の王國維と鈴木虎雄〉，中國文學報》第49冊（1994年10月），頁100。王國維答作名為〈定居京都奉答豹軒先生枉贈之作並柬君山湖南君撝諸君子〉，一題四首，文長不錄，請參王國維：《王國維文集》，頁548-549。惟其中有：「猶有故國松菊在，可能無賦仲宣樓？」之句，表露其深刻的故國之思。

[58] 錢鷗：〈京都時代の王國維と鈴木虎雄〉，頁97。

未備，但「手腕尚未成熟」還需蘊釀鍛鍊，故未驟草。⑤二人之間如此的書信往還十分頻繁，我們檢視現存王國維之書信，可以發現那段時間和靜安通信最多的日本學者便是鈴木虎雄。因此虎雄說：「余自君處得啟蒙之利，不只限于戲曲一事，其他如有關書籍、清朝掌故、社會風俗、日常瑣事等等，無遑枚舉。」⑥當非虛辭客套。

日本學者對王國維的普遍印象是：學問淵博，長於文辭，但沈靜寡言，不擅交際，因此有不少場合均會邀靜安為文或賦詩以隆重其事。即如一九一三年恰逢為癸丑年，京都學者乃思倣效王右軍之蘭亭雅會，舉行一次脩禊聯吟之會，並展覽王羲之書跡以為紀念。此次「京都蘭亭會」是由京都大學諸教授聯名發起，並邀請羅振玉、王國維參加，於四月十三日在南禪寺之天授菴舉行。會中設右軍神位致祭，京都學者高瀨惺軒及長尾甲自浙江紹興帶回「蘭亭水」，獻於右軍神位之前，由鈴木虎雄宣讀〈祭王右軍文〉並賦詩揭開序幕，與會者繼而一一吟頌，王國維也作了一長篇七言古詩，題為〈癸丑三月三日京都蘭亭會詩〉，被視為當日壓卷之作。靜安詩意雖是以懷古及稱許京都群賢為主，但詩末「文物千秋有廢興，江河萬古猶滂沛。君不見，蘭亭曲水埋荒煙，當年人物不復還。野人牽牛亭下過，但道今是牛兒年」之句，可以看到他對時代改變所帶來的庸俗與荒謬深致嘆惋。此外，一九一六年一月二十三日，由長尾甲和富岡謙藏發起為蘇軾祝壽之會。聚會形式仍是以展覽

⑤ 袁英光、劉寅生：《王國維年譜長編》，頁80-82。
⑥ 同前註，頁83。

東坡墨跡、東坡著作之珍本及吟詩誦壽為主，王國維、羅振玉及其三子羅福葨應邀與會，靜安集古人成句以助興，詩云：「堂堂復堂堂，子瞻出峨眉，少讀范滂傳，晚和淵明詩。」這是他最後一次參加日本學者的雅會，此時距離他歸國只有一個月左右。

王國維在返國之後，與日本學者的往來並未中斷，如狩野直喜、內藤虎次郎、神田喜一郎等人與靜安一直保持著聯繫⑥，因此當一九二七年六月二日王國維遺書自沈的消息傳到京都，引起很大的震動。狩野立刻籌備追悼事宜，由他領銜邀集靜安友人，於六月二十五日下午一時在京都東山五條袋中菴舉往追悼法會，與會者主要是京都、大阪、神戶地區的漢學家與靜安故舊，共有五十一人參加。法會結束後並有追悼紀念會，狩野直喜、內藤虎次郎、鈴木虎雄等靜安舊識均發表追悼談話，會中同時陳列靜安著作及遺墨供人憑弔，至下午四時結束。⑥同年八月，諸人又於《藝文》雜誌製作王國維紀念專刊，收錄十五篇追悼紀念文字，而大阪方面的石濱純太郎等人，在計畫籌組以研究中國學術為目標的學術組織時，正好接到靜安去世的消息，於是決定以王國維為名成立「靜安學

---

⑥ 靜安與神田喜一郎的交往是在歸國之後。靜安至京都之時神田只是個高等學校的學生，後來立志研究中國學術之後才開始與靜安有較密切的交往。神田對靜安的學術成就十分傾倒，經常不辭勞苦地為靜安訪書之要求而奔走，是靜安晚年交往最切的日本友人。見神田喜一郎撰，濱田麻矢譯：〈憶王靜安師〉，《追憶王國維》，頁375-377。

⑥ 本段敘述參考何培齊：《王國維對京都學派的影響》，頁18-21。

社」，表示對靜安崇仰敬悼之意。我們從靜安去世之後日本學界大規模追悼活動中，可以真正看到靜安學術成就之高、影響之深，而這個基礎，正是他在一九一一至一九一六年，「四暑五冬」的辛苦經營所建立起來的。

八、結語

　　一九一六年農曆春節過後，王國維與長子潛明辭別羅振玉，先行整裝返國，結束了四年餘的客居生活，回到上海。這四年多的時間，靜安自云是「**在一生中最為簡單，惟學問則變化滋甚**」的時期。[63]在京都的生活平靜而沒有太多人事上的煩擾，使他能專心的投入新的研究領域，所以才能在短時間內掌握重點並嶄露頭角，回國之後，他在陸續發表了許多如〈殷卜辭中所見先公先王考〉、〈續考〉等極重要的研究成果，成為中國當時最有影響力的學者之一，京都時期的潛心鑽研，應是一個很重要的基礎。

　　回顧王國維的人生歷程，與日本似乎有一種很特殊的緣分。藤田豐八的指導打開了他的視野，也誘發了他的才能；而清朝覆亡，流亡日本，深刻的刺激，使他轉變了為學方向。他生命中重大的轉變，都與日本有所牽繫。這樣的結果，不能把它單純的歸因於命運，我們應從歷史的角度來理解。如筆者在文中所提到的，在中國近現代化的過程中，日本是許多中國知

---

[63] 王國維日記，轉引自袁英光、劉寅生：《王國維年譜長編》，頁140。

識分子接觸西方的門戶，因此他們的思想、學術、乃至於人生
經歷，都難免不與日本相涉。從王國維的身上，我們可以很明
顯的看到這樣的發展。但是值得注意的是，他們雖然深受日本
影響，但是卻始終不忘其初衷——中國的救亡圖存，而將他們
的探索、熱情與希望，真誠不悔地投注在自己苦難的國家。王
國維是如此，梁啟超、章太炎也是如此，儘管其投身的事業不
同，表現的方式各異，但是他們作為一個「真誠的中國人」的
心意是一樣的。我們在邁入二十一世紀的今日回顧前賢事蹟，
在欽敬懷念之餘，我們對自己的文化是否還有如是的真誠？應
該是更值得反省與關切。

參考書目

王國維年譜　王德毅　臺北　中國學術著作獎助委員會　1967 年
王國維年譜新編　孫敦恆　北京　中國文史出版社　1991 年
王國維年譜長編　袁英光　劉寅生　天津　天津人民出版社
　1996 年
王國維評傳　蕭艾　臺北　駱駝出版社　1987 年
王國維評傳　劉烜　南昌　百花洲文藝出版社　1996 年
王觀堂先生全集　王國維　臺北　文華出版公司　1968 年
王國維文集　王國維　北京　燕山出版社　1997 年
觀堂集林　王國維　北京　中華書局　1991 年
王國維全集——書信　袁英光、劉寅生　北京　中華書局
　1984 年

追憶王國維　王楓、陳平原　北京　中國廣播電視出版社
　　1997 年

王國維學術研究論集　第一輯　吳澤、袁英光　上海　華東師
　　範大學出版社　1986 年

王國維學術研究論集　第二輯　吳澤、袁英光　上海　華東師
　　範大學出版社　1987 年

王國維學術研究論集　第三輯　吳澤、袁英光　上海　華東師
　　範大學出版社　1990 年

王國維著述編年提要　洪國樑　臺北　大安出版社　1989 年

王國維對京都學派的影響　何培齊　臺北　文化大學史研所碩
　　士論文　1997 年

日本中國學史　嚴紹璗　南昌　江西人民出版社　1993 年

相關文獻

神田喜一郎　王靜安先生を憶ふ
　　　　　　中國文學月報　第26 號第3 卷　頁37-38　1937 年
　　　　5 月

永畑恭典　郭沫落・王國維・孫文（日本に亡命した人人）
　　　　　　コリア評論　第10 卷第3 號　頁32-36 轉27
　　　　1968 年3 月

中野美代子　關於王國維的死
　　　　　　北方文藝　第4 卷第2 期　1971 年2 月

張　杰　王國維和日本的戲曲研究家

杭州大學學報(哲學社會科學版) 第 13 卷第 4 期
頁 74-78 1983 年 12 月

岸陽子 王國維と田岡嶺雲——《人間詞話》をめぐって
近代日本と中國——日中關係史論集 頁 87-126
東京 汲古書院 1989 年 3 月

錢 鷗 京都時代の王國維と鈴木虎雄
中國文學報 第 49 號 頁 90-119 1994 年 10 月

錢 鷗輯 致鈴木虎雄——王國維佚札七通
清華漢學研究 第 2 輯 頁 129-134 北京 清華
大學出版社 1997 年 11 月

周朝民 王國維と藤田豐八
東瀛求索 第 8 輯 頁 77-83 2000 年 8 月

夏曉虹 碧光園・王國維・永觀堂
舊年人物 頁 136-138 北京 中國廣播電視出版
社 1997 年 2 月

錢 鷗 羅振玉、王國維と明治日本學界との出會い——
《農學報》・東洋學社時代をめぐって
中國文學報 第 55 冊 頁 84-126 1997 年 10 月

成家徹郎 青年時代の王國維-ショウペンハウア-哲學と東京
留學
しにか 第 11 卷第 8 號 頁 104-111 2000 年 8 月

錢 鷗 青年時代の王國維と明治學術文化——《教育世
界》雜誌をめぐって
日本中國學會報 第 48 號 頁 250-264 1996 年

陳　同　　東渡扶桑

　　　　　　悲情學人王國維　頁77-96　上海　上海教育出版
　　　　　　社　2000年5月

鐵劍平　　辛亥東渡整理大雲書庫

　　　　　　一代學人王國維　頁265-276　上海　上海人民出
　　　　　　版社　2002年10月

鐵劍平　　去國之恨歌以詠志

　　　　　　一代學人王國維　頁276-354　上海　上海人民出
　　　　　　版社　2002年10月

陳獨秀的留日生活

楊　菁 *

一、前言

　　陳獨秀是中國現代史上備受爭議的人物，他一生歷經康黨
——亂黨——共產黨，猶如一部現代史的縮影。甲午戰爭的慘
敗，促使陳獨秀開始關心國事。在鄉試的考棚裏，目擊了「掄
才大典」的弊端，使他轉到康梁派。一九〇三年拒俄運動，請
纓赴敵為國捐軀，竟被說成犯上作亂而遭通緝，報國無門的
他，遂轉為亂黨。一九一五年他創辦了《新青年》雜誌，高舉
民主科學的大旗，發動新文化運動，猛烈抨擊中國數千年來的
舊思想、舊禮教，震醒了新一代中國青年昏瞶的靈魂。一九一
九年五四運動澎湃激盪，匯成中國民族反帝國反封建的民主解
放運動，而陳獨秀是五四運動的總司令。一九二〇年起，陳獨
秀逐漸接受馬克思主義，並且同李大釗一起創建中國共產黨，
成為中共第一任總書記。一九二九年，陳獨秀被扣以托洛斯基
的帽子而被開除共產黨黨籍。一九三二年，中國國民黨以叛亂
罪名將他逮捕，他被關到一九三七年中日戰爭爆發之初。晚年

*　楊　菁，萬能技術學院通識教育中心助理教授。

的陳獨秀，病逝於四川江
津。他自稱「一生差不多消
耗在政治生涯中」，並承認
這大部分政治生涯是失敗了
的。胡適說他是一位「終身
的反對派」，他坦然認同，
他拒走別人為他規定的路，
特立獨行；不與世俗妥協，
義無反顧。在巨變的時代
中，他以直接的行動與犧牲
的精神實踐其革命理念。至

陳獨秀 像

今，儘管世人對於陳獨秀的評價不一，毀譽兩歧，但是他對於
現代中國的影響力是無可置疑的。

陳獨秀創辦的《新青年》，掀起波瀾壯闊的新文化運動；
他創立的中國共產黨，改寫了中國的另一頁歷史。在陳獨秀全
力躍身於政治、文化的改革運動之前，青年的陳獨秀，從揚棄
傳統思想文化，開始學習新知，並接觸各種政治思想以及結交
許多影響現代中國的重要政治、文化人物，這些都和他年輕時
代留日的生活息息相關。

二、留日前陳獨秀對傳統思想的揚棄

陳獨秀（1879-1942），譜名慶同，官名乾生，字仲甫。出
生於安徽的省會懷寧。安徽曾因桐城而聞名，清朝中葉，桐城

出了幾個有名的古文學家，如方苞（1668-1749）、劉大櫆
（1698-1779）和姚鼐（1731-1815），因此有「天下文章，盡在
桐城」之頌。之後，「桐城派」便成為一有名的古文學派，晚
清大將曾國藩也屬於桐城古文家之一。安徽因此被譽為文物鼎
盛之省。

　　陳獨秀的父親在他出生幾個月後便過世。六歲時由他的祖
父教導學習四書五經。九歲後祖父過世，他繼續在不同的私人
教授下學習四書五經，但都不滿意。十二、三歲，便在他曾形
容為阿彌陀佛的大哥孟吉指導下讀書。此時的社會環境，仍以
考中科舉為一家庭中的莫大榮耀，陳獨秀的家人也對他寄予如
此的期望，然而八股文卻偏偏是陳獨秀所厭惡的。陳獨秀十七
歲時，應家人要求學習八股文作法，並參加院試（秀才考
試），他用他讀《昭明文選》時記得的一些草木鳥獸的難字和
康熙字典上荒謬的古文，牛頭不對馬嘴、上文不接下文地填滿
了一篇皇皇大文，竟出乎意料地考取第一名，雖然他的母親樂
得幾乎掉下眼淚，但這件事卻使陳獨秀更加鄙薄科舉。次年，
為了滿足母親及大哥孟吉的期望，他再度參加這種無意義的科
舉考試，此次的江南鄉試算是他對母親盡的最後責任，也是他
對儒家價值系統的最後一次尊重。在參加鄉試的過程中，目睹
了一個考生的怪狀，讓他印象深刻。在考頭場時，看見一位大
胖子，一條大辮子盤在頭頂上，全身一絲不掛，腳踏一雙破
鞋，手裏捧著試卷，在如火的長巷中走來走去，走著走著，上
下大小腦袋左右搖晃著，拖長著怪聲念他那得意的文章，念得
最得意處，用力把大腿一拍，翹起大拇指叫道：「好！今科必

中！」陳獨秀足足看呆了一兩個鐘頭，又由這些怪現狀聯想到這班動物得了志，國家和民族要如何遭殃；而所謂掄才大典，簡直是隔幾年把這班猴子、狗熊搬出來開一次動物展覽會。這次考試是促成陳獨秀由選學妖孽轉變到康梁之最大動機。沒有考上舉人固然讓他母親非常失望，但陳獨秀卻從此決定放棄傳統教育，並去追隨康有為和梁啟超的思想。這次的鄉試決定了他個人往後十幾年的行動，可以說是陳獨秀一生的轉捩點。

甲午戰爭爆發那年，陳獨秀十五歲。中國的慘敗，也使得他不成熟的心靈受到極大的震撼，他開始將國家命運和個人命運聯繫起來，並開始思索中國何以屢遭列強欺凌的原因，為了要解決這些複雜的問題，迫使他學習新思想。後來讀了康有為和梁啟超的文章，才恍然於域外的政教學術，粲然可觀，覺今是而昨非。再加上對江南鄉試的失望，更使得他轉向康梁的改革運動，從此以後，他便完全自由地沈浸於新的學習中。一八九八年，他進入杭州求是書院，與沈尹默為同學。該校創辦於一八九七年，由杭州知府林啟創建，是一所新式學堂，置有新書報，傳授新知識，並根據清政府與日本簽定的協定，最早選送公費留學生去日本。後來浙江的蔣百里、許壽裳、史久光等人都是這個學校的佼佼者。陳獨秀在此主修英文、法文和海軍建築學。他在求是書院學會了英文和法文，使得他後來能用英文學習西方文化。不久，陳獨秀因有反清活動，受警察追捕，逃到南京；後又去東北繼父陳昔凡處。

一九〇〇年，義和團由山東直隸轉移，隨後入津、京；六月，八國聯軍攻進中國，鎮壓義和團扶清滅洋的暴動，義和團

的事件更給俄國以實現「黃色俄羅斯」計畫的機會；七月到九月，俄國一面派兵參加聯軍對北京、天津的燒殺擄掠，一面又出動十萬侵略軍分五路侵佔我國東北，所到之處奸淫擄掠，如血洗海蘭泡、製造江東六十四屯大慘案、火燒璦琿城等，中國居民被殺害者二十餘萬人。當時在東北的陳獨秀，曾目擊慘況的一部分，後來他寫〈述哀〉時追憶：「關東遭喪亂，飛鴻驚寒雁。」一九○一年七月，清廷被迫與列強簽定辛丑和約，中國更加淪為帝國主義的禁臠。陳獨秀便在這種動盪的情勢下抵達日本。

三、陳獨秀的五次日本之行

陳獨秀一生當中到過日本五次，除了第三次同蘇曼殊前去遊玩，為期較短之外，餘四次均有進入日本學校學習。他在日本接受了各種新知，並參加革命組織或團體，結交革命志士，這些都對他後來從事的革命運動有很大的影響。

㈠第一次留日

陳獨秀在一九○一年十月，二十三歲時，赴日留學，入「東京學校」，即東京專門學校（早稻田大學前身）。①年底，他參加了留學生組織的「勵志會」。

在一八九五年發生喪權辱國的中日戰爭之後，革命的思想便已被大多數中國人所接受。日本明治維新成功以後，日本已成為中國留學生的中心，更是革命志士的理想國。從一九○○

到一九〇二年間，中國留學生由幾十人增加到幾千人。留學生組織，如廣東獨立協會、學生會館、革命軍事學校等紛紛成立。同時，革命的報刊也陸續出版，有些主張獨立於滿清政府，有些則主張推翻滿清，其中明顯形成兩個政治集團：立憲派和革命派。前者以梁啟超為領袖，後者則擁護孫中山。一八九八年前，梁啟超協助其師康有為進行君主立憲，但在「百日維新」失敗後，梁便逃到日本，成為極有影響力的新聞工作者。一九一一年辛亥革命以前，梁曾主編過三份報紙，包括《清議報》、《新民叢報》和《國風報》，他的政治目標在於君主立憲。孫中山則與梁啟超相反，主張以「三民主義」為基礎

①《清國留學生會館第一次報告書》。此報告中情況，係學生本人自填。陳自填留日時間為1901年10月，學校是「東京學校」。關於學校有三說：一、宏文學院（日·實藤惠秀：《中國留日學生史》。另外，李書華的《吳稚暉先生從維新派成為革命黨的經過》、《胡漢民自傳》，中島長文的《陳獨秀年譜長編》等都主此說。）該校為接待中國留學生的預備學校，創設於1902年。陳獨秀可能在1902年轉入此校。二、早稻田大學。由於東京學校在1902年才設大學部，並改名為早稻田大學，所以有人誤以為陳獨秀一開始是進入該大學。隨著學校改名，聶蓬瑛在〈一九一五年至一九三八年陳獨秀思想的發展〉論文中說其「後轉早稻田大學」，似有可能。三、東京高等師範學校及其速成科（持此說的有日本的波多野乾一：《中國共產黨史（資料集成）》和《毛澤東與中國的紅星》，丸山松幸《亞細亞歷史事典》，增田涉：《中國文學史研究》；美國哥倫比亞大學出版的《民國名人傳辭典》；石峻：《中國近代思想史論文集》），該校的確承擔了給中國留學生補習功課的任務，故有陳獨秀「就讀於東京（專門）學校，補習於東京高等師範學校」之說，如果在東京學校不能既學日語又補習普通課程的話，似有可能。本文採實藤惠秀說的「先在東京學校學習一段，後進入高等師範」，可能性較大。

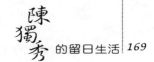

　　的國民革命，他於一九〇五年在東京組織中國同盟會，以聯合反對滿清者為目的，許多激進的中國知識分子都加入這個組織，孫中山則被擁為中國革命的領袖。

　　「勵志會」成立於一九〇〇年，由沈雲翔、吳祿貞、金邦平等組成，宗旨是「聯絡感情，策勵志節」。一九〇一年元旦，在上野精養軒開新年慶祝會，日本進步黨領袖犬養毅、興中會尤烈和會員等三十餘人參加，特拍照以為紀念。並出版了《譯書彙編》，介紹西方民主思想，如盧梭的《民約論》、孟德斯鳩的《萬法精理》、約翰·穆勒的《自由原理》、斯賓塞的《代議政體》等。在三、四十名會員中，不少人與梁啟超的《清議報》有密切關係，還有投機分子曹汝霖、章宗祥、王璟芳等。同年七、八月漢口唐常才自立軍一役，殉難者黎科、傅慈祥、蔡永昱和脫險之戢元丞、秦力山、吳祿貞也都是其會員。當陳獨秀抵日時，它已變質而分裂。陳獨秀加入時，該會已分裂成兩派，一派主和平，以要求清政府立憲為目的，後遂演變成立憲黨，其中有曹汝霖、章宗祥等；一派主激烈，以推倒清政府，建立共和民國為目的，後遂演變成排滿黨，又曰革命黨。章士釗回憶：庚子之後，東京有一部分老留學生，囊括曹汝霖、金邦平等在內，設有一會，題曰「勵志」。初時討論頗激昂，漸次變質。陳乾生（即陳獨秀未改之名）、張溥（即張繼未改之名）等，後參加而先脫會，即可見本會之性質不

---

② 章士釗：〈疏《黃帝魂》〉，《辛亥革命回憶錄》（臺北：臺灣中華書局，1961 年），第 1 冊，頁230。

妙。會員中不乏能文之士,時有一月刊雜誌曰《國民報》者,持論多與《清議報》交綏,務勝之以為快,聞由此會中人主編。法理文字,恒請益於王亮疇,政論往往由沈翔雲執筆。②陳獨秀曾對張繼說,原想參加勵志會多交朋友,多學新思想,沒想到一些烏合之眾,只知逢迎拍馬屁,還不如退出的好。張繼和陳獨秀一樣不願和投機分子為伍,兩人乃後參加而先脫會。

光緒二十八年(1902)三月初,章太炎提議:「欲鼓吹種族革命,非先振起世人之歷史觀念不可。今距是年三月十九日明崇禎殉國忌日未遠,應於是日舉行大規模之紀念會,使留學界有所觀感云云。」他與馮自由、秦力山、朱菱溪、馬君武、王偉人、陳桃癡、周伯勛、李賓四、王思誠十人共同發起「支那亡國二百四十二年紀念會」,推章起草宣言。③當日在上野精養軒開會,到場的留學生有數百人,由於清公使蔡鈞的事前干涉,故被日警禁止。

在日本期間,陳獨秀不僅接觸到西方民主思想,而且由退出勵志會一事,說明他的思想開始由改良轉向革命。這段經歷,對於他日後思想的變化,發生了重要影響。

(二)第二次留日

陳獨秀在一九○二年三月上旬因懷念故鄉,由日本回安

---

③ 馮自由著:《革命逸史》(臺北:臺灣商務印書館,1969年,《人人文庫》本),第1集,頁84。

慶,到南京拜訪汪希顏,由汪介紹,認識在陸師的章士釗和趙
聲。談及教育時,陳獨秀主張德智體三育並舉,尤注重德育。
不久他又到安徽,與何春台、潘贊化、葛溫仲、張伯寅、柏文
蔚等青年在安慶設藏書樓,陳列革命書刊雜誌,如東京的《國
民報》、王國維在上海創辦的《教育世界》等;並仿效東京勵
志會,組織「勵志學社」,以聯絡感情、策勵志節相慰勉。社
員除了每周聚會,議論天下大事,思索救國救民的道路外,為
了日後投身抵禦外侮,維護國家獨立需要強健的體魄,故組織
社員進行軍事訓練,由張伯寅弟張仲寅用英語呼喊口令,經常
操練。陳獨秀在安慶的革命活動,傳播了新知,開啟了民智,
宣揚了愛國思想,對於安徽革命志士的革命活動,起了重要作
用,但也因此被朝廷所痛恨。

　　九月,陳獨秀因安慶藏書樓的活動被通緝,與潘贊化再次
赴日,進成城學校陸軍科。④冬,與葉瀾、黃恂士、汪袞父、
秦效魯、張繼、鈕永建、周伯勛、謝曉石、胡景伊、蔣百里、
潘贊化、蘇曼殊、程家檉、金邦平、王家駒、沈雲翔等二十餘
人,發起「中國青年會」,並攝影留念。這是日本留學生最早
的革命團體,仿意大利獨立前馬志尼創立的革命團體「少年意
大利」,會約規定,該會「以民族主義為宗旨,以破壞主義為
目的」,原取名「少年中國會」,因恐招滿清當局注意,又改名

----

④《清國留學生會館第二次報告書》;《蘇報》1903 年 5 月 26 日載
　　〈安徽省大學堂第一次衝突之原因〉中說:「有一游學日本陸軍隊
　　(科)退回之學生陳某。」此「陳某」可能為陳獨秀。轉引自唐寶
　　林、林茂生:《陳獨秀年譜》,頁21 ,註②。

為「中國青年會」，曾編譯《法蘭西大革命史》、《中國民族志》等書。它的大多數會員是此後重要的革命分子。由一九○三、一九○四年，日本和國內的革命運動都受他們的組織煽動，其中潘贊化、張繼、謝曉石、蘇曼殊等是此後從事革命的同事。陳獨秀經此團體，認識了鄒容、章太炎、劉季平、湯爾和等人，也由改良派的「康黨」轉變為革命派的「亂黨」。

一九○三年，陳獨秀二十五歲，當時清政府委派管理中國湖北留日學生的學監姚煜，曾為駐日公使蔡鈞策畫，拒絕學生入日本陸軍學校等，並阻礙中國留學生的正當利益和要求。因姚作風卑劣，故陳獨秀約同張繼、鄒容等闖入姚宅，由張抱腰、鄒容捧頭，陳獨秀揮剪，割髮代首，抒發其恨。⑤姚之威信掃地，請日警抓人，四月，三人被日政府強行遣送回國。鄒容與張繼赴上海，鄒因章太炎的關係介入《蘇報》，陳獨秀則回安徽，不久即投入國內聲勢浩大的拒俄運動中。

這兩次的留日生活，是陳獨秀真正接觸西方思想的開始；同時，他的政治思想及政治立場，也在此時有極大的轉變。唐常才「勤王」起義的失敗，勵志會的分裂，與激進派張繼等人的接觸，以及留學生創辦的《譯書匯編》、《國民報》等宣傳西方資產階級政治學說書刊的影響，使陳獨秀的思想由「改良」轉向「革命」，由「康黨」轉為「亂黨」。

回國後的陳獨秀，仍然與在日的留學生有所連繫，且不斷

---

⑤ 章士釗著：〈疏《黃帝魂》〉，《辛亥革命回憶錄》，第1冊，頁229。

地進行革命活動。

俄國在一九〇〇年八國聯軍之役時，派遣十七萬大軍佔領中國的東北三省。一九〇二年清、俄簽訂「東三省交收條約」，俄國答應在一九〇三年四月撤軍。一九〇三年，俄政府不僅不遵約撤兵，反向清廷提出「東三省置於俄國監督下，不許他國干預」等七項無理要求。四月二十七日，在上海的十八省志士集會於張園，一致反對俄國與清廷的新約。二十九日，留日學生鈕永健、秦效魯等在東京錦輝館召開大會，決議成立「拒俄義勇隊」（正式名「學生軍」），要求開赴東北與俄決戰。他們派鈕永建和湯爾和回國向袁世凱請命，不僅被拒還受壓迫。蔡鈞向江督端方報告，另請日政府勒令解散，並制止留學生練習操兵。五月十一日拒俄義勇隊改組為東京國民教育會，圖作長期準備。

當時上海的《蘇報》在主編章士釗的主持下，變成言論激烈的報紙。⑥一九〇三年五月十七日，為了響應上海、東京留學生發起的拒俄運動，陳獨秀和在「愛國學社」及《蘇報》的朋友交換意見後，便與潘旋華、王國禎等人在安慶藏書樓召開拒俄大會，參加大會的有高等學堂、武備學堂、桐懷公學等校學生及社會愛國人士三百餘人。演說會在大雨中進行，但會場

---

⑥《蘇報》是在1896年開始出版，起初純粹是商業性的報紙，與駐上海的日本外交人員有些連繫。1898年，該報賣給陳範。陳原屬清廷地方官，後因憤官場之腐敗，思以清議救天下。1902年蔡元培、吳稚暉、章炳麟等在上海組織愛國學社，極需經濟援助。陳範答應《蘇報》每月可給一百銀元支持之，但愛國學社的人必須每天為《蘇報》寫一篇社論。

卻「眾情踴躍，氣象萬千」。演說畢，由陳獨秀正式宣佈組織
「安徽愛國會」，得到全體與會者贊同，並議決創辦《愛國新
報》，將安徽與上海的愛國學社及東南各省志士通成一氣，組
織「國民同盟會」等。藏書樓演說，在安慶青年學生中深入人
心，他們勃發忠義，奔相走告，數日之中，紛紛告假，多有不
上課者。安徽大學堂、武備學堂、桐城、懷寧等學堂迭起風
潮，或要求改革課程，或要求電阻俄約，甚至有人要求停止上
課，專門操練學生，組織學生軍到東北與沙俄侵略軍決一死
戰。一時之間，學生群情激憤，不斷到藏書樓聆聽演說，藏書
樓實際成為反清拒俄、傳播新思想的中心。陳獨秀在藏書樓的
演說，是他第一次公開的政治活動，被譽為「安徽革命的第一
聲」，對推動安徽革命發揮了重要作用。

　　但由於愛國會的反清言論過於激烈，遂受到清廷的忌恨，
陳獨秀、何春台等人被通緝。陳等逃往上海。又同一個月，
《蘇報》印出了兩篇極富煽動性的論文。一是章士釗為鄒容的
小冊子《革命軍》寫的序；一是章太炎寫的〈駁康有為論革命
書〉，激烈攻擊康有為所謂唯有君主立憲才能救中國的論調。
結果亦為清廷所查拿，《蘇報》被封，章太炎、鄒容被補，蔡
元培逃往德國柏林，吳稚暉逃往倫敦。後來鄒容死於獄中，章
太炎被釋放。《蘇報》和「愛國學社」都於一九○三年七月被
解散。

　　《蘇報》被封三十二日後，陳獨秀和章士釗、謝小石、張
繼等又創刊了《國民日日報》，社址在新聞新馬路梅福里一樓
和地下。由謝小石出資，聘外國人高茂爾任經理。陳獨秀是創

辦人又擔任編輯。此報亦以排滿革命為宗旨，和《蘇報》相同，而規模更大。發行未久，風行一時，當時人都稱此報為《蘇報》第二。此時期，陳獨秀結識何梅士，並與章士釗三人同居一室，夜抵足眠，日促膝談，意氣甚相得。陳與章二人總理編輯事，甚至負責全部文字校對，每天工作至凌晨，習以為常。十月，陳獨秀又與蘇曼殊共譯《慘世界》，假杜撰主人公男德之口，為世界上的窮人抱不平，尤其特別痛恨「蝨賊」的剝削者，如說：「我看世界上的人，除了能做工的，仗著自己本領生活，其餘不能做工，靠著欺詐別人手段發財的，那一個不是搶奪他人財產的蝨賊呢」，又指出「世界上有了為富不仁的財主，才有貧無立錐的窮漢」，故他決心「用狠辣的手段，破壞了這腐敗的舊世界，另造一種公道的世界」；又說：「我看這財帛原是世界上大家公有的東西」「世界上的物件，應為世人公有，那鑄定應該是那一個人的私產呢？」由此篇，可見此時陳獨秀已具社會主義的思想。此報於當年十二月初因經費無著落而停刊。

《安徽俗話報》書影

　　一九〇三年年底，陳獨秀背了一個包袱，帶了

一把雨傘，抵達安慶，與友人房秩伍、吳守一共同籌辦《安徽俗話報》，實際上陳是主要撰稿人，並兼做大部分的事務。一九〇四年三月三十一日第一期出版，至一九〇五年八月停刊，每半月發行一次，中間三個多月因故未能發行，共發行二十二期。這是中國第一份白話文報紙，陳獨秀利用它來宣傳革命，並對民眾施行平民教育。他曾在〈辦安徽俗話報的緣故〉即發刊詞中寫道：「我開創這報，是有兩個主義」，「第一是要把各處的事體，說給我們安徽人聽聽，免得大家躲在鼓裏」。「況且現在東三省的事，一天緊似一天，若有什麼好歹的消息，就可登在報上，告訴大家，大家也有個好防備。」「第二、是要把各項淺近的學問，用通行的俗語演出來，好教我們安徽人無錢多讀書的，看了這俗話報，也可以長點見識。」此報內容豐富、文字通俗、圖文並茂，當時銷路之廣，為海內各白話報之冠。陳獨秀以「三愛」的筆名，至少發表五十篇以上的作品，有論文、詩、小說、歷史、故事等，他以流暢的白話文談古論今、批評時政，宣傳反帝民族主義，以及反封建的科學與民族精神。一開始他就寫〈瓜分中國〉，提醒世人注意帝國主義瓜分中國，並啟發人心愛國。他亦反對封建君主，醉心歐美的民主法治；同時他更提倡婚姻自由，反對陋習、纏足。十八年後，陳獨秀回憶說：「我那時也是二十幾歲的少年，為革命感情所趨使，寄居在科學圖書社樓上，做《安徽俗話報》，日夜夢想革命大業。何物臭蟲，雖布滿吾衣被，亦不自覺。」⑦足見他年輕時的革命熱情。

當陳獨秀在辦報時，一九〇四年上半年，東京留日學生軍

國民教育會暗殺團的楊篤生和何海樵等六人潛回北京，無法暗
殺慈禧太后，曠日持久，只好南下。何海樵吸收蔡元培加入暗
殺團，蔡又介紹愛國女校懂化學的老師鍾憲鬯、俞子夷加入，
不久章士釗也加入。十一月間，章士釗寫信叫陳獨秀來上海，
一個多月裏，他們天天研究試爆炸彈。後來因行刺失敗，陳獨
秀又返回蕪湖。

此外，在陳獨秀主編《安徽俗話報》的同時，他也在安徽
書院教書。安徽書院是一九○三年李光炯創。李本人是一革命
分子，是桐城派學者吳汝綸的學生。吳曾是曾國藩和李鴻章的
下屬，是一個深信洋務運動的人，他在晚年完全致力於教育。
一九○二年他將李光炯帶到日本去研究教育制度，李在日本遇
到許多激進的中國學生，翌年回國，他便在長沙創立「旅湘公
學」，當時在長沙的黃興、劉揆一、張繼、周震麟、趙聲都和
他倆有交誼，黃、趙、張並在該校教書。由於當局注意他們的
行動，便於一九○四年遷蕪湖，改名「安徽公學」。書院搬到
蕪湖後，李積極地將此書院辦成為長江下游的革命文化中心，
因此他雇用了許多革命派的菁英，如陳獨秀、柏文蔚、劉師
培、蘇曼殊和陶成章等為教員。陳獨秀和柏文蔚為其中領導革
命最活躍的分子，他們兩人在一九○五年組織「岳王會」，要
大家效法岳武穆的精忠報國，實際上是個軍事運動的機關。會
員入會，採取江湖上習用的燒香宣誓的方式，絕對保守祕密，
不作對外宣傳。聯絡對象，主要是安徽武備練軍學生、新軍及

⑦〈在科學圖書社二十周書紀念冊上的題詞〉，轉引自唐寶林、林茂
　生：《陳獨秀年譜》，頁30，註③。

下級軍官以及警察學堂學生。岳王會會員為了進入軍隊活動，有不少人投入新軍中充當士兵或下級軍官。當時國內志士從事革命活動，大都以創辦學校和發動新軍兩方面入手。岳王會在發動新軍武裝起義方面做了不少工作，取得很大效果。其後幾年革命軍反清時，岳王會的會員曾扮演重要角色，特別是潛伏在新軍會裏的會員，一九〇八年新軍在安慶的造反便是一例。

　　這是陳獨秀第四次到日本前主要從事的活動，在這個時期，他已為長江下游奠立了往後革命的基礎，也為他後來的革命生涯增強了信念。

㈢第三次赴日

　　一九〇六年，陳獨秀二十八歲，那年夏天，蘇曼殊應劉師培之邀到皖江中學任教，暑假，陳獨秀與蘇曼殊東游日本。蘇曼殊是廣東香山人，出生在日本橫濱，生母是日本人。這次去日本是為了尋義母河仙，乃約陳獨秀前往，陳獨秀不便推辭，故去日本，兩人在日本並沒有待多久，假滿，便一起回國。⑧陳獨秀亦擔任皖江中學教員，同事中還有章士釗、劉師培等等。

---

⑧　蘇曼殊致劉三信（1906 年 9 月 13 日），信中說：「申江別後，弟即偕仲甫東游，至處暑后始抵皖江。」見蘇曼殊著：《蘇曼殊全集》（臺北：大中國圖書公司，1968 年 11 月），頁C7。蘇回國後一度到皖江中學任教。

四第四次留日

光緒三十三年（1907），陳獨秀二十九歲。這年春天，因陳獨秀利用汪孟鄒的科學圖書社聯絡革命黨人進行活動，奸民汪雲浦告密於恩銘，恩銘大怒，追查陳等人，陳獨秀便在此時逃往日本。這是陳獨秀第四次赴日，在東京兩年，一九○九年才回國。他進入「正則英語學校」學習，與蘇曼殊、鄭仲純同住一間小房間。陳教蘇學文寫詩，向蘇學英文、梵文；陳為蘇譯的《梵文典》題詩，還與在東京的同盟會成員章太炎、張繼、劉師培過從甚密，切磋中西學問，議建梵文書藏。此時陳獨秀沒有參加同盟會，卻參加了「亞洲和親會」。

一九○○年的拳匪之亂後，清廷雖然開始制度上的改革，但是主張革命者卻堅信使中國能成為一現代化國家的唯一辦法便是徹底推翻滿清。然而在一九○五年前，國內外都還沒有革命黨的組織，所有的革命，包括陳獨秀的岳王會，都是地方性的，缺乏組織。但是，在一九○五年八月，正當清廷派遣五大臣出洋考察不同的君主立憲時，中國同盟會正式在日本東京組織起來。此後中國革命有了統一的領導，孫中山也成了公認的中國革命領袖。許多陳獨秀以往的朋友，如章炳麟、劉師培、柏文蔚和陶成章等，都成了同盟會的會員。但陳獨秀卻沒有加入同盟會。

當時留日學生也受日本社會主義運動的影響，尤其受片山潛和幸德秋水的影響。片山潛早於一九○一年組織社會民主黨，一九○六年改為社會黨；幸德秋水則於一九○三年組織平

民社，宣傳平均主義、社會主義、和平主義，並出版所譯《共產黨宣言》。一九○七年日本社會黨分硬軟兩派，軟派由片山潛、田添鐵二等領導，受第二國際影響，主張議會運動，組織社會主義研究；硬派由幸德秋水、山川均、大杉榮領導，宣傳無政府主義，主張直接行動，組織金曜講演會。章太炎、張繼們參加硬派。一九○六年張繼把幸德秋水所譯馬拉鐵士達的《無政府主義》，重譯為中文。一九○七年張繼和章太炎經《支那革命史》作者北一輝結識幸德。幸德也經過他們到中國留學生宿舍宣傳巴枯寧和克魯泡特金的學說。一九○七年四月，幸德在《平民新聞》提倡中日革命家攜手，東洋各國社會黨聯合。章太炎首先響應，並與在東京的印度流亡者籌組「亞洲和親會」，中國方面參加者有章太炎、張繼、劉師培、何震、蘇曼殊、陳獨秀等數十人，日本方面參加者有幸德秋水、山川均、大杉榮等。該會宗旨明確宣布：「本會宗旨，在反對帝國主義，期使亞洲已失主權之民族，各得獨立。」因此，「凡亞洲人，除主張侵略主義者，無論民族主義、共和主義、社會主義、無政府主義者，皆得入會」。陳獨秀之所以加入亞洲和親會，主要是該會鮮明的反帝思想和他堅決的反帝思想不謀而合。但亞洲和親會由於會員來自不同國家，成分複雜，組織鬆散，成立一年就自行解散了。

六月，陳獨秀為蘇曼殊完成《梵文典》數卷作詩《曼上人述梵文典成且將次西游命題數語爰奉一什》。七月，革命黨人徐錫麟在安徽起義，將當時的安徽撫台恩銘炸死，徐被清廷捕殺處死，他與秋瑾共同策劃的浙江起義也失敗。至十一月，孫

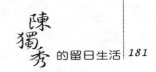

中山領導的潮州、惠州起義先後失敗。九月一日陳獨秀在《天
義報》上，以「熙州仲子」筆名發表詩：《題曼上人〈梵文
典〉》。

　　一九〇八年，陳獨秀三十歲，秋，回國度假。年底，重返
日本，住在東京神田猿樂町二丁目一番地清壽館。是年，游日
本日光山名勝蓬瀛華嚴瀑布，作《華嚴瀑布》詩十四章，被蘇
曼殊贊為「詞況麗瞻」⑨，後寄給民立報，被王無生刊於《小
奢摩室詩話》的有八首，改為《華嚴瀧》。有詩如：

　　列峰犖修眉，湖水漾橫波；時垂百丈淚，敢問意如何？
　　（其一）
　　死者浴中流，吊者來九州；可憐千萬輩，零落臥荒丘。
　　（其二）
　　日擁千人觀，不解與君語；空谷秘幽泉，知音復幾許。
　　（其三）
　　我欲圖君歸，虛室生顏色；畫形難為聲，置筆淚沾臆。
　　（其四）

　　此外，翌年，他與蘇曼殊唱和的《本事》詩中也有如下詩
句：

　　湘娥鼓瑟靈均法，才子佳人共一魂。誓忍悲酸爭萬劫，青

---

⑨ 蘇曼殊著：〈畫跋〉，同上，頁39B。

衫不見有啼痕。

丹頓裴倫是我師，才如江海命如絲；朱弦休為佳人絕，孤憤酸情欲與誰。

這些詩句，表現了自己幾年奮鬥迭遭失敗，死難烈士先後故去的哀愁與傷懷，及目睹孫中山領導的多次起義，慘遭鎮壓的徬徨心理，和以屈原、拜倫自喻，孤憤抑鬱、憂國憂民的情思。此外，他又譯拜倫詩《留別雅典女郎》。

一九〇八年，陳獨秀人在東京，周作人在〈北大感舊錄2——二劉申叔、三黃季剛〉記下面的有趣事：

這話還須得說回去，大概是前清光緒末年的事情吧，約略估計年歲當是戊申（1908）的左右，還在陳獨秀辦《新青年》進北大的十年前，章太炎在東京民報裏來的一位客人，名叫陳仲甫，這人便是後來的獨秀，那時也是搞漢學，寫隸書的人。這時候適值錢玄同（其時名叫錢夏，字德潛）黃季剛在坐，聽見客來，只好躲入隔壁的房裏去，可是只隔著兩扇紙的拉門，所以什麼都聽得清楚的。主客談起清朝漢學的發達，列舉戴段王諸人，多出於安徽江蘇，後來不曉得怎麼一轉，陳仲甫忽而提出湖北，說那裏沒出過什麼大學者，主人也敷衍著說，是呀，沒有出什麼人。這時黃季剛大聲答道，「湖北固然沒有學者，然而這不就是區區，安徽固然多有學者，然而這也未必就是足下。」主客聞之索然掃興，隨即別去。十年之後，黃季剛

在北大擁彘比了，可是陳仲甫也趕了來任文科學長，且辦
《新青年》搞起新文學運動來，風靡一世了。這兩者的旗
幟分明，衝突是免不了的。當時在北大的章門的同學做柏
梁體的詩分詠校內的名人，關於他們的兩句，恰巧都還記
得，陳仲甫的一句是「毀孔子廟罷其祀」，說得很得要
領，黃季剛的一句則是「八部書外皆狗屁」，也是很能傳
達他的精神的。⑩

　　一九〇八年陰曆十月二十日光緒帝戴湉死，溥儀繼位，國
號宣統，翌日慈禧亦死。一九〇九年陳獨秀仍住東京，蘇曼殊
與劉三書說：「兄如賜教，乞寄至東京神田猿樂町二丁目一番
地清濤館陳仲轉交元瑛。十一晨，戊申十二月上海」。戊申十
二月是一九〇九年，清濤館是中國留學生住處。蘇曼殊、劉師
培和陳獨秀都住在該館。三月，陳獨秀遷居江戶，與蘇曼殊、
鄭慶初、鄭以哲等常相聚首，並與蘇唱和《本事詩》十首。蘇
由東京函鄧繩侯：「晚現居江戶，一無所事，仲甫、慶初、以
蟄三兄弟常相聚首，尚弗覺其寥寂」。⑪五月蘇又返東京，曾
作詩贈陳──《游不忍池示仲兄》、《過若松町有感示仲兄》。
　　十月，獨秀長兄孟吉以肺疾客死瀋陽，陳由皖南家鄉北
渡，扶棺還里。留瀋陽時作〈述哀〉舊體詩悼念，詩云：「見

<hr>

⑩ 周作人著：《知堂回想錄》（臺北：龍文書局，1989年），頁
　595。
⑪ 文公直著：《曼殊大師全集》（臺北縣：文海出版社，1971年10
　月），頁178。

兄不見母,今兄亦亡焉。兄亡歸母側,子身苦迫遭。地下語老母,兒命青絲懸。老母喜兄至,淚落如流泉。同根復相愛,怎不雙來還」。

(五)第五次留日

一九一一年十月十日武昌革命成功,推翻滿清,建立中華民國。在一九一一年的革命運動時,陳獨秀主要在南京一帶活動。他當年主持的革命組織岳王會,有一位非常活躍的會員柏文蔚原是他的好友,後來柏文蔚加入中國同盟會。一九一二年,柏被任命為安徽省軍政府都督。他一上任就任陳獨秀為安徽省軍政府的祕書長,同時兼安徽書院院長。

中華民國創建後,袁世凱控制了當時最強大的北洋軍系,並利用君主立憲來孤立革命派。最後袁世凱甚至竊取了中華民國總統的位子,實施君主專政。這時,許多孫中山先生的重要黨員已開始放棄革命思想,準備與袁合作,只有孫本人和南方數省的都督如柏文蔚等,仍繼續與袁抗衡。一九一二年八月,孫中山先生的革命黨重新改組,由中國同盟會變為中國國民黨。一九一三年三月二十日,袁世凱派人暗殺中國國民黨的組織者宋教仁,袁的軍隊和南方革命黨的短兵相接已成必然。袁便採取行動,首先免去國民黨最有勢力的三個都督,其中包括柏文蔚。於是這三個都督便聯合起來,於一九一三年七月開始向袁進攻,這便是所謂的「二次革命」。

在「二次革命」時,陳獨秀協助討袁大計,並起草獨立宣言:「臨時總統袁世凱凶殘狡詐,帝制自為,戕賊勛良,滅絕

人道，惡貫滿盈，人民髮指。近日更無故派兵蹂躪蘇贛，東南各省同聲義憤，聲罪致討，吾皖豈能獨後。茲特邀集軍商紳界會議決定，即日宣佈獨立。」這篇文章成為年輕知識分子革命的警覺劑，且是激起反袁的強心劑。反袁運動持續了兩個月，終究失敗，袁走上君主專政之路。事後，陳獨秀逃到蕪湖。蕪湖駐防軍人龔振鵬殘暴，又與柏文蔚有隙，遂拿陳獨秀出氣，將他逮捕，並已出告示，要將陳獨秀槍決，陳獨秀卻從容地催促道：「要槍決，就快點吧!」這是陳獨秀一生中第一次被捕，後經劉叔雅、范鴻仙、張子剛三人營救，才得以出獄。後陳獨秀又逃到上海，在上海除了幫汪孟鄒經營亞東圖書館，並完成《字義類例》一書，及編了《新華英文教科書》，但此時他在政治及經濟上都甚失意。

陳獨秀在上海無法生活下去，遂求助於在日本的好友章士釗，章即函邀陳獨秀赴日。一九一四年七月，三十六歲的陳獨秀第五度也是最後一次去日本，在雅典娜法語學校學法文，並協助章士釗編輯《甲寅》雜誌。《甲寅》一九一四年四月發刊於日本東京，為章士釗所編輯，分時評、評論、通信、文藝諸欄。主要在批評袁世凱違反了共和政府的基本原則，以條陳時弊，樸實說理為宗旨。一九二五年七月改為周刊，在北京發行。《甲寅》第一卷第二號，章士釗發表陳獨秀的私函，題名〈生機〉，署名「CC生」：

　　〈生機（致《甲寅》雜誌記者）〉：記者足下。得手書，知暫緩歐洲之行，從事月刊，此舉亦大佳，但不識能否持久

耳。國政劇變，視去年今日，不啻相隔五六世紀。政治教育之名詞，幾耳無聞而目無見。僕本擬閉戶讀書，以編輯為生。近日書業，銷路不及去年之十分之一，故已閣筆，靜待餓死而已。雜誌銷行，亦復不佳。人無讀書興趣，且復多所顧忌，故某雜誌已有停刊之

《甲寅》書影

象。甲寅雜誌之運命，不知將來何如也！……自國會解散以來，百政俱廢，失業者盈天下，又復繁刑苛稅，惠及農商。此時全國人民，除官吏兵匪偵探之外，無不重足而立，生機斷絕，不獨黨人為然也。國人唯一之希望，外人之分割耳。……僕急欲習世界語，為後日謀生之計，足下能為覓一良教科書否？東京當不乏此種書，用英文解釋者益好也。　CC生白

從「靜待餓死而已」，說明他生活的窮困。傅斯年在〈陳獨秀案〉中說：這次「在日本，度他那窮得只有件汗衫，其中無數虱子的生活。」陳獨秀在此時認識助章士釗編輯《甲寅》

的高一涵，又以文會友認識李大釗、易白沙。

《甲寅》第一卷第三號（1914年8月10日）發表陳獨秀的詩七首：〈杭州酷暑寄懷劉三、沈二〉、〈游韜光〉、〈游虎跑〉二首、〈靈隱寺前〉、〈詠鶴〉、〈雪中偕友人登吳山〉。這都是他在杭州的舊作，其中劉三是劉季平，沈二即沈尹默。

八月，第一次世界大戰爆發，李根源等在日本東京成立「歐事研究會」，陳獨秀參加了該會。該研究會主要成員有黃興、李烈鈞、熊克武、鈕永建、冷遹、程潛、殷汝耕、陳炯明、鄒魯、李書誠、谷鍾秀、沈鈞儒、李明、楊時等一百多人。對於該會的評論，詆譽均有。有人說這些人因不同意孫中山改組國民黨為「中華革命黨」，而從同盟會分裂出來自成一派。陳獨秀在該會中沒什麼活動，後來，他評論「歐事研究會」時，稱它是右派，以後又演變成為支持北洋政府段祺瑞的「政學會」。

九月，陳在日本江戶，以「獨秀山民」署名，為《雙秤記》作第二篇序，憶亡友趙聲、楊篤生、吳樾、陳天華、何梅士等，嘆十年前中國國民黨之零丁孤苦更甚於今日，贊頌趙等亡友「有道德，有誠意，有犧牲精神，由純粹之愛國心而主張革命，……不惜自戕以勵薄俗」；「自感吾輩迂儒之隱憂未得少減，……墜落不堪，愧對亡友」。《序》還說：「作者稱此書為不祥之書，予云亦然。今以予不祥之人，敘此不祥之書，獻於不祥之社會。書中人不祥之痛苦，予可痛哭而道之。作者及社會不祥之痛苦，予不獲盡情痛哭道之者也，嗚呼！」宣稱同情章的觀點，即「對國家主張人民之自由權利，對社會主張個

人之自由權利」，認為「團體之成立乃以維持及發達個體權利耳。個體權利不存在，則團體遂無存在之必要」。

十一月十日，第一次用「獨秀」之名，在第一卷第四號發表〈愛國心與自覺心〉，批判傳統國家觀，並把人民與國家的關係鮮明地表現出來，首先他指出「國人無愛國心者，其國恆亡。國人無自覺心者，其國亦殆。二者俱無，國必不國。」中國人視愛國為「忠心」而已，歐美人把國家看作「為國人共謀安寧幸福的團體」，「愛國者何？愛其為保障吾人權利，謀吾人幸福之團體也。」所謂自覺心，除了懂立國目的外，還要理解自己的國家在當前世界政局中的情勢。又假如一個國家的人民缺乏由人類感性而升起的愛國心，這個國家是不能長期存在的；同樣地，假如這個國家的人民都缺乏自覺心，這個國家要存在也是非常困難的。照陳的觀點，自覺心是基於人類的良知的理性過程。因此，真確的愛國主義必須伴以自覺心。一個人之所以能愛其國乃因他了解這個國家的實況和目標。換言之，人們需要國家，是因為他們需要一個協力的實體來保障其基本人權和自由，以及維護其福利。如果以上這些都是一個國家的目標，去愛這樣的國家便是一種愛國的行為。如果一個國家缺乏以上的目標，而它存在的主要目的是作為統治階級的工具，那麼，讓人民去愛這樣的國家，實則是使人民受難更重。然而，了解一個國家的目標的方法在於自覺，因此，一個人如果沒有自覺心，是不可能成為一個真正的愛國者。陳發現他很難將中國看作是一個國家，因為中國人民的基本權利和福利在整個歷史時期一直沒有為國家所注意；且如今之中國，「民無建

國之力」，即人民也沒有建設這種近世國家的自覺心。所以，愛國主義也從來沒有存在過，因為它必須是與自覺心同在的，這是人民心目中不存在的東西。

陳獨秀自從與傳統價值系統決裂後，便不斷地追求新知，藉由辦刊物和寫文章，以教育來實現革命的理想。從這篇文章可以看出陳獨秀對中國時局的趨勢非常失望，但他也因此運用他對政治的敏感、堅忍的意志及研究西方所獲得的思想，繼續完成追求民主的理想。

四、陳獨秀與新文化運動

民國四年（1915），陳獨秀三十七歲。一月八日，日本政府向袁世凱提出二十一條要求。此外，袁世凱一度恢復帝制，張勳企圖擁護宣統帝復辟，軍閥在帝國主義列強的暗中操控下，割據與爭戰愈演愈烈，思想上又出現了尊孔復古的反動逆流。辛亥革命並未根本改造中國的人心，世人普遍徬徨與苦悶。五月，《甲寅》自第一卷第五號起，移至上海出版，發表一九〇九年九月陳獨秀所寫之哭兄孟吉喪詩，題名「述哀」。六月，陳獨秀從日本回到上海，開始著手中國人思想的改革之道。第七號選錄四川吳虞的《辛亥雜詩》，並加詮釋，從此這兩位「打倒孔家店」的名將發生關係。

陳獨秀認為中國人要進行政治革命，要先從思想革命開始。為了要革中國人思想的命，這一年九月十五日，陳獨秀創刊了《青年雜誌》，後來改為《新青年》。《新青年》對中國的

影響可分為三階段：㈠一九一五至一九一八年，成為反對封建主義前期新文化運動的中心，急進的民主主義者的戰鬥旗手；㈡一九一九至一九二一年中共創黨為止，由民主主義的刊物轉變為社會主義的刊物，在傳播馬克思主義思想上起了重大作用，並成為中共在上海的機關誌；㈢一九二一至一九二六年，逐漸改組成為中共黨中央的理論機關誌。

此後十年，陳獨秀藉著這份刊物來推動新文化運動，他呼籲中國青年覺悟起來接受西方進步的思想，並摒除儒家傳統的社會倫常和思想，進而掀起文學革命以完成民主科學的目標。《新青年》並為五四運動打下基礎，傳播了馬克思主義，為中國共產黨的創黨奠定思想基礎。此外，李大釗也借《新青年》傳播馬克思主義；胡適發表〈文學改良芻議〉，掀起白話文運動；吳虞則發表「打倒孔家店」的論述；魯迅也在此發表〈狂人日記〉。毛澤東在長沙唸師範學校的時候，特別愛看陳獨秀、胡適的文章，並以《新青年》的文章作為談話及思考的內容。《新青年》也從剛開始不到一千份的發行量，一九一七年就增加到一萬

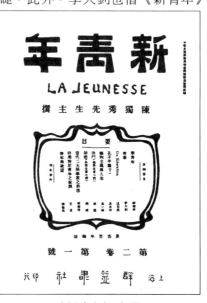

《新青年》書影

五、六千份了。可以說，一、二〇年代的新青年，幾乎都受到
《新青年》的文化及思想的洗禮。

　　自《新青年》開始，陳獨秀自此真正投入思想、政治的改
革運動，以其勃發的鬥志及反叛的精神，為他個人以及現代中
國的歷史改革掀起陣陣波濤。

參考書目

陳獨秀傳　鄭學稼著　臺北　時報文化公司　1989 年 3 月

陳獨秀傳——從秀才到總書記　任建樹著　上海　上海人民出
　　版社　1989 年 9 月

陳獨秀與中國共產黨主義運動　郭成棠著　臺北　聯經出版事
　　業公司　1992 年 1 月

陳獨秀傳——中共創黨人　楊碧川著　臺北　克寧出版社
　　1994 年 3 月

被綁的普羅米修斯——陳獨秀傳　王觀泉著　臺北　業強出版
　　社　1996 年 4 月

陳獨秀傳　朱洪著　合肥　安徽人民出版社　1998 年 3 月

陳獨秀傳　賈興權著　濟南　山東人民出版社　1998 年 10 月

陳獨秀年譜　唐寶林、林茂生著　上海　上海人民出版社
　　1998 年 12 月

陳獨秀研究　沈寂主編　北京　東方出版社　1999 年 3 月

相關文獻

横山宏章　陳獨秀

　　　　東京　昭日新聞社　267 面　1983 年 5 月

沈　寂　陳獨秀第一次留日考

　　　　近代史研究　1983 年第 4 期　頁 241-245　1983 年
　　　　10 月

向繼良　東渡前後──早期陳獨秀思想變化之管見

　　　　檔案與歷史　1986 年第 1 期　頁 65-69　1986 年 3 月

徐光壽　陳獨秀與日本

　　　　安徽教育學院學報（社會科學版）　1993 年第 3
　　　　期　頁 54-58　1993 年 9 月

有田和夫　陳獨秀：《青年雜誌》創刊への思想的動機

　　　　東方學會創立五十週年記念東方學論集　頁 17-30
　　　　東京　東方學會　1997 年 5 月

王光遠　陳獨秀和孫中山

　　　　北京檔案史料　1986 年第 4 期　頁 78　1986 年 12 月

佐佐木力　吉野作造と陳獨秀

　　　　みすず　第 493 號　頁 13-25　2002 年 4 月

横山宏章　西鄉隆盛と陳獨秀──詩文からみた幕末と清末
　　　　の志士

　　　　明治學院論叢　第 587 號　頁 17-33　1997 年 3 月

吳汝綸的日本教育考察

吳伯曜 *

一、生平簡介

吳汝綸，字摯甫，清末安徽桐城人。生於道光二十年
（1840），歿於光緒二十九年（1903），享年六十四歲。汝綸先
生小時候家境清寒，但他卻能刻苦力學，而在很早的時候就有
了文章方面的名氣。同治四年（1865）吳汝綸登進士第，被朝
廷任用為內閣中書。當時曾國藩看了他的文章之後，十分讚
賞，認為是相當難得的人才，於是把他留在幕府輔佐軍政，並
收為門生。經過一段時日的相處，曾國藩愈加地欣賞汝綸先
生，並將他比擬作漢代的禰衡。曾國藩去世之後，李鴻章繼任
直隸總督，同樣對吳汝綸相當器重，也把他延攬為幕僚。吳汝
綸在輔佐曾、李二人期間，曾、李二人的不少奏疏，都是出自
於吳汝綸之手。之後，吳汝綸又擔任了直隸深州以及冀州的知
州，主政期間，以教育為先，努力興學，使得深、冀兩州「文
教斐然冠畿輔」，而光緒十五年（1889）起，吳汝綸也擔任了

---

* 吳伯曜，高雄師範大學國文學系博士生。

保定蓮池書院的主講。在文
章方面，汝綸先生可說是晚
清桐城派的古文大家，和黎
庶昌、薛福成同樣是繼湘鄉
曾國藩之後，能夠傳承其業
的人。因此，人們也稱他們
為湘鄉派。

　　光緒二十八年（1902），
經管學大臣張百熙的薦舉，
朝廷任命吳汝綸為京師大學
堂總教習，吳汝綸堅辭卻不

吳汝綸 像

獲准，為慎重其事，吳汝綸自請先赴日本考察教育制度，事後
並將考察經過和內容撰寫成《東游叢錄》一書。歸國後，汝綸
先請假回家鄉探視，接著籌畫興辦桐城小學堂事宜。幾個月後
學堂落成，汝綸打算北上述職，不料在途中卻因身體遭受風寒
所襲，導致重病不起，不久因病於光緒二十九年正月在家中過
世，享年六十四歲。著有《易說》、《寫定尚書》、《尚書
故》、《夏小正私箋》、《深州風土記》、《文集》、《詩集》、
《尺牘》、《日記》、《東游叢錄》等書。

二、赴日之由及遊日概略

㈠赴日之由

　　光緒二十六年（1900），八國聯軍進犯京師之後，清廷力

圖振興與改革，同時在教育方面，也決定引用西方學制，並計畫於全國各省廣設學堂。吏部尚書張百熙當時受命為管學大臣，負責籌辦京師大學堂等教育事宜。由於張百熙深知吳汝綸學行博高、兼綜中西，可以為青年學子的良師，因此向朝廷奏薦，朝廷於是聘任吳汝綸為京師大學堂總教習。吳汝綸雖堅決請辭，但卻不獲允准。在肩負起這項重責大任之後，汝綸認真地思索著如何去推展中國新式教育，他體認到學校剛成立，辦學的經驗比較不足，而且新學也不是他的專長，而鄰國日本採用西方的法制已久，在教育制度方面比較完備。於是向朝廷奏請先到日本考察學校制度、教學方法等教育事宜，以供辦學的參考。時在光緒二十八年（1902）五月。

這一趟日本教育考察之行，進行得相當順利。原因之一是吳汝綸遠播的聲名和廣闊的交遊。吳汝綸平常就喜歡結交外國友人，與歐美名士交談議論的時候，語氣態度總是十分誠懇，其謙謙君子的風采讓外國人士「莫不為之傾倒」。英美人士如林樂知、李提摩太等人當初就是因為仰慕吳汝綸的學養與風采而前來和吳汝綸認識、交友。當時美籍教士路崇德曾經對人說，他見過許多中國人，但是學識襟抱卻沒有一人能及吳汝綸先生的萬分之一的，因此他認為吳汝綸的學識襟抱實堪稱東方第一人。

對於同用漢字的鄰國日本而言，其國人對吳汝綸尤其是喜愛和尊崇，吳汝綸門人當中的中島裁之，就是因為仰慕汝綸先生的學問而專程渡海來中國向吳汝綸問學的日本人。而居住在中國的日本人，更是不論路途遠近，紛紛登門求見，並以求得

汝綸先生的題字或詩文為榮。

．因此，當汝綸先生將赴日本考察訪問的消息公佈之後，日本全國人士都感到十分驚喜而互相轉告，認為是中日兩國共同的榮幸。日本各界不分貴賤、男女、老少，大家都期待、企盼著到時候能一睹汝綸先生的風采。

(二)遊日概略

從吳汝綸先生的兒子吳闓生為他的父親所編的《桐城吳先生日記》①當中，汝綸生動而詳細地記載著他在日本考察教育的經過，如今我們透過日記，彷彿看到了一位白髮斑斑，身軀瘦弱的長者，風塵僕僕、兢兢業業地為了中國的教育發展而努力地在鄰邦日本虛心誠懇地請教與學習。

光緒二十八年（1902）五月十五日這一天，汝綸先生抵達了日本，在長崎港登岸。當天共有長崎、神戶、大阪、東京、西京等地的名流約數千人聚集前往迎接，並且紛紛安排盛宴要來歡迎、款待汝綸先生。汝綸先生也十分和藹誠懇地會見前來迎接的日本友人們，而言談之間也十分地懇直沒有絲毫的矯飾。不過吳汝綸在登岸後不久，並沒有稍事休息，而是隨即展開考察工作。當天吳汝綸就和隨行的日本門生中島裁之率領一批學生奔赴長崎高等中學校醫學堂參觀訪問，認真地考察該校的教室、實驗室和圖書館等設備，並詢問有關的教學事宜。在

---

① 吳汝綸著，施培毅、徐壽凱點校：《日記》（合肥：黃山書社，2002 年 9 月，《吳汝綸全集》本），第 4 冊。以下引用《日記》原文時，僅註明頁數。

吳汝綸的日記中也提到了當天該校教師松方在介紹學校各項設備和課程的同時，也語帶感慨地向汝綸先生表示，日本當初在發展教育時，太過偏重智育，以致今日「有德之士殊少」，希望中國在發展教育時能注意到這個問題並引以為鑑。

　　往後的幾天，吳汝綸又分別參觀了神戶小學、商業學堂、御影師範學堂及附屬女子小學、工科大學、農科大學、西京大學、東京大學等各級、各類學校。

　　以下，筆者僅就汝綸先生日記中的記載，摘取若干篇，為大家敘述汝綸先生「東遊」經過。

　　五月十八日早上六點鐘，兵庫縣視學官小森慶助前來帶領汝綸先生，依次到神戶小學、商業學堂以及神戶幼稚園參觀。在神戶幼稚園參觀的時候，吳汝綸看到幼稚園的保母正在教幼兒唱歌、跳舞，動作十分整齊，小孩子做得好高興。又看到教師教小孩子堆積木，並且也看到園內設有繪畫室。吳汝綸心想，中國如果要學習日本幼稚園的作法，應當不難，可是問題在於缺乏幼教老師。

　　五月二十一日早上，吳汝綸與門生中島裁之率領一批學生到京都大學參觀訪問。該校校長木下廣次熊博士親自引領參觀各部門、科系。木下校長向吳汝綸表示，該校創立才五年，各方面還沒有齊備。尤其是大學學生的考試方式不理想，現在木下校長把它改為：凡是每學年年終考試不通過的學生，再留級一年，其他考試通過的學生則可以升上第二年學級。另外，學校裡的教師和學生關係一向不融洽，原因是教師「過示尊嚴」（頁691），經過他的努力宣導，如今學生已樂於從師問學了。

這是比以前改進許多的兩件事。木下又說，開辦大學，最為繁難，過程當中會遭遇許多阻力，現在我已工作了一半，而貴國才打算開工，將來貴國辦學當中所將遭遇的困難，我大多已經經歷過了，如果到時候有什麼疑問，我願意「悉以相告」（頁691）。這次參觀京都大學，吳汝綸對該校的標本室最感興趣，因為吳汝綸看到標本室當中所陳列的機器、車船等模型的外表形狀，看起來都和真實物件一模一樣，於是汝綸懇請木下校長將該校全校校舍製作成一座木製模型寄到北京，以供參考，至於製作工錢與材料費用願意全數照付。木下校長則向汝綸先生表示，不須要付費，就當作是西京（京都）大學贈送給北京大學的禮物好了。

吳汝綸除了參觀一般學校之外，對於教導殘障學生的特殊教育學校，汝綸也用心前往參觀瞭解。五月二十二日這一天，吳汝綸即參觀了京都盲啞學校。在該校，汝綸先生看到有幾位症狀較輕微而可醫治的啞生，經過教師的教導，已經能夠說中國話了，吳汝綸心想，我們這一些不會講日本話的人跟這些啞生相比，不知道是誰啞誰不啞呢？又看到盲生能夠憑藉觸摸點字的方式學習，有的盲生則正在學習生理學、音樂或是體操。至於重度聾啞的學生，只要看教師的手勢就知道教師要表達什麼意思。這些聾啞學生看到汝綸先生來訪，都紛紛作畫要贈送汝綸先生，而盲生們也各做一首日本詩來送給汝綸先生。汝綸感觸良多，覺得「此等教育，可以彌補天地之所憾矣」！

在日本期間，吳汝綸對於在日本各式學校、科系就讀的中國留學生，也相當的關切，一一詢問他們求學的情況，並給予

鼓勵。在吳汝綸的日記中，我們可以看到他記載著某某學校有中國留學生幾位、唸什麼科系以及未來的計畫，例如，五月二十六日這一天，吳汝綸在日記當中提到：「（東京大學）機械工學科有吾國學生三人，沈琨、張鎂緒，皆直隸人，高叔琦，浙江人。……教師謂此諸人皆已卒業，皆願再留學一年。……是日來訪者，有臺灣彰化人楊世英，在日本留學六年，農科卒業生也。……其意欲為中國開農學。」（頁694）

在五月二十八日當天參觀高等師範學校的時候，汝綸特地去瞭解該校漢文教師講授《左傳》的情形，汝綸的感受是：「所講皆粗淺，此國漢文不能復振矣！」（頁695）

五月二十九日這一天，吳汝綸參觀了華族女學校。該校校長下田歌子是教育學專家，辦學已有二十多年。她十分留意中國的女子教育，打算到中國一遊。當天下田校長留汝綸先生一行人下來用餐。餐後，吳汝綸聽到女學生正在彈奏古箏。對於古箏這一在中國已經很少人會彈奏的中國古樂器，在日本的女學校竟然有開課傳授，吳汝綸在日記中表示既感慨又羞愧。

六月十七日下午吳汝綸拜訪了日本教育名家伊澤修二。伊澤先生對當時日治臺灣興辦教育頗有貢獻，吳汝綸向伊澤先生表示，日治臺灣當初興辦教育的經驗正可以提供中國現今創辦新式教育的參考，於是伊澤允諾將臺灣教育用書贈送一份給汝綸先生。

六月三十日吳汝綸帶著當時正在日本留學的兒子吳闓生，協同日人小村俊三郎一起赴古城貞吉先生之邀。當天古城先生設宴於靜養軒，汝綸先生抵達時已有八位人士在座。小村俊三

郎向汝綸先生表示這八位人士都是教育家，於是在席間，吳汝綸誠懇地請他們針對中國教育的發展，「各以一言相贈」（頁703）。於是他們分別提出了誠摯的建言。古城貞吉的建議是不要廢止經史百家之學，歐洲與西方各國的學校教育，都是以本國的學術為中堅。阪上忠之介的建議是不必考慮到教本與教育方法好壞的問題，只須先強制學生去學習，效法日本三十年前的作法。阪本嘉治馬和岸田吟香二人的建議都是打破、掃除舊有的弊端是第一要務，而岸田吟香也談到他們所編譯的有關西方教育的方法和理論，希望這些著作也能對中國的教育發展提供幫助。小林弘貞的建議是「教育之要，在陶冶品性」（頁703）。杉原辨次郎的建議是如果能使用同樣的文字，通達彼此的意思，那麼對彼此間的文化交流將更加便利。而名鹽佐助則表示沒有什麼建議，古城先生連忙向汝綸先生解釋，因為名鹽先生尚年輕，所以還沒有辦法為汝綸先生提供有用的建議。接著小村俊三郎談到，變法必先變俗。變法屬於政事方面的事，而變俗則和教育相關，這方面的重責大任就掌握在汝綸先生的身上了！最後古城先生又再次提出建言表示：「移易風俗，聖賢猶難。五方交通，學有長短。」（頁703）各國有各國的風俗；各國的學術也各有其優點。如果廢掉中國的文學（文化學術），那麼三千年的風俗將不再存在，民族好像全數滅絕一般，而政事也將會完全失敗啊！這也就是為什麼英國會有保守黨，就是要來克制西方人輕浮狂簡的毛病。

七月六日，吳汝綸前往拜訪日人大隈伯。吳汝綸在日記中形容「其人精爽，所論教育甚當」（頁704）。大隈伯向吳汝綸

提出了他對中國教育的看法，認為：中國的經史詩文之學，只適合在大學專門科系教授，不適宜用在普通教育當中。而中國的書籍太過繁多，應當有所選定，以做為學校上課教學之用。對於學生參考所查用的書籍，則可以讓學生自由閱讀，不加限定。中國自漢朝以後，學術逐漸支離分散，「當求復古，以周為主」（頁704）。而在剛開始創辦教育的時候，所訂定的事項，一定無法盡善盡美，在往後，可以隨時更改修訂。

七月二十三日，高島張輔前來拜訪汝綸先生。吳汝綸覺得高島所說的：「中國之教，有益於心，西教有益於身，不可舍己從人，當取長輔短。」（頁705）十分有道理，於是又向高島請問西方國家有那些優點是中國所應當學習、效法的?高島表示共有五件事，分別是：「一醫，二兵，三理化，四礦學，五機械學。」（頁705）聽完之後，吳汝綸心想：如果中國的讀書人都知道學習這五件事，那麼中國就可以自立了！

八月二日下午，吳汝綸拜訪了前文部大臣濱尾新，談了許多教育方面的事。濱尾所說的話都十分切要，他談到，處在今日萬國交通頻繁的時代，「非一國之學所能獨立，必兼各國之長，與之角勝，乃能與列強並立於世界」（頁706）。濱尾並認為中國興辦教育應當先設立醫科和工科。因為這兩個科系都屬於實業，成效迅速，足以讓國人對教育產生信心和希望。中日兩國本有自己的文明，而如今所增加的是西方的文明。中日兩國本有的文明多屬於精神方面，而西方的文明則多屬於制度方面。秉持我們固有的精神，運用西方的制度，如此就能「用彼之長而不為彼所用」（頁706）。現在雖然改用西方的學說，但

是我們舊有的優良文明，應當繼續保留而不廢棄。至於一般的國民教育，則不應該放在最後面來考量，想要和列強競爭，光有專門的學術是沒有用的。

吳汝綸在日本的考察，可以說竭盡心力，常常超過了中午時間而未進食，平常也都是「雞鳴而起，夜中始休」，可是他卻習以為常。當時東京日報經常報導汝綸先生在日本考察時令人讚歎的種種事實，日本報館主筆在報導汝綸先生的時候，也常常是用著驚嘆的語氣。

關於吳汝綸先生做事時的精神，可舉汝綸先生於八月六日那一天前去拜訪日本皇宮顧問田中不二麿的經過為例。當天汝綸先生獨自帶著一名翻譯人員去訪問田中不二麿先生，田中曾經為日本的教育前去訪察歐美各國學制，日本的教育制度多為其手定。當時吳汝綸的住處距離田中先生的住處十分遙遠，然而吳汝綸卻不肯乘馬車前往，只願搭人力車前去，結果半途當中車子因路滑而翻倒，吳汝綸的鼻子也撞傷而血流如注，整個人陷入昏迷，不醒人事。翻譯人員非常驚恐，立即將吳汝綸先生扶到附近的新地醫院醫療，經醫生用冷水療洗之後，吳汝綸先生於是止住了鼻血，人也清醒了，可是這時他卻馬上起身，立即又繼續搭車前往田中先生的住處。到了田中先生的住處之後，兩人針對教育事宜談論甚詳。當天吳汝綸又拜訪了教育家新次等數人之後才返回住處。而回到住處經過了好幾天之後，吳汝綸先生先前翻車受傷的地方仍是隱隱作痛。這就是吳汝綸先生一貫的做事認真、勤奮的精神和態度，常常是工作、公事為重卻沒有顧慮到自己的身體。

　　八月八日這一天上午，吳汝綸分別參觀了監獄和養育院。下午則前去拜訪井上哲次郎。井上認為，教育的精神在教育學生，使學生明白實現理想的重要性。當理想存在人的腦子當中的時候，它能夠驅使人往向上的境地邁進，而且能夠使人充滿活潑的氣息。如果就國家來說，則是應當擷取東西文明的精粹，打造成為一體，以此來訂立理想。

　　八月二十一日，吳汝綸拜訪了前司法大臣清浦奎吾。清浦談到日本在明治維新剛開始的時候，就意識到與其在國內自己開辦學校，不如派遣學生到歐美去留學，等到學成歸國，政府再加以重用。日本政府採用這樣的方式，果然得力不少，成效卓著。清浦建議清廷政府不妨也仿照此一方式辦理。吳汝綸覺得清浦的建議十分肯切。

　　八月二十四日早上，吳汝綸到東京府第一中學校參觀。該校校長勝浦鞆雄與汝綸先生在談論中國教育時認為中國文字繁多，不容易記憶。吳汝綸則向勝浦鞆雄提到近來已經有人制作省筆字一事。勝浦鞆雄聽了感到很驚奇，並表示如果中國真的採行省筆字，對於普通教育的進展，一定能夠加快速度！

　　八月二十五日，吳汝綸到大橋圖書館參觀，並贈送該館《尚書》、姚鼐《漢書平點》以及吳汝綸的近著《深州風土記》三種書籍。

　　九月三日，吳汝綸拜訪菊池文相。菊池表示，翻閱各國歷史，莫不是以造就為國辦事的人才為急務，中國興辦教育對這一點必須特別注意。菊池並以明治十年至二十年期間所發展的大學教育為例，認為該時期的大學教育程度尚淺，比較適合中

麻代疆域

深州風土記第一

深州在禹貢為冀州大陸之域故唐置陸澤縣于此杜佑李吉甫并謂大陸為邢趙深三州地是也春秋之初不見于傳記晉荀公二十二年晉荀吳伐鮮于圍鼓鼓今晉州而漢之三屬縣元明故皆屬晉循是言之深在春秋鮮于地也史記趙武靈王二十年畧中山地至寗葭顧祖禹謂寗葭故城在今深州東南戰國中山卽春秋顧祖禹謂斯言戰國之初深屬中山矣呼沱在深州界中深屬中山呼沱亦在中山故戰國策云趙攻中山以擅呼沱也而武靈王亦稱我先王阻漳滏之險立長城然則漳滏以北趙不

《深州風土記》書影

國目前的階段，而現今日本在位辦事的人員很多是這十年的大學教育所培養起來的。菊池認為救急應用和研究學術不一樣，「程度不必高，但要適於實用」（頁713）。醫科、工科要先辦，因為這兩科成效比較明顯，最能讓國人信從。法律科系也十分需要，「國無法學，不能治也」（頁713）。中國各省如果不想設立大學，可以先設立專門學校，學生一畢業就可以開始辦事，不一定要再讀京師大學堂。

九月八日，吳汝綸再次造訪大隈伯。大隈伯談到了學校對人的造就，在吳汝綸的日記裡記載著他的看法：「學校造就四等：一造就個人，即德育、智育、體育是也；二造就國民，即普通教育、團結社會、齊心愛國是也；三造就公民，即使有政治之學，足以領袖平民是也；四造就世界人，即交通萬國、取長輔短、相與並立是也。」（頁714-715）當天，汝綸也拜訪了犬養毅，犬養毅談到了他對孔教的看法，令吳汝綸十分讚佩，吳汝綸在日記中記載著：「過犬養毅，其言：『孔子之教，以仁為主，可以盡攝西學諸科，他宗教盡出其下。中國秦漢以

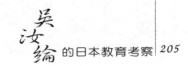

來，朝代屢易而國不亡者，孔教統一之也。』其言亦絕偉。」
（頁715）

　　就這樣，吳汝綸不顧其年老體弱之軀，勉力而行，積極、
務實、馬不停蹄地地進行在日本的教育考察工作。雖然吳汝綸
到達日本時正值炎夏，不過在他所停留的三個多月期間，他幾
乎是天天冒著盛暑到日本各校去考覽，有時一天就跑了十幾個
地方，可以說從長崎、神戶、大阪到東京、西京的所有學校幾
乎都跑遍了。從大學以至鄉間、村町的小學，不論是在教學場
所或學校宿舍等方面的建築或是在教學方面所需要的各項儀器
設備、圖書物品，以至於各校的章程、教學課程或是使用之教
材，吳汝綸都一絲不苟地一一加以博稽詳察。對於教學的方法
以及論學的主旨，吳汝綸也都深入的去探求其所以然的道理。
因此，汝綸可以說是「日行數十里」。同時他也可以說是「日
接數十人」，在東京朝夕會客，並一個個親自與他們筆談，每
天用掉數百張紙，而筆談的內容則沒有一句話不是涉及教育
的。他所會見的客人當中，很多是日本的教育名家，吳汝綸常
常和他們反覆詰難，務求問題的真正瞭解，並且彼此交換意
見，等到客人離去之後，吳汝綸就將把談話的重點記錄下來成
為一本本的冊子。同時每天必定冒著暑熱到文部省聽取官員介
紹有關日本的教育制度等相關事宜，並勤作筆記，一坐就是二
三小時，絲毫不倦怠。同時他也將文部省以及各校所提供的眾
多教育方面的文件、資料和圖表，加以收集和整理齊全。他這
種勤奮認真的態度、誠懇篤實的精神，連文部高級長官都相互
私下讚歎，認為從來都沒見過如此的人。

　　吳汝綸在日本的三個多月期間，幾乎日本各界名流都相繼以貴賓之禮來款待他，日本一國之尊的明治天皇也特別召見他，對他表示敬重。而不論士農工商或男女老少也都競相企盼以能望見汝綸先生的風采為榮。而由於日本各界早聞汝綸先生淵博的學識與詩文創作方面的才華，因此每當汝綸先生空閒的時候，來到先生住處求索他的毛筆字、詩文作品或是專程來與先生一起研究討論經學、史傳等漢學的人士，可說是絡繹不絕。雖然來了這麼多客人，讓汝綸先生應接不暇，但是汝綸先生總是誠懇適切地回應每個來訪的人，讓每個人都感到欣喜滿意。

　　然而就在吳汝綸考察日本教育的期間，卻發生一件令人感到不快和痛心的事。當時清廷出使日本的大臣蔡鈞諂侍權貴，並且虐待留日學生，甚至還教唆日本警察到使館中逮捕當時的留學生吳敬恆等人。吳汝綸認為蔡鈞所作所為實在有辱國家的體面，因此到使館向蔡鈞據理力爭，希望能保護留日學生。但是吳汝綸此舉，卻觸怒了蔡鈞，當時蔡鈞立即電告清廷政府，誣指汝綸在日本率領留學生，預謀革命造反。而在清廷當中，慶親王奕劻以及大學士榮祿等人早就對吳汝綸不滿，於是想利用這個機會將吳汝綸誅戮以洩憤。張百熙得知此事，十分惶恐，擔心吳汝綸的安危，於是緊急電召汝綸歸國，而吳汝綸對這突如其來的命令，則以恬淡而平常的心來面對。

　　在結束日本考察之行的前夕，汝綸先生趁著最後時間，又趕緊拜訪了西京大學，並與該校總教木下廣次深談。此番會面，汝綸先生的所思所言令木下先生大為嘆服，事後木下先生

曾對人表示,吳汝綸先生精密的思慮、卓越的見識,可說是曠絕一世,連日本明治維新時代都不曾出現過像他這樣傑出的人才,相信中國教育的興隆將是指日可待。

　　光緒二十八年(1902)九月,吳汝綸結束了他在日本教育考察的行程。臨行歸國之際,吳汝綸把他在日本關於教育、學制方面的所見所聞,匯編成《東游叢錄》②一書,交付東京三省堂刊行,並打算回國後立即將此書呈遞給管學大臣張百熙,「以備採擇」。吳汝綸的這一部著作,內容十分豐富而詳細,受

到當時日本各界高度讚揚與肯定,例如當時的日本《朝日新聞》就推崇該書:「於吾國學制次第,集錄極佳,在吾國人亦極有用!」

　　從《東游叢錄》一書的目次當中,我們可以大致瞭解他在日本教育考察的豐碩成果和內容。茲轉錄該書目次如下:

　　　文部所講第一

《東遊叢錄》書影

---

② 吳汝綸著,施培毅點校:《東游叢錄》(合肥:黃山書社,2002年9月,《吳汝綸全集》本),第3冊。以下引用《東游叢錄》原文時,僅註明頁數。

教育行政：

　　教育制度、文部執掌

教育大意：

　　小學校、中學校、高等女學校、師範學校、高等師範學
　　校、醫學校、外國語學校、美術學校、音樂學校、高等
　　女子師範學校、高等學校、實業學校、實業補習學校、
　　大學校

學校衛生：

　　衛生沿革、衛生實歷、學校設備

學校管理法：

　　管理之外部、管理之內部、學校編制、小學校、中學高
　　等學大學校、外國大學、外國大學試驗、外國學位、各
　　國學稅、各國學風、大學堂附屬各學

教授法：

　　考察成績、教科書

學校設備：

　　圖書館博物館之益

日本學校沿革：

　　小學校、中學校、高等女學校

附：歐美各國小學校學科課程

摘抄日記第二

　　起五月十五日訖九月六日

學校圖表第三

　　三島博士衛生圖說

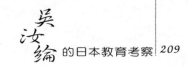

東京大學員數度支表

西京大學豫算表

高等學校豫備科課程表

東京高等商業學校日課表

東京府立中學校學則課程度支成績表

西京尋常中學寄宿舍規則

東京府師範學校經費表

東京府女子師範學校經費表

東京市立常盤小學校一覽表

東京市富士見小學校略圖

兵庫縣御影師範學校員數度支表

東京盲啞學校概則

私立女子職業學校概則

西京市學事一覽表

陸軍士官學校中國學生學科日課表

現行學校統系

學校統系目次

附學科課程表

函札筆談第四

都二十八篇

　　總計吳汝綸在日本居留了一百多天（三個多月），先後考
察訪問了四十多所學校，從幼稚園、小學、中學、高等學校到
大學，從普通學校到師範學校、職業學校、女子學校、華族學

校、士官學校、聾啞學
校,以及最高學府的東京
和京都的帝國大學,他都
一一作過了詳細的「校園
巡禮」。汝綸先生有鑑於
日本的教育從幼稚園一直
到大學院校按部就班,依
照年齡、程度安排學程,
學校層級井然有序。如
此,教師方便教學,學生
也容易學習和領悟。因
此,汝綸深刻體認到,中
國要想興學堂、辦教育,

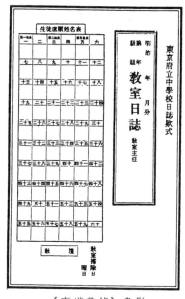

《東遊叢錄》書影

必須注重學制、課程的妥善規劃以及師資的培育,同時也必須
從童蒙教育開始著手。

三、與日本學者的書信交流與筆談

吳汝綸在日本考察期間,從文部省的大臣、官員以及各教
育名家,到學校的教師、學生以及社會各界人士,吳汝綸都廣
泛地與之接觸、會晤與訪談,虛心地向他們請教。尤其是日本
的教育家們,吳汝綸更是與他們來往密切。希望藉此能廣泛而
深入地瞭解日本的教育成果,吸收日本教育改革的經驗和教
訓,待回國後,提供給國內,作為教育發展的重要參考和借

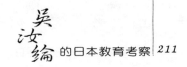

鑒。

　在與日本的教育家接觸的這一方面，彼此間除了相互拜訪之外，有關教育方面的交流與探討很多是利用書信與筆談的方式，透過書信與筆談，日本許多的教育家們熱心地提供了許多個人在教育方面的知識、經驗、見解以及建議給汝綸先生，這些內容後來編入吳汝綸《東游叢錄》當中的〈函札筆談〉，一共有二十八篇。從當中我們發現到，日本的學人的確提供了不少對於中國教育發展的寶貴意見，同時也讓我們瞭解了當時日本的教育制度、教育思想和教育發展的經歷，而這些正是當時的中國在發展教育時，極其寶貴的資料。茲舉其中若干家之說摘錄其書信、筆談原文如下：

（一）日戶勝郎來書
清國教育下手之第一著，莫急於先起師範學校，以造各省小學校之教員，養成教員者，是教育上最先、最大之急務也。（頁746）

（二）前山陽高等女學校校長望月興三郎來書
嘗聞俄國之侵入於東邦而略要地也，必先建兵舍與寺院；美國人種之始移住於彼土也，必先設寺院與學堂，……是故俄國雖有席卷四海、併吞八荒之勢，其國礎不固。……固國礎之道，在於育英。……欲獲人才，須造良家庭，欲得良家庭，須造賢母，賢母養成之道，在教育女子而已。故曰：國家百年之大計，在女子教育。無他，是教育之根

本,而實鞏固國礎之法也。（頁747）

（三）日本體育會體操學校松井次郎兵衛來書

養國力,則在養元氣,養元氣之法,則莫善於勸課體操矣。夫身體者,精神之所宿也。古人曰:活潑精神,宿於強健之身體。身體既健,精神既旺,則文教可以興,武備可以精,殖產興業可以隆盛焉。（頁751）

（四）吳汝綸與田中不二麿筆談傍記（細田謙藏述）

吳曰:今大學堂課本,多用洋文原書,若譯而用之,豈不益利便?

田曰:用原書之利,有數端焉。課本為數無多,譯而用之,不如原書省費。學問深理,譯而用之,不如原書得要。西學貴日新,新理續出,譯而用之,不如原書有益進境。……世或有心醉西學之極,欲廢絕國文專用洋文者。夫文字為國之命脈,絕國之文字,即斷國命脈也。（頁783）

（五）大學總長山川談片（章宗祥錄）

凡國家之所以存立,以統一為第一要義。教育亦統一國家之一端,故欲謀國家之統一,當先謀教育之統一。教育之必須統一者有三大端:（一）精神（愛國心）、（二）制度（設立教育機關）、（三）國語（統一語言）。（頁788）

（六） 研經會筆談

（汝綸）問：貴國前輩，似皆以漢學為根柢，後進之士，則吐棄漢學，一奉西文。究竟人才，後進與前輩孰勝？

（研經會學者）答：吾國前輩之奉西學者，以漢文為根柢，加之以西學，是以多有為之士，較人物古勝今劣。僕不知西學，然在工技之學，不可不資於西學。正德、利用與厚生，學問之要，三言備之。東洋道德，西洋工技，合之始成。賢者當合并東西，陶熔一冶。

（汝綸）問：正德、利用、厚生，實括東西學之大成。貴國維新以後，德育、智育、體育三事並重，近來智育、體育皆著成效，德育今與古孰若？

（研經會學者）答：吾國古有武士道者，加以貴邦聖賢經傳，大有可觀。今西學傳來，混入西學分子，德育一貫，甚為難事，貴邦亦恐不能免。

（汝綸）問：如何而後使德育之說，不至徒託空言？

（研經會學者）答：大問不敢當！然以鯫生見之，道德莫尚大聖孔子，天定之日，必風靡東西矣。此後進之所當勉也。敝邦明治七八年之交，西說盛行，至婦女子亦唱民主說，幸得回狂瀾於未倒。蓋欲取人之長，則其短亦不可不防，是必至之勢也。唯有力而後取捨無失，切望慎之！

（頁766-767）

（七） 井上哲次郎筆談

（汝綸）問：來此為欲瞻仰貴國教育，所見皆是外著之制度，已足敬佩，尚欲得公等誨示，一問貴國教育之精神。

（井上）答：敝邦教育，以融合調和東西洋之思想為目的。自然科學，莫如西洋，然唯取自然科學而無精神以率之，則將不堪其弊。故以我精神運用之，此我教育所由立也。貴國亦要先講西洋自然科學，然無所謂哲學者，則教育之精神難立也。教育精神畢竟在倫理，今日之倫理，非打東西粹而為一冶不可。我邦學者所努力在此。

（汝綸）問：願問理想之重要。

（井上）答：理想一也，而有個人之理想，有國家之理想。個人之理想，則倫理之本源也；國家之理想，則國家隆盛之原因也。理想者，非取模範於過去，而期將來者也。欲駕過去一切文明而上之者也，非尚古之意也，逐新而進之意也。

（汝綸）問：逐新仍兼尚古乎？抑去古就新乎？

（井上）答：去古就新之意也。然非慢古，又非棄古，駕古而上，故不畏古也。如印度專尚古，欲一效古，故遂不能如古。古今時勢已異，以今作古，是所不可能也。印度文明，進寸退尺，良有以也。（頁757-758）

（八）大槻如電問答

（汝綸）問：教育之法，全用歐學，似盡棄漢文，亦未免過甚。敝國今開辦學堂，不能全廢本國舊學，但歐洲科學已多，再加本國舊學，學童無此腦力。若刪減漢字，即與

貴國無異，將來能漢文者亦少。若刪減西學，若何刪法？
又漢學讀書，必須倍誦，緣經史文理過深，不如是不能成
誦，殊無益處。若倍誦溫習，不能與西學同時並講，且恐
欲求兩全，轉致兩失，如何而可？

（大槻如）答：現在學制，除小學外，他學皆修漢文，我
國竟不能棄漢文也。夫國史以下，皆由漢文傳之，盡棄漢
文，前言往事，何以究之？只欲棄無用文字耳。歐學又只
行之中學、大學，如小學不過授羅馬數字及橫文二十六
字，雖曰學童腦力不堪，其不堪者在科學複雜耳。設科目
者，宜深省也。至貴邦舊學，其可棄者頗多，如科舉重八
股，卻是徒費腦力，明太祖曾禁之，聞貴朝 聖祖亦停
之。然而舊染積習，用力駢儷，所謂無益世道人心者，今
而不廢，恐不能新人智識也。貴邦新設學堂，宜斟酌內
外，以定教科法。……試陳大略如左：

德行第一：

儒教為本，自誠意、正心訖修身、齊家。而仁義忠信，皆
對人可行者。方今與五方人交，此四者最須涵養。如習業
法，口授心受，不必盡依典籍。.

地理第二：

不問內外，不論東西，舟車所通，品物所產，及風俗政
刑，可指示輿圖，以存之記憶。著眼欲大，謀事欲審，此
科宜少參取西法。

文章第三：

不善文辭，不可述志傳意。

書數第四：

字畫必正，運筆必捷，行草諸體須兼習。世界萬有，不離數理，算數實諸學所基。

世謂漢字夥多，不堪煩累。然漢字一字為一言，言語與時變移，文字從有死生，是自然之理。《康熙字典》所收十餘萬字，細檢之，今日所用止三四千，他皆死不再蘇者，何須新刪？今夫轉用數千言，顯出幾千萬語，如是觀之，漢字之功亦偉矣！若西學刪法，不可不大注意，先生此語大強人意。西學可採者，算數、物理、醫療、機工，此四學宜全用。如醫學，貴邦目下急務，一日不可忽之。但法律、經濟可供參照，不必全依。凡百般學術必須倍誦溫習，豈獨經史？其有益無益，畢竟在採擇當否。其「欲求兩全，轉致兩失」之語，卓見確論，我國殆致兩失，貴邦必當求兩全也。（頁802-804）

（九）貴族院議員伊澤脩二氏談片（吳振麟錄）

（汝綸）問：新舊之間，豈無衝突之患？調停之法如何？

（伊澤）答：我日本維新以來，新舊黨之衝突，大者凡若干事，小者凡若干事。惟新者定大志，結大力，批艱排難，百折不回，任舊者之如何抵抗，曾不顧之。卒之善者無不伸，不善者無不屈，此亦理之自然者也。所虞者，立志不堅，定力不卓，一遇衝突，遂目眩神迷，所志不償，墮於中途。讀世界歷史，國家當改革之初，往往有是，最可惜亦最宜慎者也。（頁795）

（十）東京大學教授法學博士高橋作衛來書

第一、宜定教育方針：

一國興學，教導子弟，苟不定嚮往之目的，何以能舉事？徒驅全國幼年皆入學校，以為畢乃事者，豈知教育之道哉！夫人有常心則臨事不為利慾所惑，有常識則能排艱難，能操藝術則建業奏績，富國潤身，蓋教育之目的在兼備此三者。歐美諸國教育大家之說，皆曰常心與常識不可不養之於素也。……英國教育方針，在養材幹，故不強以學術，任其自由；若中等以上之民，往往有不使幼兒入小學，自聘良保母以保育之，長而使之入中學，造大學，不獨專心於技藝，且以健壯其身體，達其養材幹之主義焉。……若夫敝邦教育方針，未必一貫，識者以為憾。如大學教育，主義極其模糊，其〈大學令〉曰：「帝國大學者，研究學術，兼養有用之材。」若以學術為第一義，以養材為第二義者，其實專以讀書修業為急務，不復顧養材幹，教官與子弟，相遇如路人。竊惟貴邦　康熙皇朝以來，多出碩儒，博覽強記，學主考證，孜孜矻矻，殫全力於圖書之間，以終一世，學風如斯，而有為之氣漸銷。貴邦之所憂，蓋不在乏學者而在乏材幹之士，宜一變學風，採英國方針，以養成材幹之士為第一義也。

第二、宜以孔道為學生修德之基：

大凡宗教以信為基，苟無信便無宗教，故欲採宗教為日本學生修德之基，不啻緣木求魚。惟我邦有一事卓出于萬

邦，則我　皇統一系萬葉，德澤浸入民心，四千萬眾庶，
仰望　我皇如天如日，鳳詔一下，莫不遵從，是以本邦學
生修德之基，一憑勅語為依歸。竊謂貴邦有孔子教，此教
至明至大，不落空遠，不陷奇怪，而旨深理玄，誠人生良
訓也。孔子生於貴邦，爾來數千年教旨漸入人心，信以為
世界無二之道，猶西人信西教，是實足採以為貴邦學生修
德之基，宜設大講堂於大學，聘碩儒演講，使學生集聞其
說，猶如歐美諸大學使學生每週一回入教室行禮拜也。雖
然貴國今日，士大夫亦莫不聲稱孔道，但所謂孔道者，不
徒在口稱，尤重在躬行也。（頁812-815）

四、結語

　　吳汝綸的日本之行是成功的，除了在教育考察方面滿載而
歸之外，他的言行風範和做事的精神，也贏得日本各界的讚
佩，東京《朝日新聞》特別在他離日的當天，發表專文，讚揚
汝綸先生是中國到日本游訪的眾多官員、學生當中，最為「豪
俊」的一位。而吳汝綸的日本之行也是同時期許多中國人士到
日本所進行的教育考察當中，最全面而深入的一個，這在他的
日記以及《東游叢錄》一書當中，我們可以獲得充分的瞭解。
然而令人感到遺憾的是，這一位滿懷壯志的近代中國教育界先
驅，卻在回國後不久，即因病而與世長辭。壯志未酬身先死，
想必汝綸先生亦必淚灑黃泉。

　　雖然吳汝綸在京師大學堂缺席了，但是他的考察成果以及

他所著作的《東游叢錄》對清末的教育改革仍舊產生了重要的
影響。而他對中國教育發展所做的努力以及對中日文化交流所
作的貢獻，也將留名青史，贏得後人的敬佩與懷念。

相關文獻

李伯平　　桐城吳汝綸的生平志業

　　　　　書和人　第466期　頁1-8　1983年4月30日

何景春　　晚年吳汝綸略論

　　　　　安徽史學　1996年第3期　頁49-52　1996年7月

趙　剛　　吳汝綸使日與近代學制改革

　　　　　教育評論　1987年第3期　頁62　1987年

安慶市地方志辦公室　吳汝綸考察日本學制史料

　　　　　歷史檔案　1993年第1期　頁53-56　1993年2月

趙建民　　吳汝綸赴日考察與中國學制近代化

　　　　　檔案與史學　1999年第5期　頁40-46　1999年10月

王　鳴　　吳汝綸的日本教育視察

　　　　　河北師範大學學報（教育科學版）　第2卷第2期

　　　　　頁35-38　2000年4月

魯迅在日本

許維萍 *

一、前言

　　中、日兩國的關係，在歷史的發展上始終是既親密又敵對
的。中國長期以日本的文化母國自居，對於日本的語言文字、
服裝、建築，乃至於飲食習慣，總有一種無非是承襲或模仿自
中國的優越。直至甲午一役，中國戰敗，兩國的關係開始有了
轉變。日本挾帶著勝利的餘威，讓中國意識到：昔日的「蕞爾
小國」，不但在軍事上已經蛻變為強國，而且在各方面都頗有
可取之處。於是，中國一改過去睥睨鄰邦的宗主國心態，轉而
向日本「虛心學習」。他們派遣大量留學生遠赴東瀛去「取
經」，希望藉助日本明治維新成功的經驗，扭轉逐漸衰頹的國
勢。二十世紀初，中國的赴日留學運動達到最高潮，根據實藤
惠秀的研究，這次的留學運動，很可能是截至一九六〇年為止
世界史上最大規模的海外留學運動。①然而這樣的「親密關係」

---

* 　許維萍，銘傳大學應用中文系副教授。
① 實藤惠秀：《中國人日本留學史》（東京：しろしお出版，1960
　　年3月），頁55-64。

卻在民國建立以後，因日本幾次的「侵華事件」而面臨到嚴重的威脅；尤其在一九三七年七月七日爆發蘆溝橋事變，掀起長達七年的戰爭後，中、日兩國的關係更形惡化，非但先前因長期交流而建立的友誼遭到破壞，而且在軍國主義的肆虐下，中國人民的心中普遍產生了「仇日」的心態。一九四九

魯迅 像

年共產黨取得中國政權後，中、日的關係又有了變化。儘管一般民眾對於日本帝國在中國境內曾經有過的種種「暴行」仍然記憶猶新，那些因日軍凌虐而喪失親人的中國人對日本的「不共戴天」之仇也尚未消除；然而，基於種種因素的考量，近幾年來，雙方政府都致力於推動彼此間的良好關係，並努力營造和諧的氣氛，希望經由這樣的努力，建立起互惠的生存空間。於是，在官方的主導下，中、日兩國的「前嫌」似乎有逐步化解的趨勢。

這樣的敘述或許簡化了中、日兩國在政府與民間發展上的關係，然而大體而言，卻可以替我們將近百年來中、日兩國人民在彼此對待的關係上找到一個可以理解的行為依據。魯迅（1881-1936）是二十世紀初中國文壇最具影響力的代表人物，也是近年來中國官方力捧的「民族救星」。他曾是清廷留學政

策下公費赴日的早期留學生,也因此與日本結下了不解之緣。隨著他在中國文壇影響力的遞增,論述他與日本關連的文章也愈來愈多。仔細檢閱這些文章,我們可以發現一個十分有趣的現象:論述者論述的角度每每隨著中日關係的轉變而有所不同,例如在中日戰爭剛結束不久,中國人的民族意識仍然高張的時代,論者最常從「漢奸」的角度出發,企圖從魯迅在東洋停留時期的點點滴滴,拼湊出他具有「叛國」意圖的蛛絲馬跡;又如在晚近中、日關係檯面上呈現一團和氣的時代氛圍裏,論者則喜從「謳歌」的角度,盛讚魯迅在中日交流史上所扮演的重要角色。平心而論,不論「罵」或「捧」,對事實的真相都有一定程度的扭曲,然而也因為這樣的扭曲,讓我們見識到這樣的一個議題,在中日兩國的關係上是很可以拿來大做文章的。

執是之故,「魯迅在日本」這個議題,在晚近的歷史上似乎成了判斷中日關係的指標之一。我們不想像蘇雪林女士一樣,對魯迅的「親日」行徑表現出深惡痛絕的民族情緒②,也不打算刻意掩飾魯迅對日本所流露的特殊感情(如果確實存在的話)。「魯迅在日本」,應當是一個歷史命題,而不是一個道德命題。「讓凱撒的還給凱撒」,這是筆者想要在本文表達的。

---

② 蘇雪林女士在〈與蔡子民先生論魯迅書〉(收入蘇雪林:《我論魯迅》(臺北:愛眉文藝出版社,1971 年 1 月,頁50-56)一文中對魯迅有激烈的批評。胡適在讀了此信後,還說蘇是「太動火氣」,「是舊文學的惡腔調」,勸她「深戒」。(見〈胡適之先生答書〉,收入同書,頁64-67。)

二、赴日風潮下的公費留學生

在魯迅五十六年的生命歷程中，有七年的時間（1902-1909）是居住在日本的。

一九〇二年，魯迅二十一歲，剛從江南陸師學堂附設礦務鐵路學堂畢業。因為畢業成績優異③，取得了公費留學的資格。同年四月，他啟程赴日，開始了長達七年的留學生活。④

雖說魯迅赴日的時間，正當滿清留學生留日的極盛時期⑤，然而赴日前的魯迅，對於即將前往的國度，仍然是相當陌生的：

> 留學的事，官僚也許可了，派定五名到日本去。其中的一個因為祖母哭得死去活來，不去了，只剩了四個。日本是同中國很兩樣的，我們應該如何準備呢？有一個前輩同學在，比我們早一年畢業，曾經遊歷過日本，應該知道些情形。跑去請教之後，他鄭重地說：「日本的襪是萬不能穿的，要多帶些中國襪。我看紙票也不好，你們帶去的錢不

---

③ 魯迅的畢業文憑上寫著：「考得壹等第三名。」見蒙樹宏編著：《魯迅年譜稿》（桂林：廣西師範大學出版社，1988 年 8 月），頁31。

④ 魯迅最初赴日的動機雖是留學，但最後卻在尚未完成學業的情況下返國，原因是他的弟弟周作人結婚，需要一些經濟上的援助。

⑤ 舒新成：《近代中國留學史》（臺北：中國出版社，1973 年 6 月），頁46。

如都換了他們的現銀。」四個人都說遵命。別人不知其詳，我是將錢都在上海換了日本的銀元，還帶了十雙中國襪——白襪。後來呢？後來，要穿制服和皮鞋，中國襪完全無用。一元的銀圓日本早已廢置不用了，又賠錢換了半元的銀圓和紙票。⑥

生活瑣事的一知半解自不待言，更重要的是我們也無從證明當時魯迅對日本的政治制度、風土民情等情況，有多少深入的了解。這不禁讓我們聯想到：魯迅的「渴望到日本留學去」⑦，是一個美麗的憧憬和夢想，而這憧憬和夢想究竟有著什麼具體的內容，魯迅自己或許也說不上來。

清廷開始派遣學生去日本留學，始於光緒二十二年(1896)。剛開始人數並不多⑧，學習的範圍也只限於語言（文）和普通學科，但是到了光緒三十二年（1906），留日學生人口激增，全盛時期，幾乎達到萬餘人⑨，而且學習的範圍擴及到文武兩途及農工商等專門之學。⑩為什麼在短短的時間內留學

⑥ 見魯迅：《朝花夕拾·瑣記》，收入《魯迅全集》（北京：人民文學出版社，1981 年），第 2 冊，頁 297。以下《魯迅全集》簡稱《全集》。

⑦ 「義和團完全失敗，……政府就又以為外國的政治法律和學問技術頗有可取之處了。我的渴望到日本去留學，也就在那時候。」《且介亭雜文二集·在現代中國的孔夫子》，《全集》，第 6 冊，頁315。

⑧ 計有 13 人，見宏文學院編輯：《普通科師範科講義·第一編雜》。轉引自舒新成：《近代中國留學史》，頁22。

⑨ 舒新成：《中國近代留學史》，頁46。

⑩ 同前註，頁49。

人口會大幅增加？這與光緒二十四年(1898)年，湖廣總督張之洞（1837-1909）的鼓吹不無關連：

> 出洋一年勝於讀西書五年，此趙營平百聞不如一見之說也；入外國學堂一年勝於中國三年，此孟子置之莊嶽之說也，游學之益，幼童不如通人，庶僚不如親貴，……日本小國耳，何興之暴也？伊藤、山縣、榎本、陸奧諸人皆二十年前出洋之學生也，憤其國為西洋所脅，率其徒百餘人分詣德、法、英諸國，或學政治工商，或學水陸兵法，學成而歸，用為將相，政事一變，雄視東方。……至游學之國，西洋不如東洋：一、路近省費可多遣，一、去華近易考察，一、東文近於中文易通曉，一、西書甚繁，凡西學不切要者，東人已刪節而酌改之，中東情勢風俗相近，易做行，事半功倍，無過於此。若自欲求精求備，再赴西洋，有何不可？[11]

張之洞的意思不外是說，選擇到日本留學去，有「路程近、文字同、時間短、費用省」的優點，相對於到西洋去，可以達到事半功倍的效果。這樣的論點在當時確實發揮了一些作用，光緒末年留日學生的激增，似乎就是一個明證。我們雖然不敢斷言魯迅是受了張之洞的影響而決定赴日（魯迅放洋留學是在張之洞發表完這篇文章四年之後），但顯然他的放洋留學不是一

---

[11] 轉引自舒新成：《近代中國留學史》，頁48。

般的個案，而是當時的一股風尚。

三、預備學校

魯迅曾說：「留學是到外國去治心的方法。」（《偽自由書・內外》，《全集》，第5冊，頁101）一九○二年，他展開了他的「治心之旅」。

魯迅剛到日本的時候，先是在東京的弘文書院就讀。弘文書院創立於一九○二年一月，是一所專門為中國留學生設立的預備學校，創辦人是嘉納治三郎。當時的外國學生如果打算進入正式的專門學校，必須先學會日語，並具備一定的普通常識。在清廷所派遣的留學生中，雖然不乏童生、秀才、拔貢、舉人等通過各級考試的讀書人，他們做慣了八股文、試帖詩，也熟讀《四書》、《五經》，乃至於子、史、集等中國典籍，但對聲、光、電、代數、ABCD等「新知」卻相當陌生。因此，弘文書院開設了一些基礎課程，讓這批初抵異域的中國留學生有一個適應新環境的空間。而魯迅，雖然早在就讀江南水師學堂及礦路學堂時就已經陸續接觸過格致⑫、算學、地理、歷史、繪圖、體操等學問了⑬，但是為了打下更好的基礎，還是在弘文書院的普通速成科待了二年，直到一九○四年四月取得畢業證書⑭，才結束這段在預備學校求學的日子。

---

⑫ 格物致知的簡稱，格是推究的意思，清末曾用「格致」統稱物理、化學等學科。

⑬ 見魯迅：《吶喊・自敘》，《全集》，第1冊，頁416。

四、辮子與和服

魯迅在抵達日本的次年（1903），就動手把象徵清廷的辮子剪掉了。這件事的經過，許壽裳有詳細的描述：

> 留學生初到，大抵留著辮子，把它散盤在亘門上，以便戴帽。尤其是那些速成班有大辮子的人，盤在頭頂，使得制帽的頂上高高聳起，形成一座富士山，口裏說著怪聲怪氣的日本話。我不耐盤髮，和同班韓強士，兩個人就在到東京的頭一天，把煩惱絲剪掉了。……魯迅翦辮是江南班中的第一個，……這天，他剪去之後，來到我的自修室，臉上微微現著喜悅的表情。我說：「阿！璧壘一新！」他便用手摩一下自己的頭頂，相對一笑。⑮

雖然對於剪辮的行為，魯迅在小說〈頭髮的故事〉中，借主人翁「我」之口說：「這並沒有別的奧妙，只為他太不便當

---

⑭ 大部分的魯迅傳記及年譜都將魯迅在弘文書院的學習內容局限在「日語」的學習，這可能是受到魯迅的摯友許壽裳在〈懷亡友魯迅〉裏的敘述，然而根據現有的種種資料顯示，魯迅在該校不僅學了日語，還接觸到自然科學、數學、甚至史地、英文等各方面的常識。詳見敬文：〈魯迅在弘文書院到底學些什麼——對「學習日語說」的商榷〉，收入劉獻彪、林治廣編：《魯迅與中日文化交流》（長沙：湖南人民出版社，1981年8月）

⑮ 許壽裳：《亡友魯迅印象記》（香港：上海書局，1973年9月），頁1-3。

罷了。」(《吶喊》,《全集》,第1冊,頁463)然而對於辮子
的「深惡痛絕」,我們卻可以從他的諸多作品中感受到:

> 對我最初提醒了滿、漢的界限的不是書,是辮子。這辮
> 子,是砍了我們古人的許多頭,這才種定了的,到得我有
> 知識的時候,大家早忘卻了血史,反以為全留乃是長毛,
> 全剃好像和尚,必須剃一點,留一點,才可以算是一個正
> 經人了。而且還要從辮子上玩出花樣來。⑯

「辮子」既然被視為是「滿、漢」的界限,那就不僅只是
個人的喜好問題,而是「民族大義」的問題。留辮子的習俗,
淵源自滿族。⑰一六四四年,清世祖進入北京後,幾次下令人
民遵從滿族的髮式,這一措施曾引起漢人的強烈反抗。魯迅對
辮子的不滿,自然不會僅僅是出於個人生活上的不便,更重要
的是,辮子象徵了清廷的腐敗,因此魯迅不得不除之而後快。

如果說,「剪辮」代表了魯迅對包括清廷在內的舊事物的
揚棄,那麼「著和服」的舉動似乎可以視為他接受新文化的象
徵了:

> 魯迅在弘文學院與仙台醫專的時代,當然穿的是制服,但
> 是後來在東京就全是穿和服,大概只在丙午年(1906年

---

⑯《且介亭雜文·病後雜談之餘》,《全集》,第6冊,頁186-187。
⑰ 滿族舊俗男子要剃髮垂辮(剃去頭頂前部頭髮,後部垂辮垂於腦
後)。

──筆者按）從中國出來，以及己酉年(1909 年──筆者按)回國去的時候，才改了裝，那也不是西服，實在只是立領的學生裝罷了。他平常無論往那裏去，都是那一套服色，便帽即打鳥帽，和服繫裳，其形很像鄉下農民冬天所著的攏褲，腳下穿皮靴。除了這皮靴之外，他的樣子像是一個本地窮學生。在留學生中間也有穿和服的，但不是聳肩曲背，便很顯得拖沓擁腫，總不能那麼服貼。但閒中去逛書店，或看夜市，也常穿用木屐，這在留學生中也很少見，因為他們多把腳包得緊緊的，足指搭了起來，運動不靈，穿不上木屐了。⑱

魯迅不僅穿起了和服，還穿起了木屐，而和服和木屐都是日本人平常時的裝扮。魯迅在抵日的次年（1903）剪掉了髮辮，而在一九〇六年，也就是第二次回到東京的時候（據《年譜》，第一次到東京是在一九〇二年，魯迅初抵日本時），穿起了和服和木屐，他的弟弟周作人說：「這在留學生中也很少見。」對髮辮可以立即揚棄，對和服則並不排斥，從「民族主義」的觀點來說，魯迅對滿人的「積習」採取斷然捨棄的態度；至於大和文化，在經過一段時日的「適應」下，也毫無抗拒的接受了。這種裝扮（外貌）上的改變，在某種意義上不也可以視為是魯迅對日本文化第一道防線的撤除？

⑱ 見周作人：《魯迅的故家》（香港：香港萬里書店，1958 年 2 月），頁192-193。

仙台醫學專門學校

五、棄醫習文

　　一九〇四年春，魯迅結束了東京弘文學院的課程，八月就前往位於東北的仙台醫學專門學校，開始他「習醫的美夢」。⑲

　　習醫的過程原本就艱辛，再加上魯迅是該校唯一的中國人，這就更加深了他學習上的困難。幸好在這段期間，他遇上了一個願意在課業上協助他的老師——藤野嚴九郎，因此在第

---

⑲ 在《吶喊‧自敘》中，魯迅說：「我的夢很美滿，預備卒業回來，救治像我父親似的被誤的病人的疾苦，戰爭時候便去當軍醫，一面又促進了國人對於維新的信仰。」《全集》，第1冊，頁416。

一學年終了的時候，魯迅還能獲得「一百人餘之中，我在中間，不過是沒有落第」（《朝花夕拾‧藤野先生》，《全集》，第6冊，頁305）的差強人意的成績。

　　藤野原本只是一個名不見經傳的小人物，然而因為對魯迅的特別照顧，使得這個自承「下筆尖酸，說話有時也不留情面」[20]的人，在事隔多年後，對他仍然念念不忘，並且寫下「但不知怎地，我總還時時記起他，在我所認為我師之中，他是最使我感激，給我鼓勵的一個」，「他的性格，在我的眼裏和心裏是偉大的」[21]的感性句子。不僅是如此，一九二四年，魯迅遷居至北京西三條胡同的寓所時[22]，還特別將藤野在臨別時致贈的背後題了「惜別」二字的照片高掛在東牆上，做為時時策勵自己的動力。[23]

　　但是不久之後，發生了所謂的「洩題事件」，這對魯迅而言，不得不說是一次重大的打擊：

　　　　有一天，本級的學生會幹事到我寓裏來了，要借我的講義看。我檢出來交給他們，卻只翻檢了一通，並沒有帶走。

---

[20] 《華蓋集續編‧我還不能帶住》，《全集》，第3冊，頁244。

[21] 《全集》，第2冊，頁307。

[22] 見許壽裳編：《魯迅先生年譜》，收入魯迅先生紀念委員會編：《魯迅先生紀念集》（上海：上海書店，1979年12月），頁5。

[23] 在〈藤野先生〉一文中，魯迅追憶道：「每當夜間疲倦，正想偷懶時，仰面在燈光中瞥見他黑瘦的面貌，似乎正要說出抑揚頓挫的話來，便使我忽又良心發現，而且增加勇氣了。於是點上一枝煙，再繼續寫些為『正人君子』之流所深惡痛疾的文字。」《全集》，第2冊，頁308。

但他們一走，郵差就送到一封很厚的信，拆開看時，第一句是：「你改悔罷！」這是《新約》上的句子罷，但經托爾斯泰新近引用過的。其時正值日俄戰爭，托老先生便寫了一封給俄國和日本的皇帝的信，開首便是這一句。日本報紙上很斥責他的不遜，愛國青年也憤然，然而暗地裏卻早受了他的影響了。其次的話，大略是說上年解剖學試驗的題目，是藤野先生在講義上做了記號，我預先知道的，所以能有這樣的成績。末尾是匿名。㉔

這個事件讓魯迅意識到「中國是弱國，所以中國人當然是低能兒，分數在六十分以上，便不是自己的能力了，也無怪他們疑惑」。民族的情感在這樣的受辱過程中油然而生，然而真正讓他產生「棄醫習文」的念頭，還是因為著名的「幻燈片事件」：

第二年添教霉菌學，細菌的形狀是全用電影來顯示的，一段落已完而還沒有到下課的時候，便影幾片時事的片子，自然都是日本戰勝俄國的情形。但偏有中國人夾在裏邊：給俄國人做偵探，被日本軍捕獲，要槍斃了，圍著看的也是一群中國人；在講堂裏的還有一個我。「萬歲！」他們都拍掌歡呼起來。這種歡呼，是每看一片都有的，但在我，這一聲卻特別聽得刺耳。此後回到中國來，我看見那

㉔《朝花夕拾・藤野先生》，《全集》，第2冊，頁308。

些閒看槍斃犯人的人們，他們也何嘗不酒醉似的喝采。嗚

呼！無法可想，但在那時那地，我的意見卻變化了。㉕

從這個時候起，魯迅意識到：「醫學並非一件緊要事，凡是愚
弱的國民，即使體格如何健全，如何茁壯，也只能做毫無意義
的示眾的材料和看客，病死多少是不必以為不幸的。所以我們
的第一要著，是在改變他們的精神，而善於改變精神的是，我
那時以為當然要推文藝，於是想提倡文藝運動了。」（《吶喊‧
自序》）於是，在第二學年的終結，魯迅向藤野表明了「放棄
學醫」的決定，並且向他辭行，離開了仙台。

　　表面上看，魯迅在仙台醫學專門學校所遭遇到的這兩件
事，似乎是致使他從一個單純想習得醫術返鄉替國人治病的年
青人一變而成為立志以「文藝救國」的熱血青年的重要關鍵。
然而，事情的經過並非如此單純。

　　根據魯迅摯友許壽裳在〈回憶魯迅〉一文裏的追述，魯迅
在弘文書院讀書時，常常和他討論三個相關的大問題：

　　㈠怎樣才是理想的人性？

　　㈡中國國民性中最缺乏的是什麼？

　　㈢它的病根何在？

　　可見，魯迅在很早的時候就開始留意有關「人性」及「國
民性」的問題了，尤其是「中國國民性裏頭的病根」，當時他
們一致認為，癥結所在，「當然要在歷史上去探究，因緣雖

<hr>

㉕ 同前註。

多，而兩次奴於異族，認為是最大最深的病根」。「做奴隸的
人還有什麼地方可以說誠說愛呢？……唯一的救濟方法是革
命」。許壽裳接著回憶說：「我們兩人聚談每每忘了時刻。我
從此就佩服他的理想之高超，著眼點之遠大。他後來決心學醫
以及毅然棄醫而學文學，都是由此出發的。」㉖據此，「洩題
事件」及「幻燈片事件」只是導火線，真正潛藏於魯迅性格裏
的「革命因子」，早在他初抵日本時就已經萌芽了。

六、師事章太炎

除了在弘文書院及仙台醫專求學的經歷外，一九〇八年，
魯迅師事章太炎（1869-1936），這也是魯迅旅日生涯中值得敘
述的一件事。

魯迅與章太炎同是浙江人，章比魯要大十二歲。對於這位
浙江名人，魯迅早已熟知。魯迅在二十餘歲的時候，就讀過木
板的《訄書》——那是章太炎早期的一部學術論著——雖然
他坦言那時候「讀不斷，當然也看不懂」，然而這在當時的年
青人中，恐怕是很普遍的現象。㉗多年後，魯迅在病中追憶起
他對章太炎的看法時，說道：

㉖ 許壽裳：《我所認識的魯迅》（香港：香港國光書局，不著出版年
月），頁18-19。

㉗ 魯迅說：「恐怕那時的青年，這樣的多得很。」見《且介亭雜文
末編‧關於太炎先生二三事》，《全集》，第6冊，頁545。

> 我以為先生的業績，留在革命史上的，實在比在學術史上
> 的還要大。……我的知道中國有太炎先生，並非因為他的
> 經學和小學，是為了他駁斥康有為和作鄒容的《革命軍》
> 序，竟被監禁於上海的西牢。㉘

魯迅表彰太炎的「革命精神」，卻將他在國學方面（尤其是經學和小學）的傑出成就按下去，這在周作人看來，是「很有見地的」。㉙於是，衝著章太炎「革命家」的特質，魯迅對於他的「學問」也就不禁為之神往了：

> 一九〇六年六月（章太炎──筆者按）出獄，即日東渡，
> 到了東京，不久就主持《民報》。我愛看這《民報》，但並
> 非為了先生的文筆古奧，索解為難，或說佛法，談「俱分
> 進化」，是為了他和主張保皇的梁啟超鬥爭，和獻策的吳
> 稚暉鬥爭，和「以《紅樓夢》為成佛之要道」的藍公武鬥
> 爭㉚，真是所向披靡，令人神往。前去聽講也在這時候，
> 但又並非因為他是學者，卻為了他是有學問的革命家，所
> 以直到現在，先生的音容笑貌，還在目前，而所講的《說
> 文解字》，卻一句也不記得了。㉛

㉘ 同前註。

㉙ 見周作人：《魯迅的故家》，頁187。

㉚ 「和獻策的吳稚暉鬥爭」本作「和×× 的×××鬥爭」，據《全集》，第6冊，頁549補。「藍公武」本作「×××」，據《全集》，第6冊，頁549補。引文見〈關於太炎先生二三事〉，頁546。

看了這段文字的敘述，我們就不難理解：從未公開表達過對
「小學」——尤其是《說文》一類的書籍產生過興趣的魯迅，
一九〇八年會跑去民報社聽章太炎講解《說文》。對於這件事
的經過，周作人有比較詳盡的記錄：

> 往民報社聽講《說文》，是一九〇八至九年的事。太炎在
> 東京一面主持《民報》，一面辦國學講習會，借神田的大
> 成中學講堂定期講學，在留學界很有影響。魯迅與許壽裳
> 與龔未生談起，想聽章先生講書，怕大班太雜遝，未生去
> 對太炎說了，請他可否星期日午前在民報社另開一班，他
> 便答應了。伍舍方面去了四人，未生和錢夏、朱希祖、朱
> 宗萊都是原來在大成的，也跑來參加，一總是八個聽講的
> 人，民報社在小石川區新小川町，一間八席的房子，當中
> 放了一張矮桌子，先生坐在一面，學生圍著三面聽，用的
> 書是《說文解字》，一個字一個字的講下去，有的沿用舊
> 說，有的發揮新義，魯迅曾借未生的筆記抄錄，其第一卷
> 的抄本至今尚存。㉜

雖說魯迅也曾經借了同學的筆記來抄錄，且這抄本在日後
還被保留了下來，但顯而易見地是，魯迅當時真正感興趣的，
只在於能不能親炙章太炎的風采，至於章氏到底說了什麼，特

㉛〈關於太炎先生二三事〉，《全集》，第6冊，頁546。
㉜周作人：《魯迅的故家》，頁185-186。

別是每一個字是怎
麼解釋之類的,並
不是他關注的所
在,所以許壽裳
說:「聽講時,以
兩先(即朱希祖——
筆者按)筆記為最
勤;談天時以玄同
說話為最多」,而

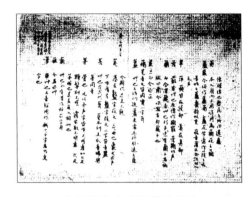

魯迅聽章太炎講學的筆記

「魯迅聽講,極少發言。」(〈亡友魯迅印象記・七・從章先生學〉,頁22)可為佐證。

事實上,章太炎對魯迅的影響,可以從魯迅在一九〇八年發表在期刊《河南》上的兩篇力作:〈文化偏至論〉和〈破惡聲論〉見出端倪。[33]

〈文化偏至論〉和〈破惡聲論〉是《魯迅全集》中少數以文言文寫成的文章,就文體而言,在集中顯得有些突兀;這不免讓我們想到,提倡白話文,認為「古文已死」的魯迅[34],也曾有如此「古典」的時候。在發表完這兩篇文章的多年以後,魯迅回憶說:

　　這是我做的麼?我想。看下去,似乎也確是我做的。那是

<hr />

(33) 這兩篇文章後來都收入了《魯迅全集》,前者見於《全集》,第1冊,頁44-62;後者見於《全集》,第8冊,頁23-37。

(34) 見《華蓋集續編・古書與白話》,《全集》,第3冊,頁214。

寄給《河南》的稿子；因為那編輯先生有一種怪脾氣，文
章要長，愈長，稿費便愈多。……喜歡做怪句子和寫古
字，這是受了當時《民報》的影響。㉟

此處「做怪句」、「寫古字」云云，雖然說的是另一篇早期作
品〈摩羅詩力說〉，然而就魯迅那一個時期所寫的文章看來，
的確有著類似的傾向。章太炎以「革命家」的身分擄獲了魯迅
的心，然而在章氏主編的《民報》中（章從1906年起接管
《民報》），卻展露了他文字學家的本色，這對當時很愛讀《民
報》的魯迅來說，當然有相當程度的影響。

　　文體的影響倒在其次，思想的承傳才值得注意。〈文化偏
至論〉強調的是所謂「掊物質而張靈明，任個人而排眾數」，
要求「漸悟人類之尊嚴」、「頓識個性之價值」，「所當希求，
能於情意一端，處現實之世，而有勇猛奮鬥之才，雖屢躓屢
僵，終得現其理想」。而〈破惡聲論〉則反對以「科學、適
用、進化、文明」四大理由來「滅裂個性」，要求「人各有
己，不隨風波」，認為屆時中國方得真正自強自立。這些文章
的主旨同章太炎〈建立宗教論〉、〈答鐵錚〉、〈四惑論〉幾乎
如出一轍。㊱

　　無疑地，章太炎在革命以及對孔教的看法上是先進的，這
與當時對舊傳統有著強烈不滿，亟思改變現況的魯迅是極具吸

㉟《墳・題記》，《全集》，第1冊，頁3。
㊱參見姜義華：《章太炎》（臺北：東大圖書公司，1991年3月），
　頁244。

引力的。

七、辦雜誌、譯小說

　　剪辮子、著和服、穿木屐、放棄習醫、勤讀《民報》等轉變，對魯迅來說都只是外在的，或者是片面的；真正讓魯迅從頭到腳徹徹底底改變，而且影響久遠的，是此時期他所開始提倡的文藝活動。

　　根據魯迅在《吶喊・序》裏的敘述，提倡文藝活動的第一步是「出雜誌」：

　　　　在東京的留學生很有學法政理化以至警察工業的，但沒有人治文學和美術；可是在冷淡的空氣中，也幸而尋到幾個同志了，此外又邀集了必須的幾個人，商量之後，第一步當然是出雜誌，名目是取「新的生命」的意思，因為我們那時大抵帶些復古的傾向，所以只謂之《新生》。㊲

有了初步的構想，然而進行的過程並不順利：

　　　　《新生》的出版之期接近了，但最先就隱去了若干擔當文字的人，接著又逃走了資本，結果只剩下不名一錢的三個人。創始時候既已背時，失敗時候當然無可告語，而其後

㊲《全集》，第1冊，頁415-420。

卻連這三個人也都為各自的運命所驅策，不能在一處縱談將來的好夢了，這就是我們的並未產生的《新生》的結局。㊳

雜誌編不成，魯迅繼而將注意力轉而投入翻譯。最著名的例子就是和周作人合譯的《域外小說集》。這件事的緣由，在該書的〈序〉裏交待得很清楚：

我們在日本留學的時候，有一種茫漠的希望：以為文藝是可以轉移性情，改造社會的。因為這意見，便自然而然的想到介紹外國新文學這一件事。但做這事業，一要學問，二要同志，三要工夫，四要資本，五要讀者。第五樣逆料不得，上四樣在我們卻幾乎全無，於是又自然而然的只能小本經營，姑且嘗試，這結果便是譯印《域外小說集》。㊴

魯迅在日本的時候，日本翻譯界非常勤於翻譯，凡是當時世界上著名的作品，幾乎都有日文的譯本；這一方面固然是因為他們翻譯的人才夠多，另一方面，也是因為讀者的人數不少，所以藉由這樣的方式，一般民眾得以進一步接觸西方文化。在日本留學的魯迅，感受到這股潮流所帶來的影響，便想

㊳ 同前註。
㊴《全集》，第10冊，頁161。

起而效尤。依照魯迅他們當時的想法,打算先籌辦連印兩冊的資本,等到賣回本錢後,再繼續印三冊、四冊,「如此繼續下去,積少成多,也可以約略介紹了各國名家的著作了」。(《域外小說集・序》)於是,一九〇二年二月,第一冊問世,四個月以後,又印出第二冊,寄售的地點在上海和東京。

然而半年過去了,銷售的情形並不理想。第一、二冊合計起來,也不過賣了四十一本,於是第三冊只好停版,而已成的書,便都堆在上海寄售處堆貨的屋子裏,過了四、五年,寄售處不幸發生火災,那些書和紙板,都連同化為灰燼;從此,「那些過去的夢幻似的無用的勞力,在中國也就完全消滅了」。

八、歸國

一九〇九年四月,因為母親和周作人十分需要經濟上的援助,二十九歲的魯迅便回到中國⑩,回到他睽違許久的故鄉。

經過這七年的歷練,魯迅從一個一心想要習醫救人的年輕人,一變而為投身社會改革運動的文藝工作者:從最初的救人之身轉變為後來的救人之心;從單純的技術層面扭轉到複雜的精神層次;我們不僅看到魯迅在知識上的增進,也感受到他視野的開拓,這對於他往後的人生無寧有著積極的意義。

---

⑩ 魯迅說:「終於,因為我底母親和幾個別的人很希望我有經濟上的幫助,我便回到中國來;這時我是二十九歲。」「別的人」在這裏就是指周作人。《集外集拾遺補編・魯迅自傳》,《全集》,第8冊,頁305。

　　「靈台無計逃神矢，風雨如磐闇故園。寄意寒星荃不察，我以我血薦軒轅」。⑪這是一九○三年，魯迅在抵達東京第二年後所寫的詩。詩中道盡了他對中國這塊土地及人民的情感，也傳達了他對當時局勢的一種無力與無奈。毫無疑問，魯迅是一個熱情洋溢的民族主義者，雖然他總是喜歡透過「冷眼」來觀察這個社會。然而，異邦生活的迥異，新舊潮流的交替，傳統與現代的邊際，東方與西方文化的衝擊，在在的讓魯迅意識到：當「大大」的中國遇上「小小」的日本時，所謂的「大」（當然也涵蓋了歷史上的「古」）已經不必然代表世界上絕對的優勢了，而其中的關鍵在於，日本能夠以一種極低的姿態，坦然面對自己長期以來文化上的劣勢，進而大量吸取世界各國的經驗，其中，尤其從西方文化中萃取了最多的「養分」。如果中國願意正視自己積弱不振的事實，進而仿效日本「淬勵奮發」的精神，是不是也能夠創造出像日本明治維新一樣的奇蹟呢？尋著這樣的思考模式，東渡日本的魯迅在面對大和文化的衝擊時，於是乎很能夠採取一種謙卑與接納的態度：小自外在容貌的改變（剪辮），大至熱衷於文藝活動的參與（辦雜誌、譯小說），凡此，無一不是出自此種心理的投射。因此當我們在看待魯迅對席捲而來的日本文化採取近乎「全盤接受」的態度時，就能夠有一種比較同情的理解：他對日本諸多事物的認同與仿效，與其斥責其為「漢奸」，不如將這樣的行徑視為是為了扭轉中國前途而做的轉變。

⑪《集外集拾遺・自題小像》，《全集》，第7冊，頁423。

相關文獻

內山完造　魯迅和日本

　　　　　上海夜話　東京　改造社　1940 年

許廣平　　魯迅在日本

　　　　　文藝月報　1956 年 10 月

張葆莘　　魯迅作品在日本

　　　　　天津日報　第 4 版　1956 年 10 月 19 日

山田敬三　魯迅的留學時代

　　　　　魯迅　第 50 期　1971 年 2 月

薛綏之　　魯迅研究在日本

　　　　　魯迅研究年刊　1974 年創刊號　頁 251　1974 年

錫　金　　魯迅的四去日本

　　　　　吉林師大學報（哲學社會科學版）　1979 年第 3
　　　　　期　頁 19-22 轉頁 53　1979 年

王德林、謝德銑　魯迅四次赴日史料略述

　　　　　魯迅研究年刊　1979 年號　頁 347-354　1979 年
　　　　　10 月

川　優著，劉耀武譯　魯迅和日本人

　　　　　求是學刊　1980 年第 1 期　頁 39-42　1980 年 2 月

野町均　　晚年の魯迅と日本

　　　　　魯迅の會會報　第 2 號　頁 4-12　1980 年 12 月

浦子毅　　日本對魯迅的研究——紀念魯迅誕生一百週年

外國語言教學資料報導　1981 年第 1 期　頁 22
1981 年

王德林　　魯迅在日本的兩個史實的補正
　　　　　紹興師專學報（社會科學版）　1981 年第 2 期
　　　　　頁 32　1981 年

王泰平　　魯迅和日本
　　　　　世界知識　1981 年第 17 期　頁 13-15　1981 年 9 月

程　麻　　日本的魯迅研究近況
　　　　　國外社會科學　1981 年第 9 期　頁 31-36　1981 年
　　　　　9 月

Rewat,Mahua（勒瓦特）　Lu　Xun　and　Japan（魯迅和日
　　　　　本）
　　　　　China　Report　第 18 卷第 2、3 期　頁 41-54
　　　　　1982 年

薛綏之主編　魯迅在日本
　　　　　魯迅生平史料彙編　第 2 輯　頁 3-395　天津　天
　　　　　津人民出版社　1982 年 3 月

張錦堂等編譯　日本戰後研究魯迅的專著、論文、資料目錄
　　　　　（未完）
　　　　　國外社會科學情報　1983 年第 4 期　頁 63　1983 年
　　　　　日本戰後研究魯迅的專著、論文、資料目錄（續
　　　　　一）
　　　　　國外社會科學情報　1983 年第 5 期　頁 63　1983 年
　　　　　日本戰後研究魯迅的專著、論文、資料目錄（續

二)

國外社會科學情報　1983年第6期　頁63　1983年

日本戰後研究魯迅的專著、論文、資料目錄（續三）

國外社會科學情報　1983年第7期　頁63　1983年

程　麻　　魯迅留學日本史

西安　陝西人民出版社　1985年7月

劉中樹　　《魯迅與日本文學》述要

吉林大學社會科學學報　1986年第5期　頁89

1986年

史踐凡　　魯迅在日本

中外電影　1986年第5期　頁67　1986年

程　麻　　日本魯迅研究巡禮

百科之事　1986年第10期　頁32　1986年

孫昌熙等　魯迅研究的新收穫──讀《魯迅留學日本史》

山東師範大學學報（社會科學版）　1987年第1

期　頁89　1987年

竹內實著，陳才昆譯　魯迅眼中的日本人

中國文學研究　第8輯　頁103-110　1987年12月

林水福　　魯迅在日本

聯合文學　第7卷第11期　頁136-140　1991年9月

李威周、劉志義　魯迅與日本人

中日文化交流史話　頁134-141　濟南　山東教育

出版社　1988年4月

井上ひさし講演　魯迅と日本人

すばる　第14巻第1期　頁332-342　1992年1月

劉國平　八十年代以來日本中青年學者魯迅研究評介

魯迅研究月刊　1994年第3期　頁63-68　1994年
3月

袁荻涌　日本對魯迅作品的譯介和研究

日本學刊　1994年第3期　頁109-118　1994年5月

阿部兼也　魯迅の仙台時代——魯迅の日本留學の研究

仙台　東北大學出版會　18,387面　1999年

唐　政　魯迅與日本的父子、翁婿、夫妻友人三題

魯迅研究月刊　1998年第2期　頁66-71　1998年
2月

孫　郁　魯迅日本留學から百年

人民中國　第587期　頁35-37　2002年5月

陳福康　日本新發現魯迅照片與簽名著作

上海魯迅研究　第5輯　頁5-10　上海　百家出版
社　1991年9月

陳子善　「增田涉文庫」魯迅題詞發現記

海上書聲　頁3-16　南京　東南大學出版社　2002
年5月

文匯讀書週報　1997年12月6日

飯野太郎　仙台醫學專科學校時代的魯迅

艮陵　第39期　1937年2月

半澤正二郎　魯迅與仙台

河北新報　1955 年 10 月 16 日

山田野理夫　仙台時代的魯迅
　　　　　　文學　1956 年 10 月

蔡　耕　魯迅在日本仙台留學的時候
　　　　新民晚報　1960 年 1 月 14 日

細谷正子　醫學志望をめぐって──〈日本留學時代の魯迅〉I
　　　　　中國文學研究　第 1 號　頁 29-50　1961 年 4 月

山田野理夫著，凍　青譯　魯迅在日本的二三遺跡
　　　　　　光明日報　第 4 版　1961 年 5 月 30 日

山田野理夫　魯迅和仙台
　　　　　　自由　1963 年 6 月號

管野俊作　魯迅和仙台、許廣平和北京
　　　　　瀘友　第 34 期　1973 年 12 月

大芝孝　魯迅和仙台
　　　　日本中的中國文化　東京　日中出版　1974 年

陳友雄　談保存在日本仙台市的兩件魯迅手跡
　　　　山東師院學報（社會科學版）　1976 年第 4 、5 期
　　　　頁 95-96　1976 年 9 月

王若海、文景迅　了解魯迅留日時期生活的一份資料──關
　　　　　　　　於《清國留學生會館第一次報告》
　　　　　　　　山東師院學報（社會科學版）　1976 年第 4 、5 期
　　　　　　　　頁 91-94　1976 年 9 月

文懷樟　魯迅仙台事跡雜考
　　　　山東師院學報（社會科學版）　1977 年第 2 、3 期

　　　　　　頁 137-141　　1977 年 4 月

陳友雄　　淺談魯迅在日本時期的二、三事
　　　　　山東師院學報（社會科學版）　　1977 年第 5 期
　　　　　頁 87-90　　1977 年 9 月

王德林等　魯迅第四次赴日考——魯迅生平史實的一個重要
　　　　　補正
　　　　　破與立　　1978 年第 5 期　　頁 55　　1978 年

周國偉　　魯迅留日時期的幾個重要史實
　　　　　語文教學研究　　1980 年第 2 期　　頁 18　　1980 年

池上正治　魯迅在東京 I
　　　　　魯迅の會會報　　第 2 號　　頁 16-17　　1980 年 12 月

編集部　　魯迅在東京——その昨今（特集　魯迅在東京）
　　　　　魯迅の會會報　　第 3 號　　頁 4-5　　1981 年 7 月

張能耿　　魯迅在日本二三事
　　　　　魯迅早期事跡別錄　　頁 71-79　　石家莊　　河北人民
　　　　　出版社　　1981 年 11 月

王若海、文景迅　魯迅赴日留學前後
　　　　　西北師院學報　　1982 年第 4 期　　頁 76-79　　1982 年
　　　　　12 月

于振領　　內山書店と魯迅——內山書店記念碑のかいわい
　　　　　魯迅の會會報　　第 7 號　　頁 24-27　　1983 年 8 月

阿部兼也　魯迅と仙台時代
　　　　　東北大學教養部紀要　　第 41 卷第 1 期　　頁 149-169
　　　　　1984 年 12 月

阿部兼也　魯迅，仙台時代の摸索――思想化されなかった
「退化」意識の拂拭
東北大學教養部紀要　第43期　頁61-78　1985
年12月

池澤實芳　魯迅の仙台行について
商學論集　第58卷第2期　頁33-50　1989年11月

北岡正子著，何乃英譯　魯迅留日時期關聯史料探索
魯迅研究資料　第24期　頁343-408　1991年12月

魯迅論集編集委員會編　魯迅と同時代人
東京　汲古書院　256面　1992年10月

顧蒙山　也談徐錫麟、秋瑾就義後魯迅在日本的態度――與
晨朵先生商榷
魯迅研究月刊　1993年第2期　頁69-72　1993年
2月

板坂元　魯迅の日本留學體驗（ずいひつ「波音」）
潮　第473期　頁62-64　1998年7月

藤井省三　〈異邦〉のなかの文學者たち（2）魯迅と明治東
京――讀書の都における留學體驗
月刊しにか　第9卷第5期　頁104-109　1998年
5月

于春生　日本留學で知った學者の魂――共有した魯迅の
感動
バンガード　第19卷第2期　頁68-73　1999年2月

木村知實　魯迅の選んだワッツ――明治期日本における受容

との關連から

　　關西大學中國文學會紀要　　第22期　　頁59-79

　　2001年3月

岡崎俊夫　魯迅與佐藤春夫

　　讀書新聞　1953年8月3日

李獻璋　　仙台醫學時魯迅和「藤野先生」

　　文學　第40卷第2期　　東京　巖波書店　1972年

　　2月

上垣外憲一　魯迅和郭沫若的日本留學時期

　　比較文學研究　第26期　　頁140-146　1974年11月

檜山久雄　魯迅、漱石序說

　　（上）文藝　1974年4月號

　　（下）文藝　1975年4月號

檜山久雄　中國的人生和日本的人生──魯迅和漱石

　　文藝　1976年4月號

楠原俊代　魯迅と廚川白村

　　中國文學報　第26期　　頁79-107　1976年4月

小泉和子　魯迅と蕗谷虹兒

　　中國研究月報　第365期　　頁19-23　1978年7月

曉　蕙等　魯迅與日本歌舞伎

　　人民日報　第3版　1979年1月28日

張　華　　魯迅和有島武郎

　　魯迅研究年刊　1979年　　頁393　1979年

岡田英弘　魯迅のなかの日本人

　　　　　中央公論　第94卷第7期　頁164-181　1979年7月

劉德有　　訪魯迅的日本朋友增田涉

　　　　　人物　1980年第2期　頁48-51　1980年5月

永末嘉孝　魯迅と藤野先生

　　　　　人文社會研究　第3號　頁62-73　1980年3月

山本　登　魯迅と內山完三

　　　　　魯迅の會會報　第1號　頁7-9　1980年7月

陳　　弘　深切的懷念和敬意──日本朋友回憶魯迅在同文
　　　　　書院的講演

　　　　　人民日報　第7版　1981年9月19日

木山英雄　正岡子規と魯迅，周作人

　　　　　言語文化　第20期　頁45-62　1983年

鄭學稼　　魯迅與內山完造

　　　　　魯迅正傳（增二版）　頁596-611　1985年11月

張芩華　　章太炎東京講學與魯迅

　　　　　近代史研究　1986年第6期　頁157-167　1986年
　　　　　11月

朱越利　　魯迅和橘樸的談話

　　　　　日本的中國移民　頁322-333　北京　三聯書店
　　　　　1987年3月

李永熾　　魯迅、日本、竹內好及其他

　　　　　當代　第18期　頁59-70　1987年10月

劉立善，小坂晉　有島武郎と魯迅

　　　　　岡山大學教養部紀要　第26期　頁23-49　1990

年 2 月

陳福康　魯迅與田中慶太郎
　　　　魯迅研究月刊　1990 年第 7 期　頁 52　1990 年 7 月

王映霞　內山完造與魯迅
　　　　大成　第 210 期　頁 18-21　1991 年 5 月

周國偉　魯迅與內山書店職員——魯迅與日本友人交往和
　　　　文化交流之一
　　　　上海魯迅研究　第 4 輯　頁 80-91　上海　百家出
　　　　版社　1991 年 6 月

周國偉　魯迅與日本友人——與緊鄰山本初枝、木村重、
　　　　淺野要的友誼
　　　　上海魯迅研究　第 5 輯　頁 85-96　上海　百家出
　　　　版社　1991 年 9 月

李冬木　福澤諭吉與魯迅——中國近代精神史的一個銜接
　　　　點和分水嶺
　　　　關西大學中國文學會紀要　第 13 期　頁 105-118
　　　　1992 年 3 月

馬蹄疾　魯迅與日本人士二考
　　　　魯迅研究月刊　1994 年第 3 期　頁 18-20　1994 年
　　　　3 月

馬蹄疾　一九二二年魯迅交往日人考
　　　　新文學史料　1996 年第 2 期　頁 164-176　1996 年
　　　　5 月

山田敬三撰，姜小凌譯　清末留學生——魯迅與周作人

魯迅研究月刊　1996 年第 12 期　頁 43-55　1996 年 12 月

陳福康　魯迅與米田剛三
　　　　魯迅研究月刊　1997 年第 8 期　頁 20　1997 年 8 月

吉田漱　魯迅と山本初枝——ある女性歌人の生涯
　　　　日中藝術研究　第 36 期　頁 59-78　1998 年 8 月

張　傑　魯迅與劉師培的學術聯繫
　　　　魯迅研究月刊　2000 年第 6 期　頁 56-60　2000 年 6 月

今村與志雄　魯迅、周作人與柳田國男
　　　　周作人評說 80 年　頁 611-621　北京　中國華僑出版社　2000 年 1 月

寺島實郎　魯迅と藤野先生——なぜ日本人は腦力を失ったのか（日本社會）
　　　　世界　第 699 期　頁 48-53　2002 年 3 月

竹內好　中國的近代和日本的近代——以魯迅為中心
　　　　東洋社會理論的性質　東京　白日書院　1948 年

熊　融　魯迅籌劃的中日進步文學交流活動
　　　　羊城晚報　第 3 版　1962 年 8 月 21 日

今村與志雄　魯迅と日本文學についてのノート
　　　　魯迅與傳統　頁 246　東京　勁草書房　1967 年

張　琢　魯迅早期在日本接觸馬克思主義的背景和情況——
　　　　魯迅前期思想研究的若干問題之一
　　　　南開大學學報（哲學社會版）　1977 年第 5 期

頁37-39　1977年9月

鍾敬文　魯迅在弘文學院到底學些什麼——對「學習日語說」的商榷

北京師範大學學報（社會科學版）　1978年第4期　頁41-49　1978年7月

藤井省三　日本介紹魯迅文學活動最早的文字

復旦學報（社會科學版）　1980年第2期　頁91-92　1980年3月

伊藤虎丸、松永正義　明治三〇年代文學と魯迅——ナショナリズムをめぐって

日本文學　第29卷第6期　頁32-47　1980年6月

王守榮　魯迅的書在日本——訪出版和經銷魯迅著作的日本書店

人民日報　第7版　1981年8月28日

薛綏之、馬　力　魯迅留學仙台的珍貴史料——介紹《魯迅在仙台的紀錄》

徐州師範學院學報（哲學社會科學版）　1981年第3期　頁31-38　1981年9月

盛家林　魯迅留日時期的思想變遷及其哲學基礎

天津師院學報　1982年第4期　頁14-21　1982年8月

于　衡　魯迅、日本知識界及其他

聯合月刊　第15期　頁102-103　1982年10月

劉柏青　魯迅與日本新思潮派作家

吉林大學社會科學學報　1983 年第 1 期　頁 49-55
1983 年 1 月

許國璋　魯迅在日本留學時期與西方文學的接觸和他的哲學
探索
文藝理論研究　1983 年第 4 期　頁 9-18　1983 年

小金澤豐　留日期の魯迅──惡魔をモチーフとした精神史
の一考察
麥燈　第 17 期　頁 9-23　1983 年 3 月

伊藤虎丸　魯迅と日本人──アジアの近代と「個」の思想
東京　朝日新聞社　277 面　1983 年 4 月

今村與志雄著，夏　凡譯　有關魯迅和日本文學的札記
魯迅研究　1984 年第 6 期　頁 126　1984 年

劉柏青　魯迅的早期思想與日本
吉林大學社會科學學報　1985 年第 3 期　頁 42-49
1985 年 5 月

片山智行　日本近代文學の形成と魯迅
人文研究　第 38 卷第 4 期　頁 389-402　1986 年

何德功　周氏兄弟早期對文學作用的認識與日本文壇
河南大學學報（哲學社會科學版）　1988 年第 2
期　頁 10　1988 年

閻抗生　魯迅某些思想的形成與日本文化的關係──魯迅
思想探源之一
淮陰教育學院學報（社會科學版）　1989 年第 4
期　頁 55　1989 年

程　麻　　溝通與更新——魯迅與日本文學關係發微

　　　　　　北京　中國社會科學出版社　333面　1990年

不著撰人　魯迅と異文化接觸——近代精神への模索と傳統

　　　　　批判の深化の軌跡

　　　　　中國研究月報　第529期　頁1-31　1992年3月

伊藤虎丸　魯迅と異文化接觸——明治の日本を舞台にして

　　　　　（魯迅と異文化接觸——近代精神への摸索と傳統

　　　　　批判の深化の軌跡）

　　　　　中國研究月報　第529期　頁1-8　1992年3月

鈴木正夫　ドーデ「最後の授業」の日本と中國における受容

　　　　　について——そして魯迅「藤野先生」

　　　　　橫濱市立大學論叢　人文科學系列　第44卷第

　　　　　1、2期　頁125-150　1993年3月

萬奉明　　魯迅與戰後日本文學

　　　　　海南大學學報（社會科學版）　1994年第4期

　　　　　頁67-71　1994年12月

清水賢一郎　國家と詩人——魯迅と明治のイブセン（中國

　　　　　現代文學研究〈特集〉）

　　　　　東洋文化　第74期　頁1-33　1994年3月

王向遠　　日本白樺派作家對魯迅、周作人影響關係新辨

　　　　　魯迅研究月刊　1995年第1期　頁4-10　1995年1月

王向遠　　魯迅雜文觀念的形成演進與日本文學

　　　　　魯迅研究月刊　1996年第2期　頁38-43　1996年

　　　　　2月

汪毅夫　　「嵇康的憤世，尼采的超人，配合著進化論」──
　　　　　魯迅留日時期思想之整體觀
　　　　　魯迅研究月刊　1996 年第 3 期　頁 15-19　1996 年
　　　　　3 月

汪毅夫　　魯迅與新思潮──論魯迅留日時期的思想
　　　　　西安　陝西人民教育出版社　108 面　1996 年 9 月

山田敬三　魯迅、周作人の對日觀と文學
　　　　　未名　第 15 號　頁 85-113　1997 年 3 月

森相由美子　魯迅的旅日生涯對其思想之影響
　　　　　文大日研學報　第 2 期　頁 89-95　1997 年 12 月

李冬木　　澀江保譯《支那人氣質》與魯迅（上）魯迅與日本
　　　　　書之一
　　　　　關西外國語大學研究論集　第 67 期　頁 269-286
　　　　　1998 年 2 月

李冬木　　澀江保譯《支那人氣質》與魯迅（下）魯迅與日本
　　　　　書之一
　　　　　關西外國語大學研究論集　第 68 期　頁 183-199
　　　　　1998 年 8 月

藤井省三　文學のひろば魯迅のメディア都市明治東京留學體驗
　　　　　文學　第 1 卷第 1 期　頁 78-80　2000 年 2 月

蘇德昌　　中國人の日本觀──魯迅
　　　　　奈良大學紀要　第 28 期　頁 1-19　2000 年 3 月

修　斌　　日本留學期の魯迅におけるニーチェ
　　　　　東アジア　第 9 期　頁 1-14　2000 年 3 月

木村知實　魯迅の選んだヴェレシチャーギン──明治期日
　　　　　本における受容との關連から
　　　　　野草　第65期　頁78-100　2000年2月
北岡正子　魯迅　日本という異文化のなかで──弘文學院
　　　　　入學から「退學」事件まで
　　　　　大阪　關西大學出版社　7,434面　2001年3月
戸井　久　「探險」の精神──留日前期魯迅の科學思想
　　　　　東方學　第104期　頁78-91　2002年7月

弘一大師李叔同的留日生活

楊　菁 *

一、前言

金縷曲

—— 留別祖國並呈同學諸子

披髮佯狂走。莽中原，暮鴉啼徹，幾枝衰柳。破碎河山誰收拾，零落西風依舊，便惹得離人消瘦。行矣臨流重太息，說相思，刻骨雙紅豆。愁黯黯，濃於酒。　漾情不斷淞波溜。恨年來絮飄萍泊，遮難回首。二十文章驚海內，畢竟空談何有。聽匣底蒼龍狂吼。長夜淒風眠不得，度群生那惜心肝剖。是祖國，忍孤負！①

光緒三十一年（1905）八月，二十六歲的李叔同，東渡日本留學，填下了這一闋〈金縷曲〉，留別祖國。這一年，他摯愛的母親過世，而沈腐的滿清王朝，在狂風怒雨中，搖搖欲

* 　楊　菁，萬能技術學院通識教育中心助理教授。
① 《弘一大師全集》編輯委員會編：《弘一大師全集·文藝卷》（福州：福建人民出版社，1991 年 6 月），頁445b。

墜。詞中所流露的是悲惻淒
哀之情，在淒寒的西風中，
「暮鴉啼徹」、「幾枝衰柳」
的破碎山河，令多少熱血青
年為之太息，為之消瘦。長
夜淒風，徹夜難眠，眼見國
事蜩螗、群生的苦難，李叔
同終於忍著傷痛，懷著濃烈
的情愁，告別了祖國，開始
另一段絮飄萍泊的生涯。

弘一大師李叔同 像

　　李叔同，年少時才華洋
溢，在苦悶的家庭、苦悶的時代中曾經走馬章台、縱情詩酒。
他的藝術才情、先進思想，在新舊交接的時代，激起過陣陣漣
漪。三十九歲，他選擇出家之路，嚴守佛門戒律，在簡單而清
苦的修行生活中，鑽研佛法、弘揚律學，成為近代律宗中興大
師。他的一生充滿著戲劇性的轉變，他對生命的認真、投入，
與他在藝術、佛法的修為，同令後人感懷、深思，如同洪鐘在
耳，迴盪不已。

　　清朝末季，朝廷腐敗，國事日非，知識青年們的滿腔熱
血，化為改革的熱情。為了打開通往世界的窗口，許多青年們
前往西洋、東洋，學習新知識、新思想。李叔同留學日本的生
活，是他奠定藝術成就的時期，同時映現著當時留外學生的生
活、心境與身影片斷。本文以李叔同的留學生活為題，當可使
今人窺見一代大師成學過程中的若干影像。

二、留日前的李叔同

　　李叔同，祖籍在浙江平湖，世居於天津。他一生的名號甚多，幼名成蹊，一名廣侯，字叔同，又字漱筒、瘦同、舒統、俶同、庶同、俗同，別號惜霜。入天津縣學就讀時，名文濤。弱冠時與母親移居上海，入南洋公學及參加浙江鄉試，改名廣平。鬻書時，稱醮紈閣主。廿六歲喪母後，改名哀，字哀公。留學日本東京美術學校時，初名哀，後名岸。創立話劇團體春柳社時，藝名息霜，報刊署名作惜霜。歸國後，任上海《太平洋報畫刊》編輯，正稱李叔同，後加入柳亞子領導的文學革命團體「南社」，又名凡。任教杭州浙江省立第一師範學校時，名息，字息翁。民國五年試驗斷食後，改名欣，號欣欣道人；後又名嬰，字微陽，號黃昏老人。出家後，法名演音，號弘一，出家後的別號也甚多。李叔同的每一個別號，大約都象徵著他人生過程中的不同面貌、心境或角色吧！

　　李家先世在天津經營鹽業。他的父親諱世珍，號筱樓，一作曉樓。清同治四年（1865）參加會試，與桐城吳汝綸同年。生平深達性理之學，晚年尤其喜好內典，耽於禪悅之樂。樂善好施，設立義塾，曾與李嗣香、嚴仁波等好友創辦「備濟社」，撫恤貧寒孤寡，施捨衣服棺木，天津人稱為李善人。又因曾創辦過「桐達」等幾家錢舖，所以被稱為「桐達李家」。有一妻二妾三子，叔同排行第三，年五歲，筱樓先生即病故。

　　叔同自幼便開始學習詩文書畫篆刻，十七、八歲時，以文

童入天津縣學，學習時文（八股文）制藝，打下了深厚的文字根柢。戊戌政變時，有人指他為康梁同黨，十九歲的李叔同便與母親走避上海。在上海，李叔同加入城南文社，他以過人的天資才華，很快地成為眾人矚目的焦點，同時結識了松江名士許幻園，並與江灣蔡小香、江陰張小樓、寶山袁希濂，結為同譜兄弟，號稱「天涯五友」，過著詩文酬唱，尋芳飲宴的風雅生活。

一九〇一年，李叔同改名李廣平，考入上海南洋公學為特班生，受業於蔡元培。蔡氏主授國文，兼教和文文法及自己翻譯的和文書，這是李叔同識日文字的開始，他曾翻譯《法學門徑書》、《國際私法》，由上海開明書局發行。一九〇二年，各省補行庚子、辛丑恩正併科鄉試，叔同納監為浙江嘉興府平湖縣籍監生，赴浙江應試，連考三場未中，之後仍回南洋公學就讀。其後南洋公學學生因為反對教員專制，而發生罷課風潮，各班相繼退學的有二百餘人。叔同從南洋公學散學以後，一九〇四至一九〇五年間，他集結一些思想進步的朋友，在租界以外的南市，創設「滬學會」，經常召開演講，並利用演劇以宣傳改良婚姻、移風易俗，作有〈為滬學會撰文野婚姻新戲既竟，繫之以詩〉之文。滬學會又開辦補習學校，教育社會青年，成為國內補習學校的嚆矢。李叔同自作詞曲的〈祖國歌〉，正是為「滬學會補習科」而作，為當時一般學校的青年所傳唱。一九〇五年二月，李叔同慈母病故，他扶柩回天津，定期舉行追悼會，進行喪禮的改革。之後即赴日留學。

光緒庚子以後，國家處於動盪不安中，八國聯軍佔領北

京,接踵而來的是喪權辱國的條約,面對這種局勢,對於心懷抱負的熱血青年來說,只有更增加內心的苦悶與憂愁之感而已。李叔同在此之時,也只能寄情詩酒,來宣洩滿腔的憤懣。從他贈歌郎金娃娃的〈金縷曲〉可見其志:

> 秋老江南矣,忒匆匆。春餘夢影,樽前眉底。陶寫中年絲竹耳,走馬胭脂隊裏。怎到眼都成餘子。片玉崑山神朗朗,紫櫻桃,慢把紅情繫。愁萬斛,來收起。 泥他粉墨登場地,領略那英雄氣宇。秋娘情味,雛鳳聲清清幾許。銷盡填胸盪氣,笑我亦布衣而已。奔走天涯無一事,問何如聲色將情寄。休怒罵,且游戲。②

詞中道盡了他走馬胭脂隊裏,情寄聲色的無奈。他寄給姪兒李麟璽的〈書憤〉,也道盡了滿腔的牢騷。

> 文采風流四座傾,眼中豎子遂成名。某山某水留奇跡,一草一花是愛根。休矣著書俟赤鳥,悄然揮扇避青蠅。眾生何事干霄哭,隱隱朝廷有笑聲。③

母喪國傾,種種的憂憤打擊,對於這位敏銳善感的藝術青年來說,如何尋找心靈的出路,應是極為迫切之事。而面對國難的悲憤,處於傳統與新潮流的衝擊中,到西洋或日本汲取新穎的

---

② 同註①,頁455a 。
③ 同註①,頁453a 。

知識，呼吸新鮮的文化氣息，成了當時眾多知識分子尋求精神
的出路之一。也許因為這個原因，廿六歲的李叔同，懷抱著對
藝術的理想，也到了日本，開始他的理想追尋之旅。

三、李叔同留日生活中的重要活動

李叔同在日本留學的時間為一九〇六至一九一一年，六年
間重要的活動情況，約可歸納為以下數點：

㈠創辦音樂雜誌

李叔同初到日本便創辦《音樂小雜誌》，並寄到上海發
行，為我國有音樂雜誌之始。

早在李叔同留學日本以前，曾見曾志忞所編《教育唱歌集》
和沈心工編的《學校唱歌初集》，分別在日本東京和中國上海
出版後，在新興學堂中風行一時，可算是我國最早的兩本學校
歌曲集。當時在「滬學會」補習科教唱歌的李叔同，曾稱道
曾、沈二子「紹介西樂於我學界」，但又感到這兩本歌集中的
歌詞「僉出近人撰著，古義微言，匪所加意，余心恫焉！」④
因此他就親自動手，從《詩經》、《楚辭》和古詩詞中選出十
三篇，一一配以西洋和日本曲調，連同兩段崑曲的譯譜合為一
集，顏曰《國學唱歌集》，出版於一九〇五年。不久他東渡日
本，看到日本唱歌集中「詞意襲用我古詩者，約十之九五」，

⑷〈國學唱歌集‧序〉，《弘一大師全集‧序跋卷》，頁436a。

而我國不學之徒，則詆諆故典，廢棄雅言，「迨見日本唱歌，反嘖嘖稱其理想之奇妙。凡吾古詩之唾餘，皆認為島夷所固有。既齒冷大雅，亦貽笑於外人矣」。⑤李叔同感慨於本國人不重視自己的古籍、文化，反而稱日人襲用我國者為精妙，以為是日本所固有，非但貽笑於外人，其行徑亦令人齒冷！

《音樂小雜誌》書影

　　隔年，李叔同又對他所編的《國學唱歌集》深感不滿，他說：「去年，余從友人之請，編《國學唱歌集》。迄今思之，實為第一疚心之事。前已函囑友人，毋再發售，並毀板以謝吾過。」⑥他雖然毀掉《國學唱歌集》，但由此亦可見李叔同在赴日前對於音樂已有一定認識，且到日本之後，又有不同進境，故有「非昨」之省。

　　李叔同到達日本之後，即為留日學生高天梅主編的《醒獅》雜誌撰寫〈圖畫修得法〉與〈水彩畫法說略〉，介紹圖畫的作

---

⑤〈嗚呼！詞章！〉，同註①，頁450a。
⑥〈非昨錄〉，同註①，頁450b。

用與水彩畫的畫法給國人，以輸入新知。他在〈圖畫修得法〉
小序說道：

> 我國圖畫，發達蓋早。黃帝時史皇作繪，圖畫之術，實肇
> 乎是。有周事興，司繪置專職，茲事寖盛。漢唐而還，流
> 派灼著，道乃烈矣。顧秩序雜遝，教授鮮良法，淺學之
> 士，靡自闚測。又其涉想所及，狃於故常，新理眇法，匪
> 所加意，言之可為於邑。不佞航海之東，忽忽逾月，耳目
> 所接，輒有異想。冬夜多暇，掇拾日儒柿山、松田兩先生
> 之言，間以己意，述為是編。夫唯大雅，倘有取於斯歟？
> ⑦

又〈水彩畫法說略〉云：

> 西洋畫凡十數種，與吾國舊畫法稍近者，唯水彩畫。爰編
> 纂其畫法大略，凡十章。以淺近切實為的，或可為吾國自
> 修者之一助焉。⑧

不久又和朋友議創《美術雜誌》，以音樂附屬之。後因發生風
潮，朋友星散，他便獨力刊行《音樂小雜誌》，在日本出版，
寄回國內發行。他並作了一篇情文並茂的《音樂小雜誌·序》：

⑺ 同註⑴，頁445b。
⑻ 同註⑴，頁447b。

閒庭春淺，疏梅半開。朝曦上衣，軟風入媚。流鶯三五，隔樹亂啼。乳燕一雙，依人學語。上下宛轉，有若互答。其音清脆，悅魄蕩心。若夫蕭辰告悴，百草不芳。寒蛩泣霜，杜鵑啼血。疏砧落葉，夜雨鳴雞。聞者為之不歡，離人於焉隕涕。又若登高山，臨巨流。海鳥長啼，天風振袖。奔濤怒吼，更相逐搏。砰磅訇磕，谷震山鳴。懦夫喪魄而不前，壯士奮袂以興起。嗚呼！聲音之道，感人深矣。唯彼聲音，僉出天然。若夫人為，厥為音樂。天人異趣，效用靡殊。

緊夫音樂，肇自古初，史家所聞，實祖印度，埃及傳之，稍事制作。逮及希臘，迺有定名，道以著矣。自是而降，代有作者，流派灼彰，新理泉達，瓌偉卓絕，突軼前賢。迄於今茲，發達益烈。雲滃水湧，一瀉千里，歐美風靡，亞東景從。蓋琢磨道德，促社會之健全；陶冶性情，感精神之粹美。效用之力，寧有極歟。

乙巳十月，同人議創《美術雜誌》，音樂隸焉。迺規模粗具，風潮突起。同人星散，瓦解勢成。不佞留滯東京，索居寡侶，重食前說，負疚何如？爰以個人綿力，先刊《音樂小雜誌》，餉我學界，期年二冊，春秋刊行。蠡測莛撞，矢口慚訥。大雅宏達，不棄窳陋，有以啟之，所深幸也。

嗚呼！沈沈樂界，眷予情其信芳。寂寂家山，獨抑鬱而誰語？矧夫湘靈瑟渺，淒涼帝子之魂；故國天寒，嗚咽山陽

之笛。春燈燕子,可憐幾樹斜陽;玉樹後庭,愁對一鉤新
月。望涼風於天末,吹參差其誰思!暝想前塵,輒為悵
惘。旅樓一角,長夜如年。援筆未終,燈昏欲泣。時丙午
正月三日。⑨

〈序〉中說明音樂陶冶性情、感精神之粹美的效用,及其
創辦《音樂小雜誌》的用意及心情。可惜的是《音樂小雜誌》
出版沒幾期就停止了。

㈡參加隨鷗吟社

一九〇六年,日本的明治末葉,李叔同在日本專心補習日
語。當時日本漢詩甚為流行,作歌大家,都善作漢詩,因此詩
社先後崛起。在眾詩社中,最著名的為「隨鷗吟社」,參加者
多為當時日本朝野名士,主要的有森口槐南、大久保湘南、永
阪石埭、日下部鳴鶴、本田種竹等。在該詩社出版的《隨鷗集》
月刊第二十二編記事,記載當年七月一日,該社在東京偕樂園
舉行「追薦物故副島蒼海等十名士」宴會,與會者有六十餘
人,各有賦詩。李叔同也首次以李哀之名參與盛會,作〈東京
十大名士追薦會即席賦詩〉二首:

蒼茫獨立欲無言,落日昏昏虎豹蹲。
膡卻窮途兩行淚,且來瀛海弔詩魂。(其一)

---

⑨《弘一大師全集・序跋卷》,頁436a-b。

故國荒涼劇可哀，千年舊學半塵埃。

沈沈風雨難鳴夜，可有男兒奮袂來。（其二）⑩

這兩首詩深獲當時與會人士的讚賞。又在《隨鷗集》第二
十三編記有：

「隨鷗第二十一集」七月八日依例開於上野公園之三宜
亭。槐南先生所講的李義山詩，為「送千牛李將軍赴闕五
十韻」（五排）一篇。阪井、南洋、河野、溪南、猪谷、
赤城、李息霜諸賢，新來會合。聯句三十二句，起句「星
河昨夜碧沄沄」為大久保湘南所作，結句「故鄉欸段思榆
粉」為森口槐南所作。其中第五句「仙家樓閣雲氣氳」為
李哀所作。⑪

又同編〈星舫小醮〉略記云：

玉池先生，一日招飲清國李君息霜於「星舫」（酒家），夢
香、藏六二君同席。先生偶書濱寺舊製以示。闔座即和其
韻。息霜君之作云：「昨夜星辰人倚樓，中原咫尺山河
浮。沈沈萬綠寂不語，梨花一枝紅小秋。」玉池先生又疊
韻題息霜即席所畫的水彩畫云：「古柳斜陽野寺樓，采菱

⑩ 兩詩收入《弘一大師全集・文藝卷》，頁453b-454a。
⑪ 引自林子青：《弘一大師新譜》（臺北：東大圖書公司，1993年4
　　月），頁79。

人去一船浮。將軍畫法終三變，水彩工夫繪晚秋。」⑫

李叔同初到日本，立即以他深厚的國學根柢及詩文才華，嶄露頭角，在日本的名士群間倍受賞識與器重，如他隨後發表在《隨鷗集》的詩〈春風〉、〈前塵〉、〈鳳兮〉、〈朝遊不忍池〉等，署名息霜、李哀等，都深受主編大久保湘南的好評。如他評〈春風〉一詩云：「李長吉體，出以律詩，頑豔淒麗，異常出色。而其中寄託自存。」又評〈前塵〉一詩：「湘南曰：奇豔之至，其繡腸錦心，令人發妒。李君自謂『此數年前舊作，格調卑弱，音節曼靡，殊自惡也』，夫然豈其然乎?」又評〈朝游不忍池〉云：「湘南曰：如怨如慕，如泣如訴，真是血性所發，故沈痛若此!」又評〈鳳兮〉（此詩後發表於上海《小說世界》，題為「醉時」）云：「湘南曰：所見無非愁景，所觸無非愁緒，侘傺悲鬱，此無可奈何之辭。」⑬

這年，李叔同曾自日本返天津，作〈喝火令〉：

故國鳴鷓鴣，垂楊有暮鴉。江山如畫日西斜。新月撩人透入碧窗紗。　陌上青青柳，樓頭豔豔花，洛陽兒女學琵琶。不管冬青一樹屬誰家，不管冬青樹底影事一些些。⑭

這闋詞後面題有「哀國民之心死也」，詞中的《冬青樹》

---

⑫ 同前註，頁79。
⑬ 同前註，頁79-80。
⑭ 同註⑴，頁455b。

是清代戲曲，蔣士銓作，描寫文天祥與謝枋得的忠節，演南宋滅亡之事。可見他重見神州板盪，益加感到痛心與失望，「洛陽兒女學琵琶」，說的是知識分子求知於海外，對於國事的無力與感慨吧！

一九〇七年一月十三日（陰曆 1906 年 11 月 29 日），隨鷗吟社舉行盛會，李叔同以李息霜之名與陸玉田參加，《隨鷗二十六集》有：

> 丁未一月十三日，依例開於上野公園之三宜亭。出席此次集會的有森口槐南等共四十六人，成為每例會未曾有之盛會，是日兼開新年賀宴。師以李息霜之名與留日同學陸玉田與會。由森口槐南開講李義山〈贈別蔚州契苾使君〉、〈灞岸〉諸詩。餘興又行「抽籤」，頒發書籍、文房用具及盆梅等。聯句得「春風吹夢送斜陽」（李息霜）。⑮

一九〇七年四月六日，李叔同出席「隨鷗吟社」第三次大會，設席於墨水枕橋之八百松樓，當日參加者有來自日本各地的漢詩人達八十人，其中中國留學生有李息霜、陸玉田、何士果三人。詩人石埭特設茗筵招待與會詩人。宴罷，依例輪作「柏梁體」聯句，共八十二句。李息霜輪吟第五十句為「余髮種種眉髟髟」（種種，髮短貌；髟，音標，髮垂長也）。這些都是他留日初期活躍於日本漢詩社的情況。

---

⑮ 同前註，頁 87。

(三)東京美術學校之學習

一九〇六年九月二十九日，李叔同考入東京美術學校油畫科，初名李哀，繼名李岸。當時留日學生學美術的甚少，因此東京《國民新聞》（德富蘇峰所辦）記者特別前往採訪。訪問題目為「清國人志於洋畫」，發表於一九〇六年十月四日《國民新聞》，並附有李哀西裝全身照和速寫畫稿一幅。訪問全文翻譯如下：

最近因為聽說有一位叫李哀的清國人考入美術學校，而且專學洋畫，所以趕快冒著秋雨，走上谷中小道，訪問了下谷上三崎北町三十一番地。……經過一聲招呼之後，從裏屋出來一個女人，看來像是女傭似的一個矮小的半老的婦人。「李先生在家嗎？」聽到記者一問，從鄰室飄然漫步出來一位身材有五尺寸的魁梧大漢，後來知道這位就是李哀先生。他是個圓肩膀兒的青年，在久留米的紺絣的和服外衣上，繫上一條黑縐紗的黑腰帶，頭上留著漂亮的三七分的髮型，用泰然的聲音說：「請裏邊坐！」把我引了進去，是他的書齋。……那麼，我這個來客是誰，幹什麼來的？在他看來好像不大自在的樣子。看了我的名片後才莞然地點頭說：「是槐南詩人的新聞社嗎？」「是的，槐南先生的詩也常刊登，您認識他嗎？」「是的，槐南、石埭、鳴鶴、種竹諸詩人，都是我的朋友，我最喜歡詩，一定投稿，請賜批評。」「樂器怎麼樣？」「正學拉小提琴，以外

大概都搞一下，其中最喜歡的是油畫。」「您的雙親都在嗎？」「都在。」「太太呢？」「沒有，是一個人，二十六歲還是獨身。」「甚麼時侯進了美術學校？」「九月廿九日。」「日本語的講課聽得懂嗎？」「聽不懂。下午的功課我不聽。我聽英語的講課。英語我比較可以應付。」⑯

李叔同進入美術學校除了學油畫外，在校外又學音樂、戲劇、油畫，同時仍然寫詩、拉小提琴，之後又組織劇社，過的是極富文藝氣息的生活。

當時在東京美術學校油畫科，只有兩個中國留學生，較早的是曾延年，李叔同是第二人。程淯《丙午日本游記》（1906）記載了當時東京美術學校入學學科，及中國留學生的狀況：

十月十三日午前，往觀上野之東京美術學校，由某職員導觀。據云校生共三百四十五名，中有吾國學生四名。入校須有中學卒業之程度，由校中考取入本科。吾國之留學者，無中學程度，入校則先實習。雖能聽講，終苦扞格耳。實習五年卒業。其預科乃專為日人所設。學科為西洋畫、日本畫、塑像、鑄造、調漆、蒔繪、木雕刻、牙雕刻、石雕刻、圖案等。

西洋畫科之木炭畫室，中有吾國學生二人，一名李岸，一名曾延年。而畫亦以人面模型遙列几上，諸生環繞。塑造

---

⑯ 這一份報導，部分可能有誤。轉引自《弘一大師新譜》，頁80-81。

教室中，有吾國學生一人，名談誼孫。室內各生分據一高
几，以白堊各塑同一人面半身形，眼鼻口耳類皆一致，無
毫髮異。

遂出，至校旁食所，見有西洋女子一人。異詢之，知去年
尚有西洋女子三人，已卒業去。蓋日本美術，以此校為
最，西人亦傾倒之也。⑰

由這一段記載，約略可見當時美術學校的學生在校的學習情
況。此外，內山完造〈弘一律師〉一文，曾提到李叔同在留學
期間，生活曾大改變，早浴、和服、長火缽，道道地地過著江
戶趣味的生活。且說，到今日為止，油畫的造詣，尚無出於其
右者。⑱

一九○九年，李叔同三十歲，在東京美術學校因感懷家
國，作〈初夢〉、〈簾衣〉各二絕：

初夢（之一）
雞犬無聲天地死，風景不殊山河非。
妙蓮花開大尺五，彌勒松高腰十圍。

初夢（之二）
恩仇恩仇若相忘，翠羽明珠繡袥襠。
隔斷紅塵三萬里，先生自號水仙王。⑲

---

⑰ 林子青：《弘一大師新譜》，頁81-82。
⑱ 同前註，頁82。
⑲ 同註⑴，頁452a。

簾衣（之一）

簾衣一桁晚風清，豔豔銀鐙到眼明。

薄倖吳兒心木石，紅衫孃子喚花名。

簾衣（之二）

秋于涼雨燕支瘦，春入離絃斷續聲。

後日相思渺何許，芙蓉開老石家城。⑳

李叔同雖身在日本，但對故國仍充滿繫念之情。

四創「春柳社演藝部」

一九〇六年冬天，李叔同和同學友人創立春柳社演藝部，並發表〈春柳社演藝部專章〉，說明演戲的重要，及春柳社專章規定：

> 報章朝刊一言，夕成輿論，左右社會，為效迅矣。……第演說之事跡，有聲無形；圖畫之事跡，有彩無聲；兼茲二者，聲應形成，社會靡然而嚮風，其惟演戲歟？輓近號文明者，曰歐美，曰日本。歐美優伶，靡不博洽多聞，大儒愧不及；日本新派優伶，泰半學者，早稻田大學文藝協會有演劇部。教師生徒，皆獻技焉。……吾國倡改良戲曲之說有年矣。……其成效卒莫由睹。走筆不揣樗昧，創立演藝部，以研究學理，練習技能為的。息霜詩曰：「誓渡眾

⑳ 同前註。

生成佛果，為獻歌臺說法身」，願吾同人共矢茲志也。專
章若干則如下：

一、本社以研究各種文藝為的，創辦伊始，驟難完備。茲
先成立演藝部，改良戲曲，為轉移風俗之一助。

二、演藝之大別有二：曰新派演藝（以言語動作感人為
主，即今歐美所流行者），曰舊派演藝。本社以研究新派
為主，以舊派為附屬科。……

三、應辦之事，約分二類：

1、演藝會，每年春秋開大會二次，此外或開特別會，臨
時決議……。

2、出版部，每年春秋刊行雜誌二冊（或每季一冊），又
隨時刊行小說、劇本、繪畫明信片。

四、春柳社事務所，暫設於東京下谷區泡之端七軒町廿八
番地鐘聲館。若有寄信件者，請直達鐘聲館，由本社編輯
員李岸收受不誤。㉑

這篇專章中，說明演戲較之於演說之有聲無形、圖書之有形無
聲，能兼具二者，更能夠影響社會風氣，希望藉此推動新風
氣，而春柳社的演出，也的確在當時造成轟動。

　　一九〇七年二月，因為祖國徐、淮告災，春柳社響應集資
賑災，首次演出「茶花女遺事」，在〈春柳劇場開幕宣言〉說：

㉑ 見阿英編：《晚清文學叢鈔》，《戲曲研究卷》（北京：中華書
局，1982 年），〈補遺〉。

溯自乙巳丙午（1905-1906）間，曾存吳、李叔同、謝抗
白、李濤痕等，留學扶桑，慨祖國文藝之墮落，亟思有以
振之。顧數人之精力有限，而文藝之類別綦繁，兼營並
失，不如一志而冀有功。於是「春柳社」遂出現於日本之
東京，是為我國人研究新戲之始，前此未嘗有也。未幾，
徐淮告災，消息傳至海外，同人演巴黎「茶花女遺事」，
集資賑之。日人驚為創舉，嘖嘖稱道，新聞紙亦多諛詞。
是年夏，休業多暇，推李叔同、曾存吳（孝谷）主社事，
得歐陽予倩為社員。㉒

李叔同、曾孝谷、謝抗白、李濤痕等愛國青年，為了拯救祖國
文藝的墮落，成立春柳社，成為國人研究新劇的開始。又為了
響應集資賑災，首次公演便在當時造成轟動，日本人也稱此為
創舉，濱一衛〈關於春柳社的第一次公演〉說：

這次「茶花女」公演的規模稱為第一次公演並不相稱，它
是賑災游藝會的餘興之一。據歐陽予倩說，它是放在節目
的最後的，所以最受期待。「茶花女」上演的情況，除歐
陽氏的記載之外，並無詳細的報導。據他說，上演的是亞
猛之父去訪馬克的一場兩幕。演亞猛父親的是曾孝谷，配
唐是孫某，茶花女是李息霜，曾孝谷曾博得了好評；反

㉒《上海市通志館期刊》第2年第3期，轉引自《弘一大師新譜》，
頁87。

之，茶花女是粉紅色的西裝，扮相並不好，他的聲音也不
甚美，表情動作也難免生硬些。然而松居松翁卻絕讚說：
「中國的俳優，使我佩服的，便是李叔同君。當他在日本
時，雖僅僅是一位留學生，但他所組織的春柳社劇團，在
樂座上演「椿姬」（日人稱茶花女為「椿姬」）一劇，實在
非常好。不，與其說這個劇團好，不如說這位飾茶花女的
李君演得非常好。這個腳本的翻譯非常純粹。化裝雖然簡
單一些，卻完全是根據西洋風俗的。當然和普通的改成日
本式的有些不同。會話的中國語，又和法語有相像的地
方。因此，愈使人感到痛快。尤其是李君優美婉麗，絕非
日本的俳優所能比擬。㉓

可知此次中國留學生演出的「茶花女」受到日人廣泛的注意和
討論，李叔同所扮演的茶花女也受到日人松居松翁的讚美。中
村忠行在〈關於春柳社與李叔同〉也說：

說起春柳社，誰都相信是在中國留日學生之間所組織的中
國最初的新劇團。……春柳社的結成，是光緒三十二年即
1906 年，其中心人物是曾延年與李岸，已為眾所周知。
這二人都是當時東京美術學校的學生。李叔同在這前後，
還入音樂學校攻讀，他們都是愛詩文，是罕見的戲迷。
……今稍加說明：李叔同當時是個年齡只有二十七歲，早

㉓ 參見孟憶菊：〈東洋人士對李叔同的印象〉，《小說世界》第213
期（1927年1月），轉引自《弘一大師新譜》，頁89。

已主編過《音樂小雜誌》那樣早熟的文學青年。到日本留學後不久，似乎就努力和日本文化人有所接觸。其留學始於何時雖不清楚，但在光緒三十一年（1905）的春秋之間是確定的。在翌年三十二年（1906）正月二十日，他已在東京編輯出版《音樂小雜誌》。同年六月，早已加入森口槐南、大久保湘南領導的「隨鷗吟社」；七月一日，即參加在神田八町堀偕樂園舉行的「副島蒼海以下十名士」的追薦筵，留下七絕二首（詩見《隨鷗集》廿二編），這確是一位燃著青雲之志來日留學的當代中國青年的作品。總之，當時的李叔同最注意的，除專門的繪畫與音樂的學習，似乎便是漢詩的寫作了。從這時以後，他於隨鷗吟社的詩會和槐南的「李義山詩講座」也時常參加，或與同人共作聯句，或投寄詩稿於《隨鷗集》。他的詩風在妖豔裡彷彿呈現沈鬱悲壯的面影。㉔

這一段話概括地說明了李叔同在日本所從事的藝文活動。此外，上海《新申報》曾有如下的報導：

春柳社，是我國最早的新劇團體，創立於光緒三十二年（1906），在日本東京作首次公演。它在我國戲劇史上的地位當然是非常重要的。

㉔《天理大學學報》第22號（1956年12月），〈春柳社逸史稿〉，轉引自《弘一大師新譜》，頁90-91。

洪深在他的〈從中國的新劇談到話劇〉一文中，竟稱它為中國「戲劇革命」的先鋒隊，這的確沒有過譽。……所以春柳社也可以說是我國現代劇的開山鼻祖。

春柳社的興起，至少和當時的社會環境和時代很有密切關係。在這時侯，正值日本明治維新之後，日本戲劇界為了反抗歌舞伎劇，興起了新劇運動，以愛國為目標的志士戲所謂「浪人芝居」（日語芝居即戲劇）大大地流行。

〈從中國的新戲說到話劇〉一文中說：「他們最初看了川上音二郎與他的夫人川上貞奴所演的【浪人戲】。他們從事戲劇的欲望，已經有力地從內心感逼出來。」這不是很明白地說明春柳社的產生和日本新派戲的關係了嗎？後來這幾個熱心於戲劇的留學生，認識了東京俳優學校校長藤澤淺二郎和日本戲劇革命家市川左團次，得到了他們的幫助和指導，這春柳社從此就誕生了。㉕

這裏敘述了「春柳社」的興起背景，並稱此劇團為中國戲劇革命的先鋒隊，及我國現代劇的開山鼻祖。可知此劇團對中國現代劇的啟蒙實具重要地位。

一九〇七年六月，春柳社開丁未演藝大會，上演「黑奴籲天錄」，並發表〈春柳社開丁未演藝大會之趣意〉：

㉕ 佚名：〈春柳社——「戲劇革命」的先鋒隊〉，轉引自《弘一大師新譜》，頁88。

「黑奴籲天錄」海報

演藝之事，關係於文明至巨。故本社創辦伊始。特設專部，研究新舊戲曲，冀為吾國藝界改良之先導。春間曾於青年會扮演助善，頗辱同人喝采，嗣復承海內外士夫交相贊助。本社值此事機，不敢放棄。

茲定於六月初一初二日，借本鄉座舉行「丁未演藝大會」，準於每日午後一時，開演「黑奴籲天錄」五幕。所有內容之梗概及各幕扮裝人名，特列左方，大雅君子，幸垂教焉。（演員名單略）【腳本著作主任存吳、佈景意匠主任息霜】

歐陽予倩是在觀看「茶花女」之後，加入春柳社的，他也參加了「黑奴籲天錄」的演出，在〈春柳社的開場、兼論李叔同的為人〉一文中，記載了第二次公演的情況：

春柳社第二次又要公演了。第一次的試演頗引起許多人的興趣，社員也一天一天的多起來——日本學生、印度學生，有好幾個加入的。其餘還有些，現在都不記得了。中堅分子當然首推曾、李。重要的演員有李文權、莊雲石、黃二難諸君。……這是新派劇第二次的表演，是我頭一次

的登臺。歡喜、高興自不用說。

「黑奴籲天錄」當然含著很深的民族意義。戲本是曾孝谷編的，共分五幕呢！其中舞會一幕客人最多，日本那樣寬闊的舞臺都坐滿了。

曾孝谷的黑奴妻分別一場，評判最好。息霜除愛美柳夫人之外，另飾一個男角，都說不錯。可是他專喜歡演女角，他為愛美柳夫人作了百餘元的女西裝。那時我們的朋友裏頭惟有他最闊。他家裏頭是做鹽生意的；他名下有三十萬元以上的財產。以後天津鹽商大失敗的那一次，他哥哥完全破產，他的一份也完了。可是他的確是愛好藝術的人，對於這些事不甚在意。他破了產也從來沒有和朋友們談及過。

老實說，那時侯對於藝術有見解的只有息霜。他於中國詞章很有根柢，會畫，會彈鋼琴，字也寫得好。他非常用功，除了他約定的時間以外，絕不會客。在外面和朋友交際的事，從來沒有。黑田清輝是他的先生，也很稱讚他的畫。他對於戲劇很熱心，但對於文學卻沒有什麼研究。他往往在畫裡找材料，很注重動作的姿勢。他有好些頭套和衣服，一個人在房裡打扮起來照鏡子，自己當模特兒供自己的研究。得了結果，就根據著這結果，設法到臺上去演。自從他演過「茶花女」以後，有許多人以為他是個很風流蘊藉有趣的人，誰知他的脾氣，卻是異常的孤僻。有一次他約我早晨八點鐘去看他——我住在牛込區，他住在上野不忍池畔，相隔很遠，總不免趕電車有些個耽誤，及

至我到了他那裡，名片遞進去，不多時，他開開樓窗，對
我說：「我和你約的是八點鐘，可是你已經過了五分鐘，
我現在沒有功夫了，我們改天再約罷。」說完他便一點
頭，關起窗門進去了，我知道他的脾氣，只好回頭就走。
像息霜這種人，雖然性情孤僻些，他律己很嚴，責備人也
嚴，我倒和他交得來。我們雖好久不見面，常常總不會忘
記。他出家的時候，寫了一付對聯送我，以後我便只在玉
泉寺見過他一次。㉖

這一段記載，除了可見「黑奴籲天錄」的演出情況，同時也描
繪了李叔同的性情的一側面。

　　春柳社自從演過「黑奴籲天錄」以後，社員有的畢業，有
的歸國，有的唯恐妨礙學業不來了。只有孝谷、息霜、濤痕、
我尊、抗白、歐陽倩予幾個人還繼續著。演完「籲天錄」的那
年冬天，又借常磐館演過一次，戲名已無人可以記憶，大約是
因沒有得到好評之故。之後李叔同也失去了演戲的熱情，又因
為春柳社內人數頓增，意見未能一致，所以他便宣布退出劇
社，專心致力於繪畫和音樂。

　　李叔同後來雖然退出劇社，但他所創設的「春柳劇社」，
不但在日本造成轟動，後來遷回中國，成為中國話劇社之始。
《黑奴籲天錄》演後，社員任天知回到上海與王鍾聲組織了春
陽社，再演此劇，受到上海觀眾的熱烈歡迎，於是話劇運動便

㉖ 歐陽予倩：《自我演戲以來》，轉引自《弘一大師新譜》，頁94-
　　95。

日漸活躍起來。更創辦開明社,以社會教育為號召,招學生排新戲,另開了話劇的一派。王鍾聲且自辦旅行劇團,足跡遍南北各地,散布話劇的種子。辛亥革命後,春柳社社員歐陽予倩等回國組織同志會,舉辦春柳劇場,繼承春柳劇社的嚴肅作風與艱苦精神,在上海支持了頗長的時間。李叔同在留日期間創辦的「春柳劇社」,為中國話劇之始,成為藝壇一重要紀事。

四、結語

負笈日本留學的李叔同,以他深厚的國學及詩文根柢,和日本的漢詩人酬詩唱和,且懷抱著對藝術的熱忱,致力於西洋藝術的學習。尤為可貴的是他仍不忘對祖國的關懷之情,努力地將新的知識介紹給國人,如辦《音樂小雜誌》,將西洋音樂介紹給中國,又他創辦的「春柳劇社」,賑祖國之災;話劇的提倡,更成為中國新劇之祖,對於戲劇的改良貢獻良多。留日期間,奠立了他藝術成就的基礎。他回國後,任教於杭州第一師範學校,教圖畫、音樂,一展所長,受業學生豐子愷、劉質平等,受他啟發,在藝術界都有可觀的成就。

此外,李叔同自一九一一年歸國後,與東京美術學校仍有往來,他曾陸續寄贈母校篆刻集《樂石集》,在一九一五年四月三十日出版的《東京美術學校校友會月報》第十四卷第一號,以《在支那的李岸氏為寄贈〈樂石集〉給圖書館來翰》為題,全文轉載了李叔同給母校圖書館的信。原信翻譯成中文,大意如下:

　　拜啟：恭賀母校興盛。《樂石集》四冊別封發送，謹寄贈貴館。今後還可陸續寄贈，查收為盼。如能成為同學諸君的幾分參考，幸甚之至。愚生目下就職於浙江省杭州第一師範學校。校務之餘暇，組織樂石社，從事印章的研究。頓首

　　　　　　　　　　　　　　三月三十日　李岸⑦

　　樂石社是李叔同在杭州第一學校，偕同朋友弟子從事金石研究所成立的社團。由這些資料可以知道李叔同回國後，與日本文化界亦有所交流。

　　作為一代的藝術大師或佛教大師，弘一大師李叔同無論扮演那一個角色，皆以用心二字貫徹始終。在他的留日生活中，我們看到了他對祖國的關心，對藝術活動的參與和傳播，對學習的嚴苛及敬謹。在他成為後人景仰的「大師」之前，早已散發出不凡的光彩。前人的流風餘韻，實足以令人徘徊撫嘆，低迴不已。

參考書目

弘一大師新譜　林子青著　臺北　東大圖書公司　1993 年4

---

⑦ 詳見劉曉路：〈李叔同在東京美術學校——兼談李叔同研究中的幾個誤區〉，《杭州師範學院學報》1998 年第 1 期（1998 年1 月），頁49-50。

月

弘一法師新傳　劉心皇著　臺北　聯亞出版社　1978 年 1 月

弘一大師傳　陳慧劍著　臺北　東大圖書公司　1996 年 10 月

弘一大師有關人物論文集　陳慧劍著　臺北　弘一大師紀念協
　會印行　1998 年 12 月

弘一大師全集　弘一大師全集編輯委員會編　福州　福建人民
　出版社　1991 年 6 月

李叔同在東京美術學校──兼談李叔同研究中的幾個誤區　劉
　曉路著　杭州師範學院學報　1998 年第 1 期　頁 49-50
　1998 年 1 月

相關文獻

張彥麗　　李叔同留日三題
　　　　　杭州師範學院學報　1999 年第 2 期　頁 50-55
　　　　　1999 年 3 月

陸偉榮　　李叔同の在日活動について
　　　　　日中藝術研究　第 37 期　頁 82-93　2002 年 3 月

陳　星　　《祖國歌》的作者和李叔同出家後與其日妻告別的
　　　　　問題
　　　　　弘一大師考論　頁 149-154　杭州　浙江人民出版
　　　　　社　2002 年 7 月

吉川健一　李叔同清末在日活動考──東京《國民新聞》對
　　　　　李叔同的報導

藝術家　第 52 卷第 1 期（總第 308 期）　頁 276-283　2001 年 1 月

吉川健一　李叔同與白馬會──李叔同在日活動資料的新發現

藝術家　第 52 卷第 1 期（總第 308 期）　頁 283-292　2001 年 1 月

吉川健一　李叔同的在日演藝活動

藝術家　第 52 卷第 2 期（總第 309 期）　頁 337-347　2001 年 2 月

陳　星　關於弘一大師與郁達夫交遊的考證

弘一大師考論　頁 146-148　杭州　浙江人民出版社　2002 年 7 月

吉川健一　李叔同的在日漢詩活動──從「隨鷗吟社」資料看李叔同與日本文人的往來

藝術家　第 52 卷第 2 期（總第 309 期）　頁 348-353　2001 年 2 月

陳　星　弘一大師與內山完造首次見面時間考

弘一大師考論　頁 125-131　杭州　浙江人民出版社　2002 年 7 月

西槇偉　中國新文化運動の源流──李叔同の《音樂小雜誌》と明治日本

比較文學　第 38 期　頁 62-75　1995 年

溫　和　從李叔同的歌曲創作看日本學校歌曲對中國學堂樂歌的影響

杭州師範學院學報　1999 年第 5 期　頁 92-94

1999 年 9 月

陳〔チン〕　清朝末期における渡日留學生李叔同の美術教育
思想とその活動をめぐって
關西教育學會紀要　第 24 期　頁 126-130　2000 年

國家圖書館出版品預行編目資料

近代中國知識分子在日本 2／林慶彰主編. –初

版.-- 臺北市：萬卷樓, 民 92

　　冊；　　　公分

ISBN 957-739-447-7(第 2 冊：平裝)

1 知識份子—中國 2.中國－傳記

782.238　　　　　　　　　　　92010590

近代中國知識分子在日本 2

主　　編　林慶彰

編　　輯　王清信、葉純芳

出 版 者　萬卷樓圖書股份有限公司

　　　　　地址：臺北市羅斯福路二段 41 號 6 樓之 3

　　　　　電話：(02)23216565‧23952992

　　　　　傳真：(02)23944113

　　　　　劃撥帳號：15624015 萬卷樓圖書股份有限公司

　　　　　網址：http://www.wanjuan.com.tw

　　　　　E-mail：wanjuan@tpts5.seed.net.tw

出版登記證　新聞局局版臺業字第 5655 號

總 經 銷　紅螞蟻圖書有限公司

　　　　　地址：臺北市內湖區舊宗路二段 121 巷 28 號 4F

　　　　　電話：(02)27953656(代表號)

　　　　　傳真：(02)27954100

　　　　　E-mail：red0511@ms51.hinet.net

承 印 廠 商　晟齊實業有限公司

定　　價　300 元

出 版 日 期　民國 92 年 7 月初版